William R. Miller, Stephen Rollnick

Motivierende Gesprächsführung

Ein Konzept zur Beratung von Menschen mit Suchtproblemen

Herausgegeben und für die deutsche Ausgabe bearbeitet von Georg Kremer und Bernhard Schroer

Lambertus

Die Deutsche Bibliothek - CIP-Einheitsaufnahme

Miller, William R.:
Motivierende Gesprächsführung : ein Konzept zur Beratung von Menschen mit Suchtproblemen / William R. Miller ; Stephen Rollnick. Hrsg. und für die dt. Ausg. bearb. von Georg Kremer und Bernhard Schroer. [Die dt. Übers. besorgten Susanne Schroer ...]. - Freiburg im Breisgau : Lambertus, 1999

Einheitssacht.: Motivational interviewing <dt.>
ISBN 3-7841-1141-6

Umschlaggestaltung: Christa Berger, Solingen
Satz: texte + töne, Emmendingen
Herstellung: Druckerei F.X. Stückle, Ettenheim
ISBN 3-7841-1141-6

Inhalt

7	Einführung *Georg Kremer, Bernhard Schroer*	
11	Vorwort zur deutschsprachigen Ausgabe *Stephen Rollnick*	
13	Vorwort	
17	Teil I:	Hintergrund
19	1.	Die Atmosphäre der Veränderung
30	2.	Was motiviert Menschen, sich zu ändern?
45	3.	Kurzinterventionen: Noch mehr Teile des Puzzles
50	4.	Ambivalenz: Das Dilemma der Veränderungen
61	Teil II:	Praxis
63	5.	Prinzipien motivierender Gesprächsführung
75	6.	Phase I: Motivation zur Veränderung aufbauen
101	7.	Diagnostische Befunde nutzen
113	8.	Der Umgang mit Widerstand
126	9.	Phase II: Die Selbstverpflichtung zur Veränderung stärken
140	10.	Typische und schwierige Situationen
152	11.	Ein praktisches Fallbeispiel
174	12.	Motivierende Gesprächsführung lehren
203	Teil III:	Klinische Anwendungen
204	13.	Kurze motivierende Interventionen für Nichtspezialisten *Stephen Rollnick, Alison Bell*

217 14. Motivierende Beratung unter Einbezug von Angehörigen
Allen Zweben

227 Literatur

243 Autoren

Einführung

Georg Kremer, Bernhard Schroer

1991 wurde das „Motivational Interviewing“ nach zahlreichen Vorarbeiten von William R. Miller und Stephen Rollnick als Gesamtkonzept veröffentlicht. Seitdem hat es eine schwunghafte Verbreitung in vielen Ländern gefunden. „Motivational Interviewing“ war schon in den 80er Jahren und ist erst recht in den 90er Jahren ein unverzichtbarer Bestandteil und Bezugspunkt vieler internationaler Studien, die sich mit Fragen der Motivation und des konstruktiven Umgangs mit Menschen befassen, die Suchtmittelprobleme haben. Auch im deutschsprachigen Raum findet das „Motivational Interviewing“ zunehmend mehr Beachtung (z. B. Veltrup 1996, Körkel 1997, Petry 1998, Schwoon 1998).
Was ist das Besondere an diesem Konzept? Wodurch zeichnet es sich gegenüber anderen Beratungskonzepten aus?
Bevor wir diese Frage zu beantworten versuchen, wollen wir einige Erläuterungen zur Wahl des deutschen Titels „Motivierende Gesprächsführung“ geben. Der Begriff „Motivierend“ suggeriert, es sei möglich, den Gesprächspartner zu „motivieren“ und somit etwas mit dem anderen zu tun. Dies ist mitnichten der Fall: KlientInnen (PatientInnen, BewohnerInnen etc.) entscheiden letztlich autonom, wie sie sich verhalten und ob sie sich in ihren Entscheidungen von professionellen HelferInnen beeinflussen lassen. Dennoch haben wir den Begriff „Motivierend“ gewählt. Während es im Englischen durchaus üblich ist, Aspekte, welche die Motivation betreffen, als „motivational“ zu bezeichnen, so findet sich dafür im Deutschen kein Pendant. Das deutsche „*motivational*“ klingt eher holprig und steif. Wenn es also im folgenden inhaltlich unscharf „motivierend“ heißt, dann ist diese Wahl vor allem auf den flüssigeren und vertrauteren Sprachgebrauch zurückzuführen.
Zum Begriff „Gesprächsführung“: Das englische „Interviewing“ bedeutet mehr als nur (im journalistischen Sinne) „befragen“. Man muß darunter eher verstehen, Gespräche mittels gezielter Fragen und Interventionen voranzutreiben. So zumindest erklärte es Stephen Rollnick auf Nachfrage. Es geht um wesentlich mehr als um Fragetechniken. Begriffe wie „Befragung“ oder „Interview“ schieden somit aus. Der unspezifische Begriff „Gesprächsführung“ wurde schließlich anderen möglichen Begriffen wie z. B. „Beratung“ oder „Intervention“ vorgezogen, um die Anwendbarkeit der „Motivierenden Gesprächsführung“ in unterschiedlichen Arbeits- und Berufsfeldern nicht durch eine einengende Wortwahl zu erschweren.

Zurück zur Frage, was das Besondere an der „Motivierenden Gesprächsführung“ ist: Viele Teilnehmerinnen und Teilnehmer in Fortbildungsseminaren haben uns berichtet, daß für sie das Besondere nicht unbedingt die einzelnen Beratungstechniken waren, sondern die respektvolle und offene Grundhaltung. Sie seien bislang immer davon ausgegangen, daß man Menschen mit Suchtmittelproblemen „hart“ konfrontieren und sie mit Macht auf „ihr“ Problem stoßen müsse. Abwehrmechanismen seien nicht zu respektieren, sondern zu attackieren. Wenn sie aber ehrlich seien, habe das häufig auch nicht zum gewünschten Erfolg geführt. Es diente eigentlich eher einer Entladung eigener Anspannung als der Förderung von Veränderungsmotivation auf seiten der PatientInnen/KlientInnen.

Das Herzstück der „Motivierenden Gesprächsführung“ bilden die fünf Basisprinzipien: Empathisch sein, Diskrepanz entwickeln, Beweisführungen vermeiden, mit dem Widerstand umgehen und den Glauben an die eigenen Fähigkeiten stärken. Hier wird deutlich, daß „Motivierende Gesprächsführung“ ein emanzipatorisches Beratungskonzept ist: es stellt den autonomen Menschen mit einem Suchtmittelproblem in den Mittelpunkt: *Er* bestimmt das Tempo und die Richtung des Gesprächs, er bestimmt das Ausmaß eventueller Veränderungen. Diese Tatsache, die allen Professionellen immer wieder deutlich und manchmal schmerzhaft vor Augen geführt wird, wird hier nicht beklagt, sondern im Gegenteil zum ethischen Prinzip erhoben. „Motivierende Gesprächsführung“ beruht auf dem Grundgedanken, daß Menschen mit Suchtmittelproblemen für eine Veränderung selbst verantwortlich sind und die grundlegende Verantwortung der professionellen HelferInnen darin besteht, ihr Wissen und ihre Energie zur Förderung dieser Eigenverantwortung einzusetzen. Professionelle werden hier zu Experten ohne Expertentum; sie machen Angebote, nicht Gebote; sie sind Begleiter eines Bewußtwerdungs- und Veränderungsprozesses, nicht Führer; sie sind direktiv, aber nicht dirigierend; sie betonen die Eigenverantwortung, scheuen aber auch vor aktiver Hilfe nicht zurück; sie kennen und respektieren die Ergebnisse wissenschaftlicher Untersuchungen und setzen sie in Alltagshandeln um; sie sind Pragmatiker, keine Ideologen.

Dies ist ein Buch für Praktiker. Man spürt in jeder Zeile, daß es von zwei Autoren geschrieben wurde, die den Kontakt zur praktischen Arbeit und zu den Menschen, über die sie schreiben, nicht verloren haben. Es gibt nur wenige Fachbücher, die so anschaulich geschrieben sind und so viele illustrierende und gut nachvollziehbare Gesprächsausschnitte enthalten.

„Motivierende Gesprächsführung“ ist ein Beratungskonzept, das zwar speziell für die Arbeit mit Menschen mit Suchtmittelproblemen entwik-

kelt wurde, deren Anwendungsgebiet aber keineswegs auf die traditionelle Suchtkrankenhilfe (Fachberatungsstellen, Fachkliniken, Selbsthilfegruppen) beschränkt ist. Als erstes ist hier die medizinische Primärversorgung zu nennen: Ein Großteil der Menschen mit Suchtmittelproblemen wird von niedergelassenen ÄrztInnen oder in somatischen Abteilungen von Allgemeinkrankenhäusern behandelt, ohne daß Probleme des Mißbrauchs oder der Abhängigkeit Eingang in Gespräche finden. Hier hat sich das Konzept der „Motivierenden Gesprächsführung" schon in zahlreichen internationalen und nationalen Untersuchungen bewährt. Im Rahmen der von der Bundesärztekammer verabschiedeten Qualifikation zur Fachkunde „Suchtmedizinische Grundversorgung" (Bundesärztekammer 1999) nimmt die „Motivierende Gesprächsführung" konsequenterweise einen breiten Raum ein.
Ein weiteres großes Einsatzfeld ist die sogenannte psychosozial-psychiatrische Basisversorgung. So gibt es in Deutschland z.Zt. etwa 5.000 Behandlungsplätze auf „Qualifizierten Entgiftungsstationen", die zusätzlich zum körperlichen Entzug die Förderung der Veränderungsmotivation verfolgen. Es geht darum, bei den Abhängigen Problembewußtsein zu entwickeln und eine mögliche Änderungsabsicht in aktive Verhaltensänderung umzusetzen. Die „Motivierende Gesprächsführung" bietet hier eine Fülle von Anregungen, um PatientInnen auf diesen Stationen zu erreichen und sie im günstigen Falle zu einer Veränderung gewohnter Konsummuster zu ermutigen. Aber auch andere Dienste dieses Sektors, wie z.B. Sozialpsychiatrische Dienste, Sozialämter, Jugendämter, Bewährungshilfe, Justiz, sind sehr häufig mit Suchtmittelproblemen konfrontiert und können erfahrungsgemäß von diesem Beratungskonzept profitieren.
Das Konzept der „Motivierenden Gesprächsführung" fungiert als eine Art „Allround-Konzept" in einer Zeit, die von einer Erweiterung der Behandlungsangebote, der Behandlungssettings, -methoden und -ziele geprägt ist. Es verzichtet auf eine spezifische Krankheits- und Ursachentheorie, aus der zwangsläufig eine spezifische Therapietheorie erwachsen müßte, und bietet statt dessen zahlreiche operationalisierte Strategien an, die sich durch Problemorientierung, Pragmatismus und das Fehlen von Glaubenssätzen auszeichnen.
Einige Anmerkungen zur deutschen Ausgabe: Teil I (Hintergrund) und Teil II (Praxis) entsprechen im wesentlichen dem Original, Teil III (Klinische Anwendungen) wurde um zehn Kapitel gekürzt. Daß diese Kapitel (z. B. „Motivierende Gesprächsführung" mit Heroinabhängigen, mit jungen Menschen oder HIV-Infizierten) nicht in die deutsche Ausgabe mit übernommen wurden, lag entweder daran, daß sie die Ausführungen der vorausgegangenen Kapitel lediglich exemplifizierten, daß

sie auf spezifischen nationalen Versorgungsbedingungen beruhten, die sich nicht auf deutsche Verhältnisse übertragen lassen, daß sie an anderer Stelle ausführlicher nachgelesen werden können oder aber nur in einem losen Zusammenhang zum Konzept der „Motivierenden Gesprächsführung“ standen. Es war unser Anliegen, mit der deutschen Veröffentlichung ein kompaktes Konzept der „Motivierenden Gesprächsführung“ vorzulegen, dessen Anwendung sich in verschiedenen Beratungs- und Behandlungszusammenhängen unter den *hiesigen* Bedingungen erweisen muß.

Im Text ist häufig von „Beratung“, „Behandlung“ und „Therapie“ die Rede. Die jeweilige Wortwahl erscheint gelegentlich willkürlich, beruht allerdings – neben manchen Unschärfen im Original sowie der Schwierigkeit, unterschiedliche Versorgungssysteme und Behandlungstraditionen miteinander vergleichen zu müssen – auf unserem Bemühen, die englischen Begriffe *„counseling“*, *„treatment“* und *„therapy“* gemäß dem jeweiligen Kontext angemessen zu übersetzen.

Wir wünschen allen ÄrztInnen, DiplompädagogInnen, Krankenpflegern und -schwestern, SozialarbeiterInnen, SozialpädagogInnen, PsychologInnen und vielen anderen VertreterInnen helfender Berufe viel Spaß bei der Lektüre und den Mut, neue Wege in der Interaktion mit ihren PatientInnen und KlientInnen zu beschreiten, das eigene Expertentum zurückzustellen und damit Veränderungsprozesse effektiver anzustoßen und zu begleiten, die Flexibilität des eigenen professionellen Handelns zu erweitern und so nicht zuletzt auch die eigene Arbeitszufriedenheit zu erhöhen.

Bedanken möchten wir uns bei den vielen Teilnehmerinnen und Teilnehmern der von uns in den letzten Jahren durchgeführten Fortbildungsveranstaltungen, die nicht nur ihre eigenen Gesprächsführungskompetenzen erweitert, sondern uns auch geholfen haben, Wesentliches von Unwesentlichem zu unterscheiden und die Möglichkeiten und Grenzen der „Motivierenden Gesprächsführung“ in der Arbeit mit Menschen, die einen problematischen Suchtmittelkonsum aufweisen, realistisch einzuschätzen.

Vorwort zur deutschsprachigen Ausgabe

Stephen Rollnick

Es erfüllt Prof. Miller und mich mit großer Freude zu sehen, auf wieviel Interesse die „Motivierende Gesprächsführung" gestoßen ist. Als wir dieses Buch vor fast zehn Jahren in englischer Sprache schrieben, hätten wir nie zu träumen gewagt, daß es mit einem so großen Enthusiasmus aufgenommen werden würde. Videos, Unterrichtsmaterialien, Forschungsprojekte und Adaptationen für medizinische Anwendungsfelder wurden in den vergangenen Jahren entwickelt. Wir wünschen den Kollegen[1] in Deutschland viel Erfolg.

Seit wir das Buch geschrieben haben, haben wir festgestellt, daß wir zwei wichtige Aspekte ausgelassen haben: Erstens eine Definition der Methode: *Ein direktives, klientenzentriertes Beratungskonzept zur Lösung ambivalenter Einstellungen gegenüber Verhaltensänderungen.* Diese Definition verortet „Motivierende Gesprächsführung" im Kreis der Beratungskonzepte nach Rogers, hebt aber das direktive Element hervor, was insbesondere von den typischen Problemen herrührt, die einem bei süchtigen Verhaltensweisen und deren Veränderung begegnen: Man möchte die Klienten durch den Dschungel der Ambivalenz führen und ihnen helfen zu entscheiden, ob sie etwas verändern wollen oder nicht. Dies erfordert ein einfühlsames, aber direktives Vorgehen.

Zweitens haben wir es versäumt, klar und deutlich zwischen der Grundhaltung[2] des Konzepts und den Strategien, die im Einzelfall angewendet werden, zu unterscheiden. Es ist die Grundhaltung, die die motivierende Gesprächsführung charakterisiert: ein ruhiges, respektvolles und konstruktives Gespräch, in dem konfrontative Elemente nicht vorkommen, um so den inneren Motiven der Klienten zu erlauben, Richtung und Ergebnis der Sitzung zu bestimmen. Dies hat nichts mit Strategien oder Techniken zu tun, denen einzelne Klienten ausgesetzt werden, sondern mit einer bewußten Wahrnehmung der Wertvorstellungen der Klienten und der Einflüsse dieser Wertvorstellungen auf mögliche Verhaltensänderungen.

---

[1] Im folgenden wird aus Gründen der flüssigeren Lesbarkeit und in Ermangelung einer befriedigenden Sprachregelung fast immer die männliche Sprachform benutzt. Natürlich sind damit auch Kolleginnen, Klientinnen, Beraterinnen, Therapeutinnen usw. gemeint (Anm. d. Hrsg.).

[2] Im Original: „spirit" (Anm. d. Hrsg.).

Auch außerhalb des Suchtbereichs ist das Interesse an motivierender Gesprächsführung enorm gewachsen. So wurden z. B. für den medizinischen Sektor neue Anwendungsmöglichkeiten entwickelt und evaluiert. Die Herausforderungen hier sind allerdings bedeutend, denn viele Menschen glauben, daß es doch eine einfache Technik geben müsse, die direkt zur Verhaltensänderung führt. Wir glauben zwar, daß es möglich ist, die Grundhaltung dieses Konzepts auch in anderen Settings umzusetzen, wir sind allerdings davon überzeugt, daß es sich dabei nicht um ein Wundermittel handelt. Man kommt um ein aufmerksames und sensibles Zuhören nicht herum!
Wenn wir heute zurückschauen, dann verstehen wir mittlerweile, warum die „Motivierende Gesprächsführung" so populär geworden ist: der Suchtbereich – besonders in den USA – hatte die Verbindung zu den humanistischen Wurzeln der Beratung fast völlig verloren. Klienten zu konfrontieren, wurde zu einer therapeutischen Maxime. Wenn Sie sich durch dieses Buch zu einer respektvollen und intelligenten Gesprächsführung ermutigen lassen, dann wären wir tatsächlich sehr zufrieden.

Cardiff/Wales, im Dezember 1998

Vorwort

William R. Miller, Stephen Rollnick

Menschen verändern sich auf mannigfaltige Art und Weise und aus einer Vielzahl von Gründen. Die Psychologie der Veränderungen ist ein breites und faszinierendes Feld, und dies zu Recht. In gewisser Hinsicht ist die Psychologie tatsächlich die Wissenschaft der Veränderung. Dieses Buch repräsentiert nur einen Aspekt des (weitaus) größeren Themas „Veränderung". Als Therapeut ist es faszinierend zu sehen, wodurch sich Menschen, die persönliche Probleme haben, veranlaßt fühlen, sich zu verändern. Häufig scheinen Menschen auf stereotype Verhaltensmuster fixiert zu sein, obwohl dies sie selbst und ihre persönliche Umwelt ganz offensichtlich verletzt. Die gewöhnliche Klage lautet: „Ich verstehe mein eigenes Verhalten nicht. Ich tue nicht, was ich will, sondern genau das, was ich hasse."

Nirgendwo sonst kann man dieses Problem so deutlich beobachten wie im Bereich des Suchtverhaltens, sei es des Alkohol- und Drogenmißbrauchs, der Eßstörungen, der Spielsucht oder anderer Süchte (Miller 1980, Peele 1985). Sie repräsentieren das, was Orford (1985) als „exzessives Verlangen" bezeichnet hat. Für Menschen mit süchtigem Verhalten ist es charakteristisch, daß sie kurzfristigen Befriedigungen zu Lasten langfristiger Schäden den Vorzug geben. Viele von ihnen kennen die verheerenden Folgen nur zu gut und haben viele Selbstkontrollversuche hinter sich, erleiden aber immer wieder Rückfälle (Brownell u. a. 1986; Marlatt & Gordon 1985).

Rückfälle sind ein Charakteristikum von Suchterkrankungen, allerdings nicht ausschließlich von Suchterkrankungen. Ein zentrales Charakteristikum der Neurosen, wie sie Freud und seine Schüler beschrieben haben, ist deren selbstbehindernde Natur. Bücher und Selbsthilfeprogramme für Menschen mit entsprechenden Problemen gibt es mehr als genug. Sie sollen helfen, selbstsicheres Verhalten, Selbstachtung, Selbstbehauptung, positives Denken und Gelassenheit aufzubauen. Im religiösen Kontext betont die Vorstellung von Sünde den Kampf zwischen unmittelbarer Befriedigung und höheren Werten. Tim Stockwell, ein Kollege, machte einst die geistreiche Bemerkung, daß das „Leben ein Zustand chronischer Rückfälle" sei.

Mit dem vorliegenden Buch versuchen wir zu erklären, warum Menschen in Ambivalenz gefangen sind und auf welche Weise diejenigen, die ihnen helfen wollen, ihre Motivation, sich zu verändern, stärken können. Wir richten uns an Berufskollegen, Berater, Psychologen, Geistliche, Sozialarbeiter, Ärzte, Krankenpflegepersonal und alle anderen, deren Arbeit mit Menschen, die sich verändern wollen, therapeutisches Engagement einschließt. Wir beschreiben Grundsätze und Vorgehensweisen, die in verschiedenen Kontexten nutzbar gemacht werden können, z.B. im Geschäftsleben, der Pädagogik oder im Management, doch gilt unser Hauptaugenmerk dem therapeutischen Kontext. Die meisten Überlegungen und Beispiele beziehen sich auf das Verhalten Suchtkranker, weil dies Inhalt unseres therapeutischen Handelns und unserer Forschungstätigkeit gewesen ist. Das Konzept der motivierenden Gesprächsführung entstand in der Beschäftigung mit problematischem Trinkverhalten. Wir hoffen aber, daß unsere Ideen und Strategien bei einer Vielzahl von Problembereichen Anwendung finden. Motivierende Gesprächsführung soll Klienten dabei behilflich zu sein, Vertrauen zu entwickeln und einen Entschluß zur Veränderung zu fassen. Das Vorgehen greift auf Strategien klientenzentrierter Gesprächsführung, kognitiver Therapie, der Systemtheorie sowie auf Prinzipien der Sozialpsychologie zurück.

Eine therapeutische Sitzung auf der Basis motivierender Gesprächsführung ist vor allem klientenzentriert. Dabei geht der Therapeut stark zielorientiert vor, um im geeigneten Moment richtungsweisend intervenieren zu können. In diesem Sinne werden direktive und nondirektive Behandlungselemente kombiniert. Man kann dabei unterschiedliche Strategien integrieren und überdies motivierende Gesprächsführung als Vorbereitung und Grundlage für andere Behandlungsformen nutzen (z.B. Verhaltenstraining, kognitive Therapie, Verbesserung der Compliance bei medikamentöser Behandlung etc.). Die theoretischen Grundannahmen motivierender Gesprächsführung beziehen sich zum einen auf das Konstrukt von „Ambivalenz" und zum anderen auf den Konflikt zwischen Genuß und Frustration, wie er bei Menschen mit Suchtverhalten so augenfällig ist. Der Versuch, Problemverhalten zu verändern, ist häufig zum Scheitern verurteilt. Das trifft nicht nur für den Bereich süchtigen Verhaltens zu. Die lähmenden Effekte von Ambivalenz lassen sich bei den unterschiedlichsten Störungen beobachten. Ein grundlegedes Erklärungskonzept stellt die Theorie der Selbstregulation dar (Kanfer 1987; Miller & Brown 1991). Strategien motivierender Gesprächsführung können in diesem größeren Rahmen gesehen werden; sie greifen auf Prinzipien der Sozialpsychologie, Kognitions- und Motivationspsychologie zurück.

Einige Anmerkungen müssen noch gemacht werden: An erster Stelle, daß wir motivierende Gesprächsführung als ein *mögliches, nicht aber das einzig sinnvolle* Beratungskonzept verstehen. Obwohl wir herausfanden, daß dieses Konzept für die verschiedensten Problemstellungen geeignet ist, gibt es sicherlich auch solche, bei denen ein anderes Konzept effektiver ist. Es kann kein Standardvorgehen geben, das für alle Patienten geeignet wäre. Wir wissen bislang zu wenig darüber, welche Interventionsform für welchen Patienten die passende ist. Genauso glauben wir, daß dieses Konzept nicht für jeden Berater von Nutzen ist. Während wir motivierende Gesprächsführung unterrichteten, fanden wir heraus, daß bei Auszubildenden große Unterschiede darin bestanden, motivierende Gesprächsführung flexibel anzuwenden und sich damit auch wohl zu fühlen. Unser Zugang repräsentiert genau das Gegenteil eines autoritären, konfrontierenden therapeutischen Stils. Bisherigen Erfahrungen zufolge haben viele Praktiker diese Herangehensweise schnell akzeptiert und gut in ihre tägliche Arbeit integriert. Andere bewerten sie als frustierend, schleppend und ineffektiv. In der individuellen Akzeptanz dieses Vorgehens sind somit große Unterschiede zu erwarten.

Der Stil, in dem wir uns bei der motivierenden Gesprächsführung bemühen, verzichtet gänzlich auf Überzeugung mittels Beweisführung. Statt dessen respektiert er die Bedeutung der subjektiven Erfahrungen und Perspektiven der Klienten bzw. Patienten. Das verlangt natürlich, zuzuhören und dem weiten Spektrum von Anliegen, Meinungen, Vorlieben, religiösen Überzeugungen, Gefühlen und Motiven Akzeptanz entgegenzubringen. Die Anwendung motivierender Gesprächsführung hatte sowohl bei uns wie auch unseren Studenten den Effekt, daß sich unsere Sichtweise und Akzeptanz unterschiedlicher menschlicher Erfahrungen und Entscheidungen erweiterte. Das ist unserer Auffassung nach eine wertvolle Veränderung, da sie zugleich die Selbstakzeptanz vertieft. Gleichwohl kann es zeitweilig beunruhigend und anstrengend sein, dieses Maß an Offenheit für die Perspektiven anderer zu wahren, weil es zu einer regelmäßigen Infragestellung und Prüfung der eigenen Überzeugungen zwingt. Man bleibt selbst nicht unberührt, wenn man motivierende Gesprächsführung praktiziert.

Abschließend möchten wir eine Warnung aussprechen: Im folgenden behaupten wir, daß der persönliche Stil des Behandelnden einschneidende Auswirkungen auf die Motivation und konkreten Veränderungsschritte von Menschen haben kann. Prinzipien und Strategien, die wir beschreiben, sollen helfen, die Veränderung anderer zu erleichtern. Unsere wissenschaftlichen Ergebnisse zeigen, daß dies tiefgreifende Prozesse sein können. Wenn das aber so ist, müssen mit der Anwendung verbundene Risiken und Verantwortlichkeiten ernst genommen werden. Lassen Sie sich von diesen Prozessen nicht zu sehr einnehmen. Es besteht die Versuchung, von den Strategien und ihren Einflüssen fasziniert zu sein. Wenn Macht zur treibenden Kraft wird, wird das therapeutische Bemühen zur Waffe, Einfluß zur Kontrolle, Engagement zu Gier, und der therapeutische Erfolg dient der narzißtischen Befriedigung der Behandelnden. Ihr Anliegen sollte nicht primär die Bestätigung der eigenen Einflußnahme, sondern das Wohl der Patienten sein. Therapeuten haben das einmalige Privileg, an Veränderungsprozessen anderer Menschen auf intime Weise teilzuhaben, wobei die Rolle des Urhebers sich mit der des staunenden Zeugen vermischt. Die in den folgenden Kapiteln beschriebenen Interventionen können tatsächlich Veränderungen anstoßen, so wie Wasser, Luft und Sonnenlicht lebenswichtige Elemente der Photosynthese sind. Das Wachstum von Pflanzen kann, indem man bestimmte Konditionen herstellt bzw. nicht herstellt, beeinflußt werden. Wir wünschen Ihnen die Freude eines Gärtners, der seine Fähigkeiten darin investiert, Leben zu fördern und Wachstumsprozesse zu unterstützen, die er niemals selbst erschafft, sondern immer nur begleitet.

Unser Dank gilt Professor Nick Heather und den Mitarbeitern des Nationalen Drogen- und Alkoholforschungszentrums in Sidney, die uns während unserer Zeit in Australien, wo wir uns kennenlernten und mit unserer Zusammenarbeit begannen, gastfreundlich aufgenommen haben. Dank schulden wir ebenso Eva Congreve für die Bereitstellung ihrer Bibliothek sowie Steve Allsop, Lea Greenaway, Rosemary Kent und Bill Saunders für ihre hilfreichen Anregungen. Zum Schluß danken wir unseren vielen Klienten, Patienten und Studenten, die uns all das gelehrt haben (und noch immer lehren), woran wir Sie nun teilhaben lassen möchten.

Teil I
Hintergrund

1. Die Atmosphäre der Veränderung

Heilkundige haben von jeher versucht, die Bedingungen zu verstehen und zu beeinflussen, die zu positiven Veränderungen menschlicher Gesundheit führen. Welche therapeutischen Schritte unternommen werden, hängt entscheidend von den zugrundegelegten Hypothesen ab. In der vorwissenschaftlichen Medizingeschichte wurde ein breites Spektrum von Heilmaßnahmen beschrieben, z.B. Aderlaß, Hitze- und Kältekuren, Blutegel, Insulinschock, Untertauchen, Erbrechen induzieren, Exorzismus sowie die Applikation von Heilpulvern und Zaubertränken. Einige dieser Behandlungen waren in manchen Fällen sogar erfolgreich, ihr Erfolg muß allerdings als Zufallsprodukt gewertet werden, da die für die Heilung verantwortlichen biomedizinischen Prinzipien noch gar nicht entdeckt waren. Die meisten erfolgreichen Behandlungen sind vermutlich auf Placeboeffekte zurückzuführen (Shapiro 1971).

Heilungserfolge als Resultat einer Placebo-Behandlung oder als unspezifisch zu bezeichnen, bedeutet noch nicht, sie zu verstehen oder erklären zu können. Häufig wurden bedeutsame Veränderungen im Anschluß an eine Placebogabe oder Minimalintervention beobachtet, die in ihrem Ausmaß mit den Resultaten einer „richtigen Behandlung" konkurrieren konnten. Eine gute Compliance während einer solchen Therapie gilt als guter Prädiktor für einen günstigen Verlauf (Fuller u.a. 1986). Auf welche Faktoren kann die Veränderung in diesen Fällen zurückgeführt werden? Bei der Suche nach den Wirkfaktoren stößt man in der Forschung auf verschiedene Therapieschulen, die spezifische Therapeutenmerkmale für einen erfolgreichen Therapieverlauf verantwortlich machen. Therapeuten, die im gleichen Setting und mit dem gleichen Therapieverfahren arbeiten, können auffällige Differenzen in ihren Therapieresultaten aufweisen. Die Streubreite erfolgreicher Behandlungen zwischen verschiedenen Therapeuten, welche die gleichen Therapieverfahren einsetzen, übertrifft sogar das Ausmaß der Unterschiede zwischen verschiedenen Therapierichtungen (Luborsky u.a. 1985; Miller, Taylor & West 1980). Ein Großteil stationärer Therapieabbrüche ist abhängig von den Ausfallzeiten der Teammitglieder (Greenwald & Bartmeier 1963; Raynes & Patch 1971; Rosenberg u.a. 1976; Rosenberg & Raynes 1973; Schorer 1965). Therapeutenmerkmale wie z.B. der Tonfall können hohe Abbruchraten bedingen (Milmoe u.a. 1967).

Der Therapeutenstil ist als Wirkvariable in der Therapieforschung oft vernachlässigt worden, bestimmt zum großen Teil aber den Therapieerfolg (Cartwright 1981). Ein Großteil der Varianz in den Therapieergebnissen kann nur mit Hilfe einer Analyse von Vorbehandlungs- und Nachbehandlungscharakteristika des Klienten und spezifischen therapeutischen Variablen erklärt werden (Cronkite & Moos 1980). In einer Studie an der Universität von New Mexico konnten zwei Drittel der Varianz der Therapieergebnisse in einer Sechs-Monats-Katamnese bei Alkoholikern auf das Maß an Empathie zurückgeführt werden, das die Therapeuten ihren Patienten während der Behandlung entgegenbrachten (Miller u.a. 1980). Empathie des Therapeuten erklärt über die Hälfte der Varianz in einer 12-Monats-Katamnese und ein Viertel der Varianz zwei Jahre nach Abschluß der Behandlung (Miller & Baca 1983). Vergleichbare Ergebnisse zur Bedeutung der Variablen „Empathie“ wurden in anderen Studien bestätigt (Miller & Sovereign 1989; Valle 1981).

Unspezifische Faktoren spezifizieren

Schon vor Jahrzehnten wurde erkannt, daß sogenannte „unspezifische Faktoren“ die Behandlung beeinflussen. Unspezifische Faktoren sind keiner spezifischen Behandlungsmethode zuzuschreiben, sondern treten bei ganz unterschiedlichen Therapierichtungen auf. Bei genauerer Betrachtung sind diese Wirkfaktoren aber keineswegs mysteriös. Als „unspezifisch“ werden sie allein deshalb bezeichnet, weil bislang keine ausreichenden Spezifizierungsversuche unternommen worden sind. „Unspezifische“ sind im Grunde nicht spezifizierte Wirkmechanismen von Veränderungen. Wenn diese Faktoren einen großen Teil des Behandlungserfolgs mitbestimmen, dann ist ihre Untersuchung, Spezifizierung, Diskussion und Vermittlung unbedingt erforderlich. Viele Therapeuten kennen diese Faktoren und berücksichtigen sie auch. Wenn man aber sagt, daß diese Veränderungsprinzipien wichtig sind, unabhängig von der spezifischen Orientierung des Therapeuten, dann bedeutet dies nicht, daß alle Therapeuten oder Therapierichtungen sie auch in gleichem Maße berücksichtigen. Therapeuten unterscheiden sich in ihrer Effektivität erheblich, und verschiedene Therapieschulen unterscheiden sich in dem Ausmaß, in dem sie bestimmte Therapeutenstile fördern (Luborsky u.a. 1985).
Therapeutenmerkmale manifestieren sich relativ früh in einem Behandlungsprozeß (Davies 1979, 1981) und können bereits in einer einzigen Sitzung signifikante Bedeutung erlangen (Chafetz 1961; Chafetz u.a. 1962; Miller & Sovereign 1989). Die therapeutische Beziehung etabliert sich meistens relativ schnell, und die Qualität der anfänglichen Beziehungsgestaltung entscheidet über Verbindlichkeit und Ausgang einer Behandlung (Luborsky u.a. 1985; Tomlinson 1967).

Die am meisten untersuchte Theorie zur Bedeutung von Therapeutenvariablen bei der Veränderung von Klienten ist die von Carl Rogers (1959). Rogers behauptet, daß eine klientenzentrierte Beziehung, in welcher der Therapeut bestimmte Merkmale aufweist, die beste Voraussetzung für die Entwicklung einer veränderungsförderlichen Atmosphäre darstellt. In einer vertrauensvollen und unterstützenden Atmosphäre sind Klienten eher dazu in der Lage, ihre eigenen Erfahrungen zu explorieren und ihre Probleme zu lösen. Der Therapeutenstil ist insofern nicht-direktiv, als er keine Lösungen bereithält und die Klienten weder beeinflußt noch analysiert. Die von Rogers geforderten drei Therapeutenmerkmale sind: umfassende Empathie,[1] unbedingte Zuwendung und Echtheit. Die Grundgedanken von Rogers wurden von zahlreichen Autoren in Leitlinien für praktisches Handeln übersetzt (Egan 1982; Gordon 1970; Ivey 1980, 1982; Truax & Carkhuff 1967).
Umfassende Empathie gilt als besonders wichtige Voraussetzung für Veränderungsprozesse. Darunter soll allerdings nicht die *Identifikation* mit dem Klienten verstanden werden, ebenso ist damit nicht gemeint, daß der Therapeut in der Vergangenheit ähnliche Erfahrungen gemacht haben muß wie der Klient. Es kann für den Therapeuten in der Behandlung von Alkoholkranken sogar ein Hemmnis darstellen, selbst einmal ein Alkoholproblem gehabt zu haben, da dies im ungünstigen Fall zu einer „Überidentifikation" führen kann (Manohar 1973). Rogers Definition der „umfassenden Empathie" beinhaltet ein aktives Zuhören, das die Erfahrungen und Selbstdeutungen des Klienten klärt und erweitert, ohne daß der Therapeut dem Klienten die eigenen Erfahrungen aufdrängt (Gordon 1970). Die Ausprägung der drei Therapeutenmerkmale – insbesondere der umfassenden Empathie – hat Auswirkungen auf den Therapieerfolg im allgemeinen (Truax & Carkhuff 1967; Truax & Mitchell 1971) und bei Suchtverhalten im besonderen (Luborsky u.a. 1985; Miller u.a. 1980; Valle 1981).

---

[1] Im Original: „accurate empathy". Egan (1982) unterscheidet die primäre (Widerspiegeln emotionaler Inhalte von Klientenäußerungen) von der fortgeschrittenen genauen Empathie („advanced accurate empathy" – Hypothese über die wirkliche und dem Klienten verborgene Quelle seiner Sorgen). „Accurate empathy" ist im Sinne der fortgeschrittenen Empathie zu verstehen und wird hier als „umfassende Empathie" übersetzt (Anm. d. Hrsg.).

Was haben wir falsch gemacht?

Das hier entworfene Bild einer veränderungsförderlichen Atmosphäre steht – was die Behandlung von Alkoholproblemen und anderen Abhängigkeitserkrankungen anbelangt – in deutlichem Kontrast zu anderen Therapieansätzen: Einige Therapiegruppen, wie z.B. die im Rahmen von Synanon-Lebensgemeinschaften entstandenen, haben Methoden wie die „Angriffstherapie", den „heißen Stuhl" oder den „emotionalen Haarschnitt" etabliert. Zur Veranschaulichung lassen wir Chuck Dederich, den Gründer von Synanon, mit einem Suchtkranken sprechen:

> „Nun, Buster, ich werde Dir sagen, was Du zu tun hast. Und entweder richtest Du Dich danach, oder Du fliegst hier raus. Du rasierst Dir den Schnurrbart, Du besuchst die Gruppen, und Du benimmst Dich hier wie ein Gentleman. Dir gefällt es hier nicht? Gott segne Dich, ich gebe Dir die gleichen Wünsche mit auf den Weg wie allen anderen, die von hier aus direkt in den Knast wandern. So arbeiten wir hier bei Synanon. Du siehst, Du bekommst hier eine Art Gefühlsoperation. Wenn Dir diese Operation nicht gefällt, schön, geh‘ und tu‘, was Du nicht lassen kannst. Möglicherweise sehen wir Dich hier wieder, wenn Du aus dem Zuchthaus kommst, oder wenn Du Dir eine Überdosis gesetzt hast" (Yablonsky 1989).

Derartige Ansätze erscheinen lächerlich und unprofessionell, bedenkt man die Vielzahl der psychischen und medizinischen Probleme, unter denen die Betroffenen leiden. Offensichtlich ist, daß Suchterkrankungen anders behandelt werden als Depressionen, Ängste, Partnerschaftsprobleme, sexuelle Funktionsstörungen, Schizophrenie, Krebserkrankungen, Bluthochdruck, Herzerkrankungen oder Diabetes. Aggressiv konfrontierende Strategien werden bis heute insbesondere bei Alkohol- und Drogenproblemen sowie bei Straftätern eingesetzt.

Suchtkranke benötigen unterschiedliche Behandlungsansätze, wobei sich die gerade erwähnten konfrontativen Methoden in der Gesamtbetrachtung als ineffektiv erwiesen haben. Konfrontierende Gruppentherapien haben im Vergleich zu alternativen Ansätzen oft sogar zu schädlichen und unerwünschten Ergebnissen geführt (Lieberman u.a. 1973), dies vor allem bei Menschen mit einem niedrigen Selbstwertgefühl (Annis & Chan 1983).

Was haben wir falsch gemacht? Wie konnten wir zu der Annahme kommen, daß eine aggressiv-konfrontative Vorgehensweise einer ganz bestimmten Klientengruppe, den Suchtkranken, besonders dienlich sein könnte? Wie konnte es geschehen, daß derartig feindselige Methoden

eine so große Glaubwürdigkeit und Akzeptanz im Suchtbereich erlangten, während dieselben Methoden bei der Behandlung der meisten anderen psychologischen und medizinischen Probleme als kontraproduktiv oder gar als Kunstfehler angesehen werden?
Viele Therapieprogramme mit konfrontativen Elementen berufen sich auf das „Zwölf-Schritte-Konzept“, das vor allem durch die Anonymen Alkoholiker (AA) und die Gruppen der Narcotics Anonymous (NA) verbreitet worden ist. Aus den Grundannahmen der AA, wie sie von Bill Wilson (Alcoholics Anonymous 1976) entwickelt worden sind, lassen sich aggressiv-konfrontative Methoden allerdings nicht herleiten. Anonyme Alkoholiker sollten Anreize schaffen und unterstützend wirken: „Heilung beginnt, wenn ein Alkoholiker mit einem anderen spricht und Erfahrungen, Ängste und Hoffnungen austauscht“. Bill Wilson vertrat die Ansicht, daß Leben „nicht auf der Basis von Streit oder argumentativer Überzeugung beruhen sollte. (...) Die meisten von uns meinen, daß wir anderen Menschen am ehesten dadurch helfen, daß wir uns tolerant gegenüber ihren Unzulänglichkeiten und Ansichten zeigen, verbunden mit dem Respekt vor ihren Meinungen und Einstellungen“.

Motivationsmangel als Persönlichkeitsstörung

Ein Hauptgrund für die aggressiven und konfrontierenden Therapieansätze in der Behandlung von Suchtkranken ist in den bei Suchtkranken oft stark ausgeprägten Abwehrmechanismen zu suchen, welche die Klienten gegenüber traditionellen Behandlungsmethoden geradezu resistent machen. Man ging davon aus, daß diese Abwehrmechanismen tief in der Persönlichkeit und dem Charakter der Betreffenden verwurzelt seien. Diese Annahmen stammen zum großen Teil aus psychodynamischen Theorien, die Alkohol- und andere Drogenprobleme als Symptom einer Persönlichkeitsstörung definierten (Clancy 1961; DiCicco u.a. 1978; Moore & Murphy 1961). Die Störung wurde als Ausdruck frühkindlicher primitiver Abwehrmechanismen beschrieben, so z.B. von Anna Freud (1948). Diese Sichtweise wurde von einflußreichen Suchttherapeuten wie etwa der Psychiaterin Ruth Fox (1967) übernommen, die ihre eigene klinische Erfahrung in psychodynamischer Terminologie so ausdrückte: „Die meisten Patienten weigern sich über mehrere Jahre, ihr Alkoholproblem anzuerkennen, wobei sie Abwehrmechanismen wie Verleugnung, Rationalisierung, Regression und Projektion verwenden.“ Der „Alkoholiker“ baue ein elaboriertes Verteidigungssystem auf, indem er verleugne, daß er ein Alkoholiker und krank sei, er rationalisiere seine Trinkbedürfnisse als für seine Gesundheit und sozialen Verpflichtungen notwendig und projiziere Schuldgefühle bezüglich seiner Schwierigkeiten auf andere. Diese Zuschreibungen wurden als allgemeingültige, unabdingbar mit der Suchterkrankung verbundene Determinanten der Charakterstruktur von Alkohol- oder Drogenabhängigen und folgerichtig als grundsätzliches Hindernis für Heilung oder Besserung verstanden (z.B. Clancy 1961). „Die Fundamente der Verleugnung beim Alkoholismus reichen tief und begründen eine fast undurchdringliche Mauer" (DiCicco u.a. 1978).

Setzt man eine solche Betrachtungsweise voraus, stellt sich die Frage: Wie soll man mit derart verfestigten Abwehrmechanismen umgehen? Der therapeutische Prozeß, den der Suchtkranke durchlaufen sollte, wurde mit Begrifflichkeiten wie „kapitulieren", „die eigene Machtlosigkeit akzeptieren" und „Reduzierung des Ich" beschrieben (Cavaiola 1984; Clancy 1964; Tiebout 1953, 1954; Wilson 1977). Das zugrundeliegende Konzept ist das des „hits-bottom" der Anonymen Alkoholiker: Ein Alkoholiker muß in seiner Karriere seinen Tiefpunkt durchlaufen, bevor Heilung möglich ist. Nach und nach wurde dieses Konzept im Sinne einer Entwicklungskrise interpretiert (Bateson 1971), deren Eintreten mit Hilfe von Interventionsstrategien beschleunigt werden könne (DiCicco u.a. 1978). „Kapitulation" aber setze voraus, daß die Verteidigungslinien attackiert werden. Die Bühne war bereitet für den Auftritt der „Konfrontation".

Vernon Johnson (1973) hat mit dem sogenannten „Minnesota-Modell" den Grundstein für seine einflußreiche Behandlungsphilosophie der konfrontativen Interventionen gelegt. Das Interesse an biomedizinischen Aspekten von Suchterkrankungen führte zu der Annahme, daß Menschen mit einer Abhängigkeit eine besondere Persönlichkeitsstörung aufwiesen, die sie qualitativ von „normalen" Menschen oder Menschen mit anderen Störungen unterscheide und mit der Unfähigkeit einhergehe, die Realität wahrzunehmen.

> „Der entscheidende Faktor beim Alkoholismus ist die Selbsttäuschung oder eingeschränkte Urteilsfähigkeit, welche den Abhängigen in seinen selbstzerstörerischen Verhaltensmustern gefangenhält. (...) Der Alkoholiker entzieht sich jeder ihm angebotenen Hilfe. Dabei muß einem klar sein, daß er die Realität nicht sieht" (Johnson 1973, S. 44).

Hier waren die Voraussetzungen für den Einsatz ungewöhnlich aggressiver Behandlungsstrategien und Zwangsmaßnahmen geschaffen.

Johnsons Ansatz definiert Konfrontation als „Spiegelung der Person" oder auch „Beschreibung, wie ich sie sehe". Johnson selbst betonte allerdings, daß diese Art der Konfrontation auf empathische und mitfühlende Art und Weise erfolgen solle. Neuere Therapieprogramme, die

auf dem Minnesota-Modell basieren, haben die aggressiv-konfrontativen Aspekte noch mehr vernachlässigt und den sanfteren Herangehensweisen einen größeren Stellenwert beigemessen (Hazelden Foundation 1985; Johnson Institute 1987). Hier sollte deutlich werden, daß das Minnesota-Modell von Johnson sowie die Konzepte der Anonymen Alkoholiker für die aggressiv-konfrontierenden Beratungsstile im Umgang mit Suchtkranken nicht verantwortlich zu machen sind.
Eine starke Betonung der „Reduzierung des Ich" findet sich dagegen im Synanon-Modell, das ein Prototyp für therapeutische Wohngemeinschaften wurde (Yablonsky 1965, 1989), sowie im Daytop-Modell, das für drogenabhängige Jugendliche entwickelt wurde und ebenfalls einen eher autoritären und aggressiven Stil verfolgt. Diese Ansätze haben ihren Ursprung in keinem kohärenten theoretischen Suchtmodell. Sie widersprechen den Grundüberzeugungen der Anonymen Alkoholiker, wie sie von Bill Wilson beschrieben wurden, und sie verletzen die empathischen Prinzipien von Johnson. Offensichtlich sind sie eher aus der Praxis heraus entstanden, geleitet durch vage psychodynamische Annahmen, daß Alkoholiker und andere Suchtkranke als „süchtige Persönlichkeiten" oder „ungewöhnlich stark abwehrend" zu betrachten seien.

Die Suche nach der süchtigen Persönlichkeit

Merkwürdigerweise ist der Gedanke einer einheitlichen Alkoholiker- oder Suchtpersönlichkeit weder in den Originalschriften der Anonymen Alkoholiker noch in fünf Dekaden psychologischer Forschung bestätigt worden (Miller 1976). Vaillant (1983), der eine Population von Männern über 40 Jahre prospektiv untersuchte, fand keinerlei signifikante Persönlichkeitsunterschiede zwischen Alkoholikern und Nichtsuchtkranken. Wenn Abwehrmechanismen operationalisiert und spezifisch untersucht wurden, fanden sich keine Hinweise darauf, daß Alkoholiker mehr Verleugnungsmechanismen zeigten als Nichtalkoholiker (Chess u.a. 1971; Donovan u.a. 1977; Skinner & Allen 1983). Untersuchungen zu interindividuellen Differenzen von Verleugnungsmechanismen bei Alkoholikern haben ebenfalls interessante Ergebnisse gebracht: Erfolgreiche Therapieergebnisse korrelierten z.B. oft mit hohen Verleugnungstendenzen zu Behandlungsbeginn (O'Leary u.a. 1977) oder einer mangelnden Akzeptanz der Diagnose „Alkoholiker" (Orford 1973). Zusammenfassend läßt sich festhalten, daß es keine wissenschaftliche Rechtfertigung für die Annahme gibt, daß ein einheitliches Persönlichkeitsmuster von Suchtkranken besteht, das durch ausgeprägte Ich-Abwehrmechanismen gekennzeichnet wäre.

Das Bedürfnis nach Verleugnung sollte nicht als eine Persönlichkeitseigenschaft definiert, sondern vielmehr als Versuch des Betroffenen verstanden werden, Probleme nicht als solche anzuerkennen. Ist nun die Bereitschaft zur Anerkennung von Problemen ein verläßlicher Prognosefaktor für gute Behandlungsergebnisse? Verschiedene Studien haben bestätigt, daß z.B. die Akzeptanz der Diagnose „Alkoholiker" keinen erfolgreichen Behandlungsabschluß voraussagt (Lemere u.a. 1958; Trice 1957). Ein hohes Maß an Problembewußtsein findet sich auch bei Alkoholkranken, die nach einer Behandlung nicht mit dem Trinken aufhören (Polich u.a. 1981).
Wir halten fest, daß es wissenschaftlich nicht haltbar ist, bei Menschen mit Alkohol- oder Drogenerkrankungen von einem charakteristischen Persönlichkeitskern oder charakteristischen Abwehrmechanismen auszugehen. Wenn diese Menschen Widerstand oder Abwehr im Behandlungssetting zeigen, heißt das nicht, daß sie diese auch außerhalb des Behandlungssettings gezeigt haben. Darüber hinaus sind aggressiv-konfrontative Interventionen im allgemeinen als ineffektiv einzuschätzen.

Die sich selbst erfüllende Prophezeiung

Warum aber sind so viele Professionelle davon überzeugt, daß Suchtkranke aufgrund ihres spezifischen Charakters, ihrer besonderen Persönlichkeit lügen, rationalisieren, ausweichen, sich verteidigen oder anderweitig Widerstand zeigen und dementsprechend behandelt werden müssen? Eine mögliche Erklärung ist, daß diese irrige Vorstellung durch einen Prozeß selektiver Fehlwahrnehmungen aufrecht erhalten wird. Chapman & Chapman (1967) beschreiben das Phänomen der „illusorischen Korrelation", bei der Menschen eine falsche Verbindung zwischen zwei Ereignissen vornehmen. Ein Beispiel ist die Fehlannahme, daß eine bestimmte Antwort im Rorschach-Test einen Indikator für eine bestimmte Pathologie darstellt. So ging man etwa davon aus, daß Menschen, die auf bestimmten Bildtafeln im Rorschach-Test Wasser erkannten, eine stärkere Tendenz zu Alkoholmißbrauch aufwiesen (Griffith 1961). Hat sich eine solche Annahme erst einmal etabliert, ist es schwer, sie wieder zu löschen. Einzelne Fälle, die diese Annahmen bestätigen, werden zur Untermauerung herangezogen; Fallgeschichten, die sie nicht bestätigen, dagegen ignoriert. Anekdoten werden so zur Grundlage eines umfassenden klinischen Anwendungsprinzips.
Selektive Wahrnehmung ist jedoch nicht der einzige Faktor, der den Mythos der Verleugnungstendenzen von Alkoholikern mitbestimmt hat. Or-

ford (1985) hat zu Recht darauf hingewiesen, daß normale psychologische Phänomene wie Ambivalenz (siehe Kapitel 4) oft als pathologisch bewertet werden, wenn sie im Zusammenhang mit Suchtverhalten auftreten. Ebenso verhält es sich mit Verleugnungstendenzen: werden diese wiederholt bei Alkoholikern beobachtet, gelten sie als „typisch".
Eine weitere Möglichkeit ist die, daß Setting und Behandlungsstil bei den Klienten auf der Basis vorhersehbarer psychologischer Prozesse bestimmte verhaltensbezogene Reaktionen bewirken. „Widerstand" ist ein Beispiel für ein vorhersagbares Muster von Emotionen und Verhalten, das auftritt, wenn ein Individuum sich in seiner Freiheit eingeschränkt oder bedroht fühlt (Brehm 1966; Brehm & Brehm 1981). Wenn Sie einer Person zu verstehen geben, daß sie unerwünschte Charaktereigenschaften besitzt oder ihr mitteilen, was sie tun muß oder sollte, können Sie die Reaktion absehen. Sie wird dann geneigt sein, etwa mittels Verleugnung die Exaktheit Ihrer Aussagen in Frage zu stellen, um ihre persönliche Freiheit behalten zu können. Die Reaktion wird um so stärker ausfallen, je ambivalenter die Einstellungen der Person gegenüber dem angesprochenen Thema sind. Dieses Phänomen ist nicht suchtspezifisch.
Entscheidend ist, daß verschiedene Beratungsstrategien – insbesondere diejenigen, die eher direktiv und konfrontativ sind – bei den meisten Menschen Widerstand hervorrufen. Stellen Sie sich vor, was passiert, wenn ein Berater, der seinen Patienten als „verleugnend" wahrnimmt, diese Strategien einsetzt. Zeigt der Klient – wie zu erwarten – Widerstand, betrachtet der Therapeut dies als Bestätigung seiner Grundannahme. Hier tritt das psychologische Phänomen der sich selbst erfüllenden Prophezeiung (Jones 1977) ein.
Patterson & Forgatch (1985) haben dieses Phänomen demonstriert, indem sie eine Reihe von Familientherapiesitzungen beobachteten und dabei das Therapeuten- und Klientenverhalten analysierten. Sie stellten fest, daß Versuche des Therapeuten, zu belehren und zu konfrontieren, mit einem höheren Maß an Widerstand auf Klientenseite einhergingen. In einem nachfolgenden Experiment wechselten die Therapeuten ihr Verhalten hinsichtlich der konfrontativen Elemente alle zwölf Minuten. Widerstandsphänomene auf seiten der Klienten nahmen in den eher konfrontierenden Abschnitten zu, während sie schwächer wurden, wenn der Therapeut seinen Stil änderte. Miller & Sovereign (1989) fanden in einer Studie mit einem vergleichbaren methodischen Ansatz heraus, daß Patienten mit Alkoholmißbrauch bei einem konfrontierenden Beratungsstil im Vergleich zu einem eher klientenzentrierten (motivierende Gesprächsführung) mit einem höheren Maß an Widerstand reagierten. In der gleichen Studie zeigte sich, daß das Therapeutenverhal-

ten während einer einzelnen Sitzung ein guter Prädiktor für das Trinkverhalten des Patienten nach einem Jahr war. Je mehr ein Therapeut konfrontiert hatte, desto mehr trank der Klient ein Jahr später; je mehr der Berater unterstützte und aktiv zuhörte, desto eher traten beim Klienten Veränderungen ein.

Es ist wissenschaftlich hinreichend nachgewiesen, daß es sich bei der Verleugnungsthese um einen Mythos handelt. Was auch immer dazu führt, daß eine derartige Fehlannahme aufrechterhalten wird, Praktiker sollten sich darüber im klaren sein, daß dies zu kontraproduktiven Einstellungen und Behandlungskonzepten führt. Wenn eines für Menschen mit Suchtproblemen in Beratungssituationen typisch ist, dann, daß sie ambivalent sind (s. Kap. 4), und es ist eine Frage des Umgangs der Therapeuten mit dieser Ambivalenz, ob und in welchem Ausmaß Klienten Widerstand zeigen bzw. sich verändern.

Konfrontation: Ein Ziel, nicht ein Stil

Ein Teil der Verwirrung in diesem Zusammenhang ist wahrscheinlich auf die unterschiedliche Verwendung des Terminus „Konfrontation" zurückzuführen. Einerseits meint er autoritäre Behandlungsstrategien wie bei Synanon und Daytop, bei denen Macht eine erhebliche Rolle spielt. In einem anderen Sinne kann Konfrontation als Ziel von Beratung und Psychotherapie verstanden werden, um Veränderungen zu erreichen. „Ziel einer Intervention sollte sein, dem Betreffenden zu helfen, sich wahrzunehmen und die Realität zu akzeptieren, um, wenn auch widerwillig, die Notwendigkeit zu erkennen, Hilfe anzunehmen" (Johnson 1973, S. 51). Dieser Prozeß kann, muß aber nicht im Behandlungskontext stattfinden. Viele Menschen verändern ihre Lebenssituation ohne professionelle Hilfe. Häufig sind sie im Laufe eines solchen Prozesses mit einem beunruhigenden Aspekt ihrer selbst in Kontakt gekommen (Orford 1985).

In diesem weiteren Sinne ist Konfrontation ein Ziel und Anliegen, es ist Teil eines Veränderungsprozesses und damit Teil des Hilfeprozesses. Dies gilt für verschiedene Behandlungsformen und ein breites Spektrum von Problemen (Prochaska & DiClemente 1984). Diese Art bewußtseinschaffender Konfrontation entspricht dem klientenzentrierten Konzept von Carl Rogers, das Menschen in einer therapeutischen Atmosphäre dazu ermutigt, sich selbst zu prüfen und zu verändern. Wir finden es aber auch in allen einsichtsorientierten Psychotherapieschulen. Seine eigene Situation klar zu erkennen, ist der erste Schritt in Richtung einer Veränderung.

Welches sind nun die effektivsten Strategien, um Menschen dazu zu bringen, die Realität zu überprüfen und zu akzeptieren, insbesondere ihre unangenehmen Seiten? Dieser Frage werden wir im nächsten Kapitel nachgehen.

2. Was motiviert Menschen, sich zu ändern?

Motivation als Zustand

Im ersten Kapitel stellten wir die Annahme in Frage, daß Widerstandsphänomene – insbesondere bei Suchtkranken – auf pathologische Persönlichkeitsmerkmale zurückzuführen seien. Forschungsergebnisse deuten darauf hin, daß sogenannte unspezifische Faktoren wesentlich dazu beitragen, ob und in welchem Ausmaß Veränderung stattfindet. Der Beratungsstil des Therapeuten beeinflußt Motivation und Therapieerfolg des Klienten. Es scheint klar zu sein, daß die Motivation einer Person, sich zu ändern, durch eine Vielzahl von äußeren Bedingungen beeinflußt wird. Wir möchten Motivation nicht als ein persönliches Problem oder Merkmal betrachten, das eine Person in die Behandlung mitbringt, sondern als einen beeinflußbaren Zustand von Veränderungsbereitschaft, der von Situation zu Situation schwankt. Ein hilfreiches Modell der Veränderung haben die Psychologen James Prochaska und Carlo DiClemente (1982[1]) entwickelt. Sie haben eine Abfolge von Stadien beschrieben, die Menschen durchlaufen, wenn sie ein Problem bearbeiten. Diese Stadien lassen sich offenbar sowohl auf Selbstmodifikationsprozesse als auch auf professionell begleitete Veränderungsprozesse anwenden. Prochaska und DiClemente verstehen unter Motivation das derzeitige Stadium der Veränderungsbereitschaft. Es handelt sich dabei um einen inneren Zustand, der von äußeren Faktoren beeinflußt wird. Das Bild eines Rades oder Kreises entspricht am ehesten dem Ablauf von Veränderungsprozessen. Es ist völlig normal, daß eine Person die einzelnen Stadien in diesem Prozeß mehrmals durchläuft, bis sie eine stabile Veränderung erreicht hat. In einer ersten empirischen Untersuchung an Rauchern haben Prochaska und DiClemente herausgefunden, daß diese den Kreis der Veränderung drei- bis siebenmal (Mittelwert: 4) durchlaufen haben, bis sie eine dauerhafte Abstinenz erreichten. Dieses Modell bewertet einen Rückfall als normales Ereignis bzw. als ein Stadium der Veränderung. Manchmal sagen wir den Klienten, daß jeder Ausrutscher bzw. jeder Rückfall einen Schritt in Richtung Genesung darstellt. Das soll keine Aufforderung zum Rückfall sein, bietet aber eine realistische Perspektive, welche die Betroffenen davor bewahren soll zu resignieren, wenn ein Rückfall stattfindet.

---

[1] In deutscher Sprache ausführlich dargestellt in: Prochaska/Norcross/DiClemente 1997 (Anm. d. Hrsg.).

Die Annahme verschiedener Stadien der Veränderungsbereitschaft impliziert, daß Berater über stadienspezifische Interventionen verfügen sollten (Davidson u.a. 1991). Wir glauben, daß „mangelnde Behandlungsmotivation“ oder „Widerstand“ auf ungeeignete und dem jeweiligen Veränderungsstadium des Klienten unangemessene Interventionen zurückzuführen sind.

Abbildung 1: Prochaska & Di Clemente: Sechs Stadien der Veränderung

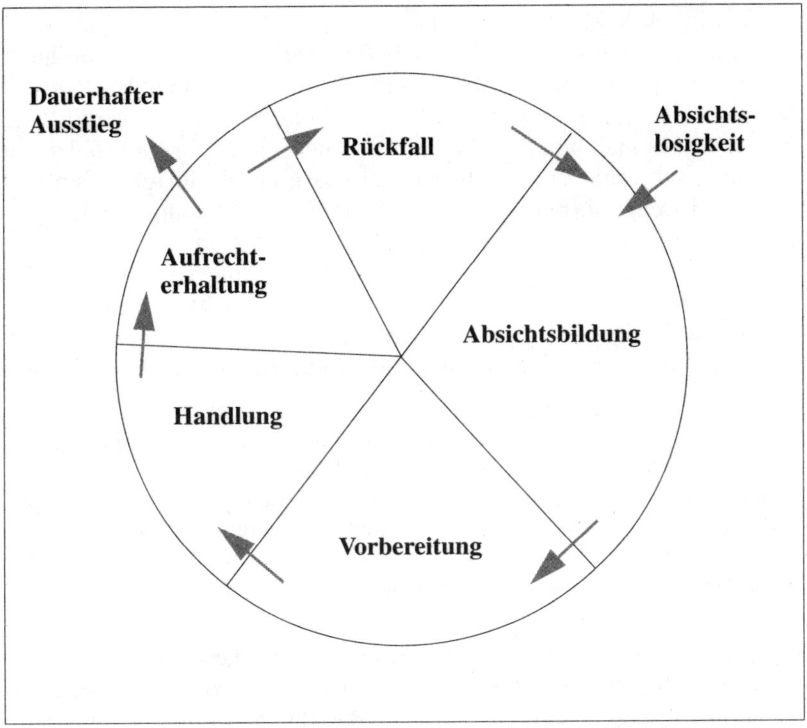

Der Eintritt des Klienten in den Veränderungsprozeß erfolgt über das *Stadium der Absichtslosigkeit.* In diesem Stadium denkt der Klient noch nicht über die Möglichkeit einer Änderung nach und besitzt kein Problembewußtsein. Wenn eine Person in diesem Stadium darauf aufmerksam gemacht wird, daß sie ein Problem hat, reagiert sie möglicherweise überrascht. Viele Menschen begeben sich aus diesem Stadium heraus mehr fremd- als eigenmotiviert in Behandlung und verhalten sich eher als defensive Betrachter denn als Agierende. In einem Stadium der Absichtslosigkeit zu sein, meint, daß irgend jemand das Problem von außen erkannt hat, nicht aber die betreffende Person selbst. Manche Menschen werden während einer medizinischen Routine-Untersuchung mit pathologischen Laborwerten konfrontiert, die auf einen Leberschaden hinweisen (Kristenson u.a. 1983), oder werden im Zuge systematischer Screenings auf ein mögliches Alkoholproblem angesprochen (Chick u.a. 1985; Wallace u.a. 1988). In dieser Phase sind Informationen und Rückmeldung erforderlich, um ein eigenes Problembewußtsein und damit die Möglichkeit zur Veränderung entwickeln zu können. Jemandem in dieser Phase zu einer Veränderung zu raten, kann kontraproduktiv sein (Rollnick & MacEwan 1991).

Ist einmal Problembewußtsein geschaffen, tritt die Person in ein durch Ambivalenz gekennzeichnetes Stadium ein, das sogenannte *Stadium der Absichtsbildung*. Der Betreffende erwägt Veränderung und verwirft sie zugleich. Gibt man ihm die Möglichkeit, ungestört über sein Problem zu sprechen, schwankt er zwischen Besorgnis und Sorglosigkeit hin und her. Das ist eine normales und charakteristisches Stadium, obgleich es manchmal fälschlicherweise als pathologisches Persönlichkeitsmerkmal oder Abwehrmechanismus gewertet wird. Man könnte das Erleben einer Person in diesem Stadium beschreiben als eine Art Schwanken zwischen dem Wunsch, sich zu ändern, und dem Wunsch, so zu bleiben (Kap. 4). Ein Problemtrinker in diesem Stadium könnte sich folgendermaßen äußern:

> „Ich glaube nicht, daß ich wirklich ein ‚Problem‘ mit dem Trinken habe. Wahrscheinlich trinke ich in der Tat zu viel für meine eigene Gesundheit, aber mehr als meine Freunde trinke ich nicht. Manchmal geht es mir am Morgen danach ganz schön schlecht, und es beunruhigt mich, wenn ich mich von Zeit zu Zeit an bestimmte Ereignisse nicht erinnere. Aber ein Alkoholiker bin ich nicht. Ich kann aufhören zu trinken, wann immer ich will, ohne es zu vermissen.“

Ein Mensch im Stadium der Absichtsbildung findet gleichzeitig (oder in rasend schnellem Wechsel) Gründe, sich zu ändern, und Gründe, alles beim alten zu lassen. Die Aufgabe des Beraters in diesem Stadium ist es, einen Anstoß in Richtung Veränderung zu geben. Menschen, die eine suchtspezifische Beratung wünschen, befinden sich für gewöhnlich im Stadium der Absichtsbildung, und genau hier kann motivierende Gesprächsführung sehr nützlich sein. Ein Berater, der zu diesem Zeitpunkt Strategien anwendet, die dem Handlungsstadium angemessen wären, läuft Gefahr, Widerstand zu erzeugen.

Von Zeit zu Zeit beginnen die Klienten, ernsthaft über eine Veränderung nachzudenken. Sie äußern sich in einer Art und Weise, die gemeinhin am ehesten mit „Motivation“ beschrieben werden würde. In diesem sogenannten *Stadium der Vorbereitung* könnte ein Klient (K) etwa folgendes sagen:

- K: „Ich muß etwas gegen dieses Problem tun!"
- K: „Das ist ernst! Etwas muß sich ändern."
- K: „Was kann ich tun? Wie kann ich mich ändern?"

Wir stellen uns das Vorbereitungsstadium wie ein Fenster der Möglichkeiten vor, das für eine gewisse Zeit geöffnet ist. Wenn die Person in dieser Zeit aktiv wird, hält der Änderungsprozeß an, wenn nicht, fällt die Person in das Stadium der Absichtsbildung zurück. Im Vorbereitungsstadium ist die primäre Aufgabe des Beraters nicht die Motivierung des Klienten, sondern das Bestreben, eine für den Klienten akzeptable, realistische und effektive Veränderungsstrategie zu finden. Strategien der Phase II motivierender Gesprächsführung (s. Kap. 9) sind in dieser Situation besonders wichtig.
Mit dem *Handlungsstadium* wird für gewöhnlich Beratung bzw. Therapie verbunden: Ein Klient oder Patient unternimmt konkrete Schritte der Veränderung. Diese Schritte können, müssen aber nicht durch professionelle Beratung ausgelöst bzw. begleitet sein. So schaffen zum Beispiel die meisten Menschen, die mit dem Rauchen aufhören, dies ohne irgendeine professionelle Begleitung. Ziel dieses Stadiums ist es, eine konkrete Veränderung im Problemfeld zu schaffen.
Ist die Veränderung einmal erreicht, garantiert dies allerdings nicht automatisch auch ihren Fortbestand. Offensichtlich ist das menschliche Leben reich an guten Absichten und Veränderungsversuchen, gefolgt von kleineren „Ausrutschern" oder größeren „Rückfällen". Während des *Stadiums der Aufrechterhaltung* besteht die Aufgabe darin, die erzielten Veränderungen zu festigen und einem Rückfall vorzubeugen (Marlatt & Gordon 1985). Eine Veränderung aufrechtzuerhalten erfordert andere Fähigkeiten und Kompetenzen, als lediglich den ersten Schritt zu tun.
Tritt der *Rückfall* ein, so besteht die Aufgabe des Klienten nun darin, erneut in den „Kreislauf der Veränderung" einzutreten und nicht in diesem Stadium zu verharren. Wenn ein Mensch ein lange bestehendes Verhaltensmuster zu verändern bemüht ist, dann sind Ausrutscher und Rückfälle normale, zu erwartende Ereignisse. Die Aufgabe des Beraters ist es, dem Betroffenen zu helfen, Entmutigung und Demoralisierung zu vermeiden und weiterhin über eine Veränderung nachzudenken, seine Entschlußkraft zu erneuern und wieder aktiv zu werden.

Tabelle 1: Stadien der Veränderung und Aufgaben des Therapeuten

Stadium, in dem sich der Klient befindet	*Motivierende Aufgaben des Therapeuten*
Absichtslosigkeit	Lassen Sie Zweifel aufkommen - erhöhen Sie bei Ihrem Klienten die Wahrnehmung von Problemen und Risiken in Bezug auf sein derzeitiges Verhalten.
Absichtsbildung	Irritieren Sie das Gleichgewicht zwischen dem Wunsch nach Veränderung und dem Wunsch, alles beim alten zu lassen. Arbeiten Sie Veränderungsgründe und Risiken der Beibehaltung des Suchtverhaltens heraus. Stärken Sie das Selbstvertrauen im Hinblick auf eine Veränderung des derzeitigen Verhaltens.
Vorbereitung	Helfen Sie dem Klienten, sich für den besten Weg bei der Suche nach Veränderung zu entscheiden.
Handlung	Helfen Sie dem Klienten, geeignete Schritte in Richtung Veränderung zu unternehmen.
Aufrechterhaltung	Helfen Sie dem Klienten, geeignete Strategien zu entwikkeln und einzusetzen, um Rückfällen vorzubeugen.
Rückfall	Helfen Sie dem Klienten, den Prozeß der Absichtsbildung, Vorbereitung und Handlung wieder aufzunehmen, ohne sich durch den Rückfall entmutigen oder blockieren zu lassen.

MOTIVATION ALS VERHALTENSWAHRSCHEINLICHKEIT

Aber was ist Motivation? Berater beurteilen die „Motivation" einer Person oft nach einer Vielzahl von Verhaltensweisen:
- Übereinstimmung mit dem Berater,
- Akzeptieren der durch den Berater genannten Diagnose,
- Ausdrücken eines Wunsches oder Bedürfnisses nach Hilfe,
- Beunruhigung über den eigenen Zustand,
- Befolgen der Empfehlungen des Beraters.

Umgekehrt neigen Berater dazu, Personen als „unmotiviert" zu bezeichen, die
- dem Berater nicht zustimmen,
- die Diagnose oder Beurteilung des Beraters nicht akzeptieren,
- keinen Behandlungswunsch ausdrücken,

- von ihrer momentanen Situation nicht betroffen scheinen oder
- der Empfehlung des Beraters nicht folgen.

Mangelnde Zustimmung wird häufig als Verweigerung bezeichnet, und falls der Klient später mit dem Therapeuten übereinstimmt, wird dies als „Einsicht“ gewertet. Das Problem ist, daß wir die Klienten häufig nur danach beurteilen, was sie *sagen*. Größere Aufmerksamkeit jedoch gilt dem, was Klienten *tun*. Die verbalen Äußerungen, nach denen ein Klient als „motiviert“ eingeschätzt wird, sind keine Garantie dafür, daß ein Klient sich tatsächlich verändert. Wie bereits angemerkt wurde, sagt die Akzeptanz einer Diagnose (z.B. „Ich bin ein Alkoholiker“) noch nichts über die Bereitschaft zur Veränderung aus. Viele Betroffene, die ihr Problemverhalten nicht ändern wollen, geben ihre Probleme offen zu bzw. akzeptieren die Diagnose, während andere ein problematisches Verhalten verändern, ohne die Diagnose anzuerkennen oder Hilfe in Anspruch zu nehmen.

Was jedoch eine Veränderung voraussagbar macht, ist das Befolgen eines Rates oder eines Planes durch die betreffende Person. Diejenigen z.B., die Compliance bei der Medikamenteneinnahme zeigen, gesunden eher als diejenigen, die eine Verordnung nicht befolgen, selbst wenn es sich nur um ein Placebo handelt (vgl. Fuller u.a. 1986). Therapieerfolge können also mit aktiver Befolgung des therapeutischen Rates oder eines systematischen Veränderungsprogrammes in Verbindung gebracht werden. Das eröffnet ein spezifischeres und pragmatischeres Verständnis von Motivation. Wenn Compliance eine Schlüsseldimension von Motivation darstellt, dann kann man sich Motivation als Wahrscheinlichkeitsmaß für das Auftreten eines beabsichtigten Verhaltens vorstellen. Das verhilft eher zu einem optimistischeren Verständnis von Motivation, als wenn man darunter ein Persönlichkeitsmerkmal oder eine allgemeine Veränderungsbereitschaft versteht. Hundert Jahre Lernpsychologie haben uns eine breite Palette theoretischer Modelle und praktischer Instrumente zur Veränderung der Wahrscheinlichkeit geliefert, mit der ein spezifisches Verhalten auftreten wird. Dcmnach kann Motivation als die Wahrscheinlichkeit definiert werden, mit der eine Person eine spezifische Veränderungsstrategie ergreift und daran festhält (Council for Philosophical Studies 1981; Miller 1985 b). Eine Person kann motiviert sein, an einer bestimmten Behandlung teilzunehmen, aber nicht an einer anderen, an einem bestimmten Problem zu arbeiten, aber nicht an einem anderen, einen bestimmten Therapeuten kontinuierlich aufzusuchen, aber keinen anderen. Vielleicht ist eine Behandlung für einen Menschen inakzeptabel, aber er kann dennoch motiviert sein, sich einer Selbsthilfegruppe anzuschließen. Diese Spezifität wurde durch klinische Erfahrungen bestätigt und stützt die Annahme, daß Motivation keine allgemeine Charaktereigenschaft ist, sondern sich auf eine spezifischen Kontext bezieht. So verschiebt sich die Betonung vom passiven Adjektiv „motiviert" zum aktiven Verb „motivieren". Es liegt in der Verantwortung des Beraters, nicht nur zu beraten oder zu verordnen, sondern auch zu motivieren, d.h. die Wahrscheinlichkeit zu erhöhen, daß der Klient sich auf einen Kurs in Richtung Veränderung einläßt. Aus dieser Perspektive heraus ist es für einen Therapeuten nicht länger sinnvoll, einen Klienten wegen mangelhafter Veränderungsmotivation zu kritisieren, genauso wenig wie ein Geschäftsmann einem möglichen Käufer Vorwürfe machen würde, wenn dieser sein Produkt nicht kaufen wollte. Motivation ist eine zentrale Aufgabe von professionellen Helfern.

Effektive motivierende Strategien

Wenn Motivation eine Verhaltenswahrscheinlichkeit darstellt, dann sollte der Berater geeignete Strategien wählen, die eine Verhaltensänderung wahrscheinlicher machen. Wir fassen die umfangreiche Literatur zur Psychologie der Veränderung mit der Beschreibung von acht motivierenden Strategien zusammen, wobei effektive Therapien meistens mehrere dieser Strategien integrieren (s. Kap. 3):
(1) Ratschläge geben,
(2) Hindernisse entfernen,
(3) Alternativen anbieten,
(4) Anreize verringern,
(5) Empathie zeigen,
(6) Rückmeldung geben,
(7) Ziele klären,
(8) aktiv helfen.

In diesem Kapitel werden wir die einzelnen Strategien nur kurz erläutern. Die klinischen Anwendungsmöglichkeiten werden im Rahmen der systematischen Entwicklung der „Motivierenden Gesprächsführung" im zweiten Teil dieses Buches aufgezeigt.

(1) Ratschläge geben
Klare Ratschläge erhöhen die Aussicht auf Veränderung. Bei allem Respekt vor den Einsichten und Ansätzen von Carl Rogers kann eine gänzlich nicht-direktive Strategie einen Klienten auch verwirren und durcheinanderbringen. Ratschläge im rechten Augenblick und richtigen Ton

können Veränderungsprozesse beschleunigen. Man hat z.B. herausgefunden, daß kurze und systematische Aufforderungen durch einen Arzt die Wahrscheinlichkeit erhöhen, daß Patienten mit dem Rauchen aufhören oder ihren Alkoholkonsum verringern (Chick u.a. 1985; Elvy u.a. 1988; Kristenson u.a. 1983; Russell u.a. 1979; Wallace u.a. 1988). Zwei Studien mit Patienten einer Alkoholambulanz in einem Allgemeinkrankenhaus zeigten, daß eine einzige Beratungssitzung genügte, um die Wahrscheinlichkeit einer Behandlungsfortführung von 5% auf 65% (Chafetz 1961; Chafetz u.a. 1962) bzw. von 6% auf 78% (Chafetz 1968; Chafetz u.a. 1964) zu steigern.
Eine solche Kurzberatung allein reicht bei der Mehrzahl der Suchtkranken aber wahrscheinlich nicht aus. Die einzelnen Elemente effektiver Ratschläge sind ebenfalls evaluiert worden. Ratschläge sollten demnach:
(1) das Problem identifizieren,
(2) erklären, warum Veränderung bedeutsam ist, und
(3) eine Veränderung nahelegen.

Wenn man darüber hinaus einige konkrete Veränderungsmöglichkeiten vorschlägt, hilft dies dem Klienten, sich auf den Weg der Veränderung zu begeben.

(2) Hindernisse entfernen
Ein Mensch im Stadium der Absichtsbildung mag gewillt sein, eine Behandlung zu beginnen, fühlt sich aber möglicherweise durch praktische Hindernisse (z.B. Kosten, Fahrtmöglichkeiten, Kinderbetreuung, Wartezeiten) gehemmt oder sogar behindert. Eine Studie von Prue u.a. (1979) machte deutlich, daß die Häufigkeit der Teilnahme an Nachbehandlungstreffen von der Entfernung zwischen Wohnort und Behandlungsort abhing. Im Rahmen motivierender Beratung sollten Berater und Therapeuten ihren Klienten dabei helfen, Hindernisse zu identifizieren und wenn möglich auszuräumen (z.B. Kinderbetreuung während der Beratungssitzungen, Transportmittel, Fahrtkosten).
Sisson und Mallams (1981) beschreiben, wie wirkungsvoll einfache Interventionen sein können, um derartige Hindernisse zu überwinden. Ihr Interesse war, Klienten dazu zu motivieren, AA-Gruppen zu besuchen. Es wurden zwei Gruppen von Klienten in unterschiedlicher Form beraten: Die Mitglieder der einen Gruppe forderte man lediglich zur Teilnahme auf, betonte die Wichtigkeit dieses Besuches und gab ihnen einen Plan mit den Gruppentermine und –orten. Die Mitglieder einer zweiten Gruppe erhielten systematische Hilfen zur Überwindung von Besuchshindernissen. In Anwesenheit des Klienten telefonierte der Berater mit einem AA-Mitglied, das dann mit dem Klienten sprach und

sich bereit erklärte, ihn zum ersten Treffen abzuholen. Sie vereinbarten einen Treffpunkt, und das AA-Mitglied rief am Abend vor dem vereinbarten Treffen nochmals beim Klienten an. Die Ergebnisse könnten nicht eindrucksvoller sein: Alle Klienten dieser Gruppe nahmen an der AA-Gruppe teil, aus der anderen erschien kein einziger.

Weitere Beispiele für solche Hindernisse sind die nicht behindertengerechte Ausstattung vieler Gebäude oder lange Wartezeiten. Es ist besser, den Klienten eine effektive Kurztherapie anzubieten (vgl. Kap. 3), als sie auf eine Warteliste für eine längerfristige Therapie zu setzen (Harris & Miller 1990; Sanchez-Craig 1990; Schmidt & Miller 1983). Gelegentlich muß die Behandlung bzw. Beratung auf die besonderen Bedürfnisse spezifischer Klientengruppen zugeschnitten sein, z.B. auf Frauen oder Männer, auf unterschiedliche Altersgruppen oder auf ethnische und kulturelle Gruppen. Noch wichtiger aber ist ein niedrigschwelliger Zugang zu den Hilfesystemen.

Manche Hindernisse haben mehr mit der inneren Einstellung als mit praktischen Problemen zu tun. Manche Betroffene fürchten, daß aus einer Veränderung ungünstige Konsequenzen resultieren könnten (Hall 1979). Der Freundeskreis oder das sonstige Umfeld können die Vorstellung verstärken, das angebliche Problemverhalten sei eigentlich ganz normal und nicht veränderungsbedürftig. Sollen derartige Barrieren beseitigt werden, bedarf es spezifischer motivierender Strategien.

(3) Alternativen bereithalten

Man muß mit Widerstand rechnen, wenn eine Person in ihrer Entscheidungsfreiheit eingeengt wird oder sich dieser beraubt fühlt (Brehm 1966; Brehm & Brehm 1981). Veränderungsmotivation wird dann erhöht, wenn sich der Klient ohne äußeren Druck zwischen mehreren Alternativen entscheiden kann (Deci 1975, 1980; Parker u.a. 1979). Standardprogramme im stationären und ambulanten Setting lassen Klienten oft zu wenig Wahlmöglichkeiten (Orford & Hawker 1974). Widerstand und Behandlungsabbrüche könnten durch das Angebot alternativer Veränderungsmöglichkeiten reduziert, die Compliance und Erfolgsrate somit deutlich verbessert werden (Costello 1975; Kissin u.a. 1971; Parker u.a. 1979; Sanchez-Craig 1990). Wenn ein Berater entgegen den Empfindungen und Wünschen des Klienten auf einem einzigen Behandlungsziel insistiert, kann das die Motivation und das Ergebnis erheblich beeinträchtigen (Sanchez-Craig & Lei 1986; Thornton u.a. 1977).

(4) Anreize verringern

Befindet sich eine Person im Stadium der Absichtsbildung, wägt sie Vor- und Nachteile einer Veränderung gegenüber den Vorzügen des Status quo ab. Vor- und Nachteile einer Veränderung (Abb. 2) halten sich oft die Waage (Janis & Mann 1977). Motivationsstrategien im Stadium der Absichtsbildung sollten deshalb dabei helfen, die Gewichte von der einen auf die andere Seite zu verlagern. Das aktuelle Verhalten kann selbst dann als angenehm oder sinnvoll wahrgenommen werden, wenn negative Konsequenzen offensichtlich sind. Dabei muß es sich nicht um positive Effekte aus der Sicht des externen Beobachters handeln – entscheidend ist das subjektive Erleben der betreffenden Person, daß ihr aktuelles Verhalten lohnenswert ist. Die Erwartung positiver Effekte beeinflußt den frühen Alkoholkonsum bei Jugendlichen, das Konflikttrinken bei Erwachsenen und das Rückfallgeschehen bei Alkoholikern im Anschluß an eine Behandlung (Brown 1985; Brown u.a. 1985; Brown u.a. 1980; Christiansen & Goldman 1983; Christiansen u.a. 1982; Christiansen u.a. 1989).

Abbildung 2: Stadium der Absichtsbildung: Kosten-Nutzen-Waage

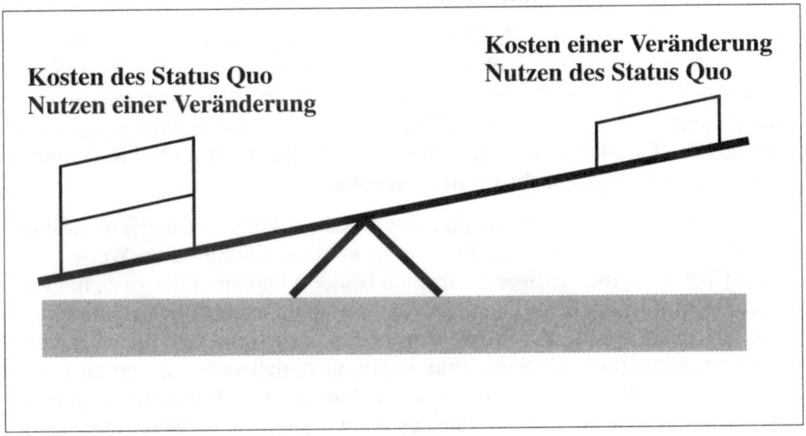

Berater müssen zunächst die positiven Anreize identifizieren, die den Klienten veranlassen, sein derzeitiges Verhalten beizubehalten, um in einem nächsten Schritt ein Gegengewicht zu entwickeln.
Die rationale Reflexion des Waage-Modells allein reicht oft nicht aus, um Klienten zu einer Verhaltensänderung zu bewegen. Moskowitz (1989) kommentiert dies folgendermaßen: „Die rationale Analyse der Vor- und Nachteile des Substanzkonsums sagt noch nichts über den künftigen Konsum aus. Evaluationsstudien zeigen, daß das Wertesystem, die Selbstachtung und die Verhaltenssteuerung davon unbeeinflußt bleiben".
Wenn allerdings emotionale Aspekte oder Bewertungsdimensionen angesprochen werden, dann ist eine Änderung des Verhaltens wahrschein-

licher (Leventhal 1971; Orford 1985; Premack 1970; Rokeach 1973). Um Suchtverlangen zu reduzieren, kann man aversiv gegenkonditionieren, wie z.B. durch „covert sensitization"[2] (Elkins 1980; Rimmele u.a. 1989). Ein solches Vorgehen setzt aber bereits eine grundsätzliche Veränderungsbereitschaft voraus. Eine eher allgemeine Strategie der Umgewichtung bedeutet es, das Bewußtsein für die nachteiligen Konsequenzen des Verhaltens zu verstärken (Karoly 1980). Verschiedene Strategien der motivierenden Gesprächsführung, die im zweiten Teil dieses Buches erläutert werden, beziehen sich direkt auf dieses Ziel.
Die Motivation zur Veränderung hängt maßgeblich von der Eingebundenheit eines Menschen in seine soziale Umgebung und von der Qualität seiner Beziehungen ab. Stellen wir uns einmal einen Klienten namens David vor: David trinkt viel und oft, hat schon einige „blackouts" erlebt, geht nur noch unregelmäßig arbeiten und vernachlässigt seine Familie. Wie veränderungsmotiviert würde er wohl unter den beiden nachfolgenden Bedingungen sein?

(A) David hat Freunde, die alle so trinken wie er und die ihn darin bestärken, daß ein „blackout" nichts ist, worüber man sich sorgen müsse. Sein Arbeitgeber trinkt auch ziemlich viel und schenkt den Krankmeldungen keine weitere Beachtung. Seine Frau tut alles, um den ordnungsgemäßen Ablauf des Familienlebens zu sichern, damit „das Boot nicht ins Wanken gerät" oder ihr Mann nicht verärgert reagiert.

(B) Die Freunde von David sind wegen seines Trinkverhaltens mehr und mehr besorgt und teilen ihm ihre Sorge in einer einfühlsamen Weise mit. Sein Chef hat seine häufigen Fehlzeiten bemerkt und bittet ihn zu sich: „Ich will Sie wirklich nicht verlieren, David, und ich bin bereit, alles mögliche zu tun, um Ihnen bei diesem Problem zu helfen, aber wenn sich nichts ändert, muß ich Sie entlassen." Seine Frau meint auch, daß sich was ändern muß. „Ich liebe Dich, und ich bin bereit, mit Dir zu einer Beratung zu gehen, wenn das was hilft, aber so kann es nicht weitergehen. Wenn Du nichts gegen das Trinken unternimmst, können wir nicht zusammen bleiben."

Die Bezugspersonen im ersten Beispiel erleichtern es dem Betreffenden, das Problemverhalten beizubehalten, indem sie so tun, als sei es normal, und es zu ignorieren versuchen. Indem sie die Person vor negativen Konsequenzen bewahren, wird eine Veränderung eher unwahrscheinlich. Wenn im Gegensatz dazu das persönliche Umfeld Besorgnis ausdrückt, Hilfe anbietet und die negativen Konsequenzen des Problems verstärkt, wird auch die Motivation, sich zu verändern, verstärkt. Sisson und Azrin

---

[2] im deutschen Sprachgebrauch: Verdeckte Sensibilisierung, Methode der Aversionstherapien. (Anm. d. Hrsg.)

(1986) berichten über Erfolge in der Beratung von Partnern unkooperativer Alkoholiker. Die Ehepartner sollten alle positiv verstärkenden Verhaltensweisen unterlassen, wenn die Alkoholiker tranken, und kein Verhalten zeigen, das die abhängigen Partner vor den negativen Konsequenzen schützte. Im Vergleich zu einer Kontrollgruppe zeigte die Gruppe derjenigen Alkoholiker, deren Partner eine motivierende Beratung in diesem Sinne erfahren hatten, eine signifikante Reduktion des Alkoholkonsums. Im Durchschnitt hatten sieben Beratungsgespräche mit den Ehepartnern stattgefunden. In anderen Untersuchungen beeinflußten der drohende Arbeitsplatzverlust oder gerichtliche Auflagen die Entscheidung, eine Behandlung zu beginnen (Freedberg & Johnston 1978; Gallant u.a. 1973; Rosenberg & Liftik 1976). Aversive Strategien bergen dagegen die Gefahr des Scheiterns in sich, wenn sie nicht konsequent durchgehalten werden können (Rosenberg & Liftik 1976). Sie erzeugen darüber hinaus oft Widerstand und hemmen die Veränderungsmotivation.

(5) Empathie zeigen

Vor Jahrzehnten forderten Experten als ideale Therapeutenmerkmale u.a. Wärme, Respekt, Fürsorge, Anteilnahme, Sympathie, Verbindlichkeit und aktives Interesse (Chafetz 1959; Davies 1981; Malcolm 1968; Mann 1950; Swenson 1971; Truax & Carkhuff 1967). Ein gut evaluiertes Merkmal ist das der umfassenden Empathie (Rogers 1959). Vergleichende Studien haben gezeigt, daß ein empathischer Therapeutenstil mit geringem Widerstand des Klienten und einer andauernden Verhaltensänderung einhergeht (Miller & Sovereign 1989; Miller u.a. 1980; Patterson & Forgatch 1985; Valle 1981).

Unter Empathie verstehen wir eine spezifische und lernbare Fähigkeit, die Mitteilungen anderer Menschen und ihre (nonverbalen) Bedeutungsinhalte mittels aktiven Zuhörens zu verstehen, unabhängig davon, ob man selbst schon ähnliche Erfahrungen gemacht hat oder nicht. Das Verhalten eines Therapeuten, der im empathischen Zuhören geübt ist, erscheint natürlich, obwohl es bei genauer Betrachtung sehr anspruchsvoll ist. Empathie verlangt eine hohe Sensibilität für jede neue Äußerung des Klienten und erfordert eine kontinuierliche Überprüfung von Hypothesen über deren mögliche (verborgene) Bedeutung. So leicht aktives Zuhören zu parodieren oder schematisch zu praktizieren ist, so schwierig ist es, dieses Schlüsselelement motivierender Gesprächsführung wirklich zu beherrschen (vgl. Kap. 6).

(6) Rückmeldung geben

„Wenn man nicht weiß, wo man sich befindet, ist es schwer zu planen, wie man anderswo hinkommen soll.“ Nicht selten schaffen es Menschen nicht, sich zu verändern, weil sie nur ungenügende Rückmeldungen über ihre Situation erhalten. Eine klare Einschätzung der derzeitigen Situation ist eine entscheidende Voraussetzung für Veränderungsmotivation. Katamnestische Untersuchungen an Alkoholikern, die Informationen über Alkohol und seine Folgen erhielten, zeigten signifikante Langzeitveränderungen im Trinkverhalten (Kristenson u.a. 1983; Miller & Sovereign 1989).

Rückmeldungen können auf unterschiedliche Weise gegeben werden: Familie und Freunde können ihrer Sorge Ausdruck verleihen (Johnson 1973), die Befunde objektiver Tests können mitgeteilt werden (vgl. Kap. 7), ebenso Auswertungen von Trinktagebüchern, in denen die Klienten über einen bestimmten Zeitraum jeden Drink vermerkten (Miller & Muñoz 1976). Wenn man auf eine Waage steigt, bekommt man eine Rückmeldung über sein Körpergewicht. Der Berater sollte dem Klienten eine deutliche Rückmeldung über seine derzeitige Situation geben und ihn über die Konsequenzen bzw. Risiken seines Verhaltens aufklären.

(7) Ziele klären

Rückmeldungen allein reichen nicht aus, um eine Veränderung zu bewirken, vielmehr müssen Vergleiche zwischen dem Ist- und dem Soll-Zustand angestellt werden. Wenn der Klient kein klares Ziel vor Augen hat, ist eine Rückmeldung meistens ineffektiv. Bei der Zielfindung spielt das Verständnis des Klienten über das, was normal und akzeptabel ist, eine große Rolle: Alkoholmißbrauch und seine Konsequenzen werden in einem sozialen Umfeld von ebenfalls übermäßig Trinkenden zumeist bagatellisiert oder akzeptiert.

Hilfen bei der Zielformulierung können den Betroffenen die Veränderung erleichtern (Locke u.a. 1981). Ziele müssen für den Klienten realistisch und umsetzbar sein. Sind sie es nicht, wird er nur wenig oder gar keine Energie investieren, um das Ziel zu erreichen, selbst wenn er es als sinnvoll bewertet hat (Bandura 1982). Ebenso sind Zielformulierungen unbrauchbar, wenn die Person nur unzureichend über ihre gegenwärtige Situation informiert ist.

(8) Aktiv helfen

Aus Therapeutensicht bedeutet aktive Hilfe das engagierte und positive Interesse am Klienten und seinem Änderungsprozeß. Veränderung setzt einerseits eine Entscheidung des Klienten voraus, andererseits hat der Therapeut großen Einfluß darauf, ob und wie diese Entscheidung gefällt wird. Die therapeutische Initiative und der Ausdruck von Sorge stellen wichtige Merkmale aktiver Hilfe dar. Wie sollte sich der Therapeut ver-

halten, wenn der Klient nicht zur ersten vereinbarten Sitzung kommt oder nach der ersten nicht wiederkommt? Man könnte z.B. warten, bis der Klient den Kontakt wieder aufnimmt und einen neuen Termin vereinbart. Aktive Hilfe aber bedeutet, als Therapeut selbst die Initiative zu ergreifen und zu prüfen, was dem Klienten passiert sein könnte (telefonisch oder durch eine kurze handschriftliche Mitteilung).
Stellen Sie sich vor, Sie wollen jemanden in eine bestimmte Einrichtung überweisen: Ist es günstiger, den Telefonanruf für den Betreffenden zu führen, oder sollten Sie die Telefonnummer und den Namen der Einrichtung an die betreffende Person weitergeben und ihr die Verantwortung für die Kontaktaufnahme selbst überlassen? Traditionellerweise würde man sich für das letztere Vorgehen entscheiden. In einer randomisierten Studie wurden beide Vorgehensweisen miteinander verglichen (Kogan 1957). Diejenigen, denen man nur die Telefonnummer gab, stellten in 37% der Fälle den Kontakt her, wenn dies der Behandelnde übernahm, konnten 82% in die Zielinstitution überwiesen werden.
Manchen Beratern widerstrebt es, auf diese Art die Initiative zu ergreifen und derart viel Verantwortung zu übernehmen. Sie befürchten, daß sie es dem Klienten mit dieser Hilfe eher ermöglichen, sein problematisches Verhalten fortzusetzen. Wenn aber ein einziger Brief des Therapeuten die Chancen verdoppelt, verdreifacht oder sogar vervierfacht, daß der Klient die Behandlung im gewünschten Sinne fortsetzt, wieso sollte diese Form der aktiven Hilfe ihm schaden? Sie haben in der weiteren Behandlung noch genug Gelegenheit, die Selbstverantwortung beim Patienten zu stärken! Aktive Hilfe ist in vielen Fällen besser als therapeutische Abstinenz.

Die „Zutaten“ mischen

Bislang wurden einige Elemente motivierender Interventionen genannt, jedoch kein Rezept für deren Komposition. Um Brot zu backen, reicht es nicht, die Zutaten zu kennen. Jeder Bäcker weiß, daß einige Kenntnisse durch Erfahrung erworben werden, aber es gibt Grundsätze, die einzuhalten sind, um erfolgreich zu sein. Es gibt ein günstiges Verhältnis von Mehl zu anderen Zutaten. Läßt man die Hefe weg oder zerstört sie mit heißem Wasser, wird der Teig nicht aufgehen. Es gibt Grenzen, was die Backtemperatur angeht. Als Anfänger kann es hilfreich sein, Bilder und fertige Brote zu sehen, Tips zu bekommen oder Informationen darüber zu erhalten, was falsch laufen kann und wie man mit Problemen umgehen muß.

Mit der Rezeptur für die motivierende Gesprächsführung verhält es sich ähnlich. In Kap. 3 werden einige in der Suchttherapie bewährte Kurzinterventionen dargestellt und analysiert. In Kap. 4 wird das wichtige Thema Ambivalenz behandelt. In Teil II, in dem es um die Praxis motivierender Gesprächsführung geht, werden zunächst die grundlegenden Bestandteile motivierender Gesprächsführung dargestellt (Kap.5) und anschließend die verschiedenen Durchführungsschritte diskutiert (Kap.6 bis 9). Kap. 10 beschreibt typische Probleme und deren Handhabung. Kap. 11 gibt ein ausführliches Fallbeispiel und illustriert, wie die zuvor beschriebenen Strategien in der Praxis angewandt werden können. In Kap. 12 geben wir einige didaktische Hinweise zur Vermittlung motivierender Gesprächsführung. Im dritten Teil des Buches schließlich finden sich einige zusätzliche konkrete Anwendungsbeispiele.

3. Kurzinterventionen: Noch mehr Teile des Puzzles

SELBSTMODIFIKATION

In Kap. 2 wurden sechs Stadien der Veränderung herausgearbeitet und acht Elemente motivierender Gesprächsführung beschrieben, die helfen, auf dem Weg der Veränderung von Stadium zu Stadium voranzuschreiten. Nach Prochaska und DiClemente durchlaufen alle Betroffenen die gleichen Stadien, unabhängig davon, ob sie Therapie in Anspruch nehmen oder nicht.

Daraus ergibt sich ein bedeutsamer Aspekt: Die meisten, die ihr Suchtverhalten verändern und Rauchen, Trinken oder Drogenkonsum einschränken oder aufgeben, tun dies ohne irgendeine professionelle Hilfe. Die meisten Menschen mit Alkoholproblemen haben Jahre später auch ohne professionelle Unterstützung weniger oder keine Alkoholprobleme mehr (Fillmore 1975; Sobell 1991). Von den Vietnamveteranen war die Mehrzahl derer, die während des Krieges regelmäßig Heroin konsumierten, sofort abstinent oder reduzierten ihren Konsum, sobald sie nach Hause zurückgekehrt waren (Robins u.a. 1975). Wenn man diejenigen, die ausschließlich durch Selbsthilfe abstinent wurden, nach ihren Veränderungsmotiven und -schritten befragt, antworten die meisten, daß sie „einfach den Entschluß faßten" aufzuhören. Einige beschreiben spezifische Ereignisse, die sie aufschreckten und ihr Verhalten in einem neuen Licht sehen ließen (Premack 1970). Andere nennen religiöse Erfahrungen oder die Beziehung zur Familie oder zum Freundeskreis, wieder andere betrachten Lebenskrisen als Auslöser für die Veränderung ihres Konsumverhaltens (Knupfer 1972; Saunders & Kershaw 1979). Unabhängig davon, ob äußere Auslöser eine Rolle gespielt haben, entscheidend für die Veränderung sind innere Prozesse. Viel zu häufig übersehen oder unterschätzen Berater die Bedeutung dieser inneren Entscheidungsprozesse. Sitzt man einem Patienten oder seiner Familie gegenüber, kommt man als Therapeut schnell in Versuchung, sich in seinen Interventionen direkt auf das Handlungsstadium zu beziehen. Entsprechend ausgerüstet, beginnt der Therapeut bzw. Berater, entsprechende Ziele und Strategien für eine Veränderung zu vermitteln. Dann kommt das „Ja, aber ...", das oft als Widerstand interpretiert wird. Übt der Berater dann Druck aus, wird ein Teufelskreis von Druck und Gegendruck in Gang gesetzt, ohne daß die Entscheidung des Klienten – als Grundvoraussetzung für eine Veränderung – abgewartet wird. Nach

Syme (1988) und Rollnick (1985) sind Strategien von Nachteil, die zu schnell das „Wie" der Veränderung fokussieren, da sie den Klienten von der Selbstverpflichtung zur Veränderung ablenken. Diese Erkenntnis kann insbesondere für Ärzte und andere im Gesundheitswesen tätige Berufsgruppen wichtig sein (Rollnick & MacEwan 1991).

Die Wirkung von Kurzinterventionen

Verschiedene empirische Untersuchungen in Kanada (Zweben u.a. 1988), Großbritannien (Orford & Edwards 1977), Neuseeland (Chapman & Huyguns 1988), Norwegen (Skutle & Berg 1987) und den Vereinigten Staaten (Miller & Taylor 1980; Miller, Taylor & West, 1980) haben übereinstimmend gezeigt, daß Kurzinterventionen von einer bis drei Sitzungen bei Alkoholabhängigkeit und -mißbrauch ebenso effektiv sind wie längere Behandlungen und signifikant wirkungsvoller als keine Beratung (Chick u.a. 1985; Heather u.a. 1987; Anderson & Scott 1990; Wallace u.a. 1988; Elvy u.a. 1988; Kristenson u.a. 1983; Harris & Miller 1990). Diese Befunde wurden durch die Ergebnisse einer WHO-Studie in elf Ländern gestützt (Babor u.a. 1987; Saunders 1987).[1] Kurze Motivationstherapien haben sich auch in der ambulanten Behandlung abhängiger Patienten bewährt (Edwards & Orford 1977; Heather 1989; Ritson 1986; Sanchez-Craig & Wilkinson 1989).
Effektive Kurzinterventionen beinhalten für gewöhnlich weder Medikation noch Fertigkeitentraining, Konditionierung oder Psychotherapie – alles Behandlungsstrategien, die sich in der Behandlung von Suchtkranken als effektiv erwiesen haben (Cox 1987; Hester & Miller 1989). Kurzinterventionen wirken vor allem motivierend: Sie geben den Anstoß zu einer Entscheidung und einer Selbstverpflichtung zur Veränderung (Miller & Brown 1991; Miller u.a. 1988). In Bevölkerungsstudien, deren Teilnehmer durch breit angelegte Screeningverfahren rekrutiert wurden, fällt die hohe Zahl an Probanden auf, die sich im Stadium der Absichtslosigkeit oder im Übergang zum Stadium der Absichtsbildung befinden. Für diese Menschen geht es zunächst einmal darum, ihre Entschlußkraft zu stärken und verbindliche Veränderungsabsichten zu entwickeln. Ist dies geschehen, wird jeder von ihnen auf seinem individuellen Weg der Veränderung voranschreiten.

---

[1] Vgl. auch Bien/Miller/Tonigan 1993 (Anm. d. Hrsg.).

Miller und Sanchez (1991) untersuchten die erwähnten Kurzinterventionsstudien im Hinblick auf identifizierbare Wirkfaktoren. Sie arbeiteten sechs Beratungselemente heraus, die offenbar allen Beratungsansätzen gemeinsam waren und bezeichneten sie als „aktive Elemente" effektiver Kurzinterventionen.

(1) Rückmeldung

Verschiedene Autoren betonen die Bedeutung einer strukturierten und detaillierten Rückmeldung über den aktuellen Zustand des Patienten (Kristenson u.a. 1983; Miller & Sovereign 1989; Orford & Edwards 1977). Wir sind der Auffassung, daß selbst ein wenig strukturiertes Feedback dem Klienten die Möglichkeit gibt, seine gegenwärtige Situation kritisch zu reflektieren. In Kap. 7 werden wir näher darauf eingehen, wie Untersuchungsbefunde im Hinblick auf eine Stärkung der Veränderungsmotivation vermittelt werden sollten.

(2) Eigenverantwortung

Ein zweites Element ist die persönliche Verantwortung des Klienten für eine Veränderung (Edwards & Orford 1977). Diese kann durch verschiedene Äußerungen gefördert werden, z.B.:

> „Es liegt an Ihnen zu entscheiden, was Sie aus dieser Information machen. Niemand kann für Sie entscheiden, und niemand kann Ihr Trinkverhalten verändern, wenn Sie es nicht wollen. Wenn sich etwas ändern soll, dann sind Sie es, der es ändern muß."

Die Selbstverantwortung kann auch dadurch gefördert werden, daß der Klient ein Selbsthilfehandbuch erhält, das er ohne fremde Hilfe benutzen kann (Heather u.a. 1986; Miller u.a. 1981).

(3) Ratschlag

Die deutliche Empfehlung gegenüber dem Klienten, sein Trinkverhalten zu ändern – etwa in Zukunft völlig abstinent zu leben oder nicht mehr in schadlichem Ausmaße zu konsumieren –, kann wirkungsvoll sein (Edwards u.a. 1977; Kristenson u.a. 1983). Ratschläge können sich auch darauf beziehen, eine weiterführende fachspezifische Behandlung aufzusuchen (Chafetz 1961; Elvy u.a. 1988). Selbst der einfache Rat des Hausarztes, das Suchtverhalten zu verändern, zeigt bei einem kleinen Prozentsatz der Patienten bereits Wirkung (Burnum 1974; Russel u.a. 1979).

(4) Alternativen

Eine andere Methode besteht darin, dem Klienten eine Auswahl verschiedener Veränderungsstrategien anzubieten. Das ermöglicht ihm, diejenige auszuwählen, die den Besonderheiten seiner aktuellen Situation entspricht (Miller & Hester 1986b). Außerdem hat die Auswahl einer spezifischen Strategie den positiven Effekt, daß die Verantwortung des Einzelnen noch mehr betont wird. Wenn ein Mensch das Gefühl hat, daß er die einzelnen Schritte eines Veränderungsprozesses selbst bestimmt hat, dann ist die Wahrscheinlichkeit größer, daß er auch weiterhin sein Verhalten erfolgreich verändert (Deci 1980; Kopel & Arkowitz 1975; Miller 1985 b).

(5) Empathie

Empathie des Therapeuten ist ein wichtiger Faktor für Motivation und Verhaltensänderung (Miller u.a. 1980; Valle 1981) und ein wesentlicher Bestandteil effektiver Kurzinterventionen (Chafetz 1961; Edwards & Orford 1977). Selbst wenn man Klienten Rückmeldungen gibt oder ihnen Ratschläge erteilt, sollte man dies in einer empathischen Weise tun (Miller 1983; Miller & Sovereign 1989).

(6) Selbstwirksamkeit

Ein weiteres wesentliches Element effektiver Kurzinterventionen besteht darin, den Glauben des Klienten an sein eigenes Änderungspotential, seine Hoffnungen und seinen Optimismus zu stärken. Das Konzept der Selbstwirksamkeit wurde zuerst von Bandura beschrieben (1977; 1982) und bezieht sich auf das Vertrauen einer Person in ihre eigenen Fähigkeiten, erfolgreich zu sein. Die Bedeutung von Hoffnung und Optimismus für den Verlauf von Heilungsprozessen ist schon sehr viel früher beschrieben worden (Frank 1973; Miller 1985a). Fühlt sich ein Mensch ohnmächtig gegenüber seinen Verhaltensmustern und sieht keinen Weg für Veränderung, sind oft Abwehr und Verweigerung die Folge (Rogers & Mewborn 1976). An dieser Stelle soll auch darauf hingewiesen werden, daß der Glaube des Therapeuten an die Fähigkeiten des Klienten, sich zu verändern, einen positiven Verlauf begünstigen kann (Leake & King 1977).

Diese sechs Elemente von Kurzinterventionen zeigen auffällige Parallelen zu den acht Wirkfaktoren motivierender Gesprächsführung, die in Kap. 2 beschrieben wurden. Die wichtigste Erkenntnis ist die, daß die Grundelemente einer motivierenden Gesprächsführung in relativ kurzen Beratungseinheiten angewandt werden können.

Motivation als Interaktion

In allen internationalen Studien zeigten Klienten nach einer Kurzintervention andere Motivations- und Veränderungsmuster als jene, die keine Kurzintervention in Anspruch nahmen. Im Vergleich zu Klienten aus Kontrollgruppen waren sie deutlich häufiger dazu bereit, eine weitere Behandlung aufzunehmen (Chafetz 1961; 1968), weniger zu trinken (Elvy u.a. 1988; Harris & Miller 1990; Miller u.a. 1988; Wallace u.a. 1988) oder andere alkoholbezogene Problembereiche in Angriff zu nehmen (Babor u.a. 1987; Chick u.a. 1985; Kristenson u.a. 1983; Saunders 1987). Solche Veränderungen erfolgen zwar auch, ohne daß eine Face-to-face-Beratung stattgefunden hat (vgl. z.B. Heather u.a. 1986), in den hier aufgeführten Untersuchungen aber ließen sie sich auf die Beratungssituation zurückführen.

Dabei spielt nicht nur eine Rolle, ob ein Klient mit einem Berater interagiert, sondern auch, was der Berater im Gespräch tut. Ein direktiver und konfrontativer Therapeutenstil ist z.B. dazu geeignet, Widerstand beim Klienten zu wecken (Patterson & Forgatch 1985), während ein eher empathischer Beratungsstil weniger Widerstand erzeugt und längerfristige Veränderungen begünstigt (Miller & Sovereign 1989).

Die Motivation zur Veränderung wird somit sowohl durch persönliche Faktoren auf seiten des Klienten als auch durch die Interaktion zwischen Klient und Therapeut bestimmt. Wenn Sie Therapeut sind, sollten Sie sich nicht darauf beschränken, den Verlauf der Motivation bei Ihren Klienten passiv zu beobachten, sondern versuchen, diesen aktiv zu beeinflussen. Was häufig „Motivationsmangel" genannt wird, sollte eine Herausforderung Ihrer therapeutischen Kompetenzen darstellen und nicht als Fehler betrachtet werden, den Sie Ihrem Klienten zum Vorwurf machen. Unser Ziel in diesem Buch ist es, Ihnen dabei behilflich zu sein, dieser Herausforderung kompetent zu begegnen.

4. Ambivalenz: Das Dilemma der Veränderung

Ich will – und ich will nicht!

Wir wollen im folgenden die Motivation einmal aus der Sicht des Klienten betrachten, der offensichtlich mehr ist als nur ein passiver Empfänger des therapeutischen Konzepts. Menschen mit Abhängigkeitsproblemen beginnen eine Behandlung gewöhnlich mit ambivalenten Einstellungen: Einerseits sind sie bereit, etwas zu ändern, andererseits auch nicht. Dieser Konflikt dominiert die ersten Kontakte. Der Klient sagt, „Ich bin gekommen, um mir helfen zu lassen", um im nächsten Satz hinzuzufügen: „Aber es ist nicht so ernst!". Offenheit kann plötzlich in Trotz umschwenken und innerhalb von wenigen Minuten wieder präsent sein.

Der Ambivalenz begegnen

Widersprüchliche Gefühle zu empfinden, ist eine alltägliche Erfahrung. Eine Person ohne Ambivalenzerleben ist nur schwer vorstellbar, und sich in einer wichtigen Angelegenheit hundertprozentig sicher zu fühlen, ist wahrscheinlich eher die Ausnahme als die Regel. Bei vielen psychischen Störungen spielen Ambivalenzkonflikte eine maßgebliche Rolle. Ein Agoraphobiker könnte sagen: „Ich möchte gern ausgehen, habe aber Angst, daß ich die Kontrolle verlieren könnte", ein depressiver und sozial isolierter Patient: „Ich wäre gern mit Leuten zusammen, aber ich fühle mich unattraktiv", ein Patient mit Waschzwang oder Kontrollzwängen versucht immer wieder verzweifelt, Rituale zu vermeiden und fühlt sich gleichzeitig angstvoll dazu getrieben, diese auszuführen.

Auch bei suchtkranken Menschen spielt ein Ambivalenzkonflikt eine zentrale Rolle (Orford 1985); sie nehmen häufig die Risiken und Schäden wahr, die durch ihr Verhalten entstehen, und bleiben dennoch aus verschiedenen Gründen in ihrem Verhalten verhaftet. In der Regel sind sie ratlos, was sie tun sollen. Sie wollen rauchen, trinken oder spielen, und sie wollen es nicht. Es soll sich etwas ändern, und es soll alles beim alten bleiben.

Manchmal wertet der Behandelnde diesen Konflikt fälschlicherweise als Ausdruck einer Persönlichkeitsstörung und mangelnder Motivation und zieht daraus die Schlußfolgerung, den Klienten mit den negativen

Konsequenzen seines Verhaltens zu konfrontieren. Sodann versucht der Berater, den Klienten zu überreden, sein Problem ernstzunehmen und etwas zu verändern. Auf diese Weise setzt der Berater nur an der Seite des Konflikts an, an der die Person ohnehin schon leidet, und das Ergebnis ist zumeist leicht vorherzusagen. Sieht sich der Klient mit der Aussage „Sie sollten Ihr Verhalten ändern" konfrontiert, wird er mit hoher Wahrscheinlichkeit eine „Ja, aber ..."-Reaktion zeigen. Das wiederum signalisiert dem Berater: „Aha! Dieser Klient leugnet sein Problem!" Versucht der Berater weiterhin mit Nachdruck, den Klienten von der Tatsache eines ernsthaften Problems zu überzeugen, wird dieser im Gegenzug seinen Widerstand verstärken, was wiederum auf Therapeutenseite die Diagnose „Verweigerung" bestätigt. Hier wird der Konflikt des Klienten ausagiert. Dies ist an sich harmlos, wird sich aber in vielen Fällen als kontraproduktiv erweisen (vgl. auch Kap. 6).
Ambivalenz ist kein „schlechtes Zeichen", sie sollte als normales Phänomen akzeptiert werden. Das führt zu einer vollkommen anderen Umgangsweise mit dem Konflikterleben der Klienten. Berater werden mit einer solchen Sichtweise weniger Kommunikationsprobleme und Machtkämpfe erleben. Anstatt gegen „Verweigerungsmonster zu kämpfen", ist der Berater eher in der Lage, das Dilemma zu verstehen, in dem sich der Klient befindet. Wenn Sie motivierende Gesprächsführung auch als Ambivalenzmanagement begreifen lernen, werden Ihre „Züge" eher einer freundlichen Schachpartie als einem „Frontalangriff auf eine Festung" gleichen.

Ambivalenz verstehen

Der Kern des Problems

Mit der Ambivalenz zu arbeiten, bedeutet in vielen Fällen, mit dem Kern des Problems zu arbeiten. Kurzinterventionen wirken auch, weil sie helfen, Ambivalenzgefühle aufzulösen und Entscheidungen zu fällen. Wenn in der Suchttherapie von Motivationsproblemen gesprochen wird, meinen die Berater damit häufig die Ambivalenzgefühle ihrer Klienten (Davies 1979; 1981). Je stärker Problemtrinker daran glauben, daß Alkohol eine positive Wirkung hat, um so höher ist die Wahrscheinlichkeit, daß sie nach der Behandlung rückfällig werden (Brown 1985). Viele Menschen erleben nur geringe oder gar keine Konflikte, wenn sie einen Drink nehmen, ein Wettbüro betreten oder fettes Fleisch essen; sie befinden sich in einem Stadium des Gleichgewichts. Andere jedoch sehen sich in solchen Situationen schwersten Konflikten ausgesetzt. Orford (1985, 233) führt dazu aus:

„Man muß zweierlei Verhalten unterscheiden: das eine ist meistens moderat, vernünftig und zurückhaltend, das andere führt relativ häufig zu einer Art Warnsignal, daß etwas ‚ausufert'. (...) Dieses Warnsignal wird manchmal von anderen Menschen übermittelt, oder es kommt zu einer Diskrepanz zwischen der Wahrnehmung des eigenen Verhaltens und Ideen oder Konzepten, wie man sich vernünftigerweise verhalten sollte. Auch die Entwicklung der körperlichen Gesundheit kann ein Warnsignal darstellen. An einem Ende eines Kontinuums finden wir unspektakuläres Verhalten, das relativ stabil ist und wenig Kontrolle erfordert, am anderen Ende hingegen Verhalten, das sehr viele Emotionen und Aufmerksamkeit weckt, mit viel Energie verbunden ist und einen ziemlich hohen Aufwand an Kontrolle verlangt."

Gewöhnung

Wie entwickelt sich ein solcher Konflikt? Sicherlich gibt es graduelle Unterschiede, und sein Ausmaß scheint mit der Zeit zu- oder abzunehmen. Einen wesentlichen Faktor, der die Distanzierung von süchtigem Verhalten erschwert, stellt die Gewöhnung dar. Ein bekanntes Phänomen in diesem Zusammenhang ist die pharmakologische Abhängigkeit. Bei stoffgebundenen Abhängigkeiten (wie z.B. Alkohol, Nikotin und Heroin) kommen körperliche Gewöhnungsprozesse in Gang, die beim Entzug der Substanz zu einem Rückschlag in ein Ungleichgewicht führen. Es braucht einiges an Zeit, bis der Körper sich wieder auf ein neues Gleichgewicht einstellt. Beim Trinker können diese Rückschlags-Reaktionen vom leichten Kater am Morgen bis zum lebensbedrohlichen Delir reichen.

Ein anderes Phänomen ist die Toleranzentwicklung, d.h. daß mit der Zeit eine immer höhere Dosis einer Substanz benötigt wird, um denselben erwünschten Effekt zu erzielen. Dosissteigerungssprozesse werden nicht nur bei verschiedenen Arten von Substanzkonsum beobachtet, sondern auch bei einer Reihe anderer süchtiger Verhaltensweisen (Peele 1985; Peele & Brodsky 1975).

Lernmechanismen stellen eine andere wichtige Ursache problematischer Gewöhnung dar. Problemverhalten kann in verschiedenen Lebensbereichen durch die wiederholte Verknüpfung eines spezifischen Verhaltens mit Stimuli oder Situationen konditioniert oder verstärkt werden. So treten Verhaltensänderungen bei Alkoholabhängigen auch dann auf, wenn man ihnen ein alkoholfreies Getränk gibt, von dem sie glauben, es enthalte Alkohol (Marlatt & Rohsenow 1980). Ebenso werden entspannende und unbeschwerte emotionale Zustände mit der Trinksituation assoziiert (Kneipenatmosphäre, Geselligkeit). Häufige Wiederholung habitualisiert ein Verhalten: Wie oft nehmen Raucher einen Zug von der Zigarette und führen dem Gehirn Nikotin zu? Andere trinken Alkohol (essen Süßigkeiten, rauchen eine Zigarette etc.), wenn sie mit schwierigen oder unangenehmen Situationen besser fertig werden wollen. Es hilft ihnen, sich zu entspannen, einzuschlafen, zu vergessen, mit anderen Menschen zu sprechen, sich kompetenter zu erleben, sexuelle Hemmungen zu verlieren oder sich einfach besser zu fühlen, bis es schließlich schwer oder unmöglich wird, ohne das Suchtverhalten auszukommen. Diese Art der Problembewältigung wird gemeinhin psychische Abhängigkeit genannt (Miller & Pechacek 1987).

Der Konflikt zwischen Annäherung und Vermeidung
Konfliktmodelle sind ein wichtiger Bestandteil vieler psychologischer Theorien. Dabei wurden drei Grundtypen von Konflikten unterschieden: Im „Annäherungs-Annäherungs-Konflikt" wird die Person zwischen zwei gleich attraktiven Alternativen hin- und hergezogen, beispielsweise zwischen zwei interessanten Stellenangeboten. Im „Vermeidungs-Vermeidungs-Konflikt" hingegen besteht die Wahl zwischen zwei oder mehreren Möglichkeiten, die alle im Erleben des Betreffenden negativ besetzt sind. Ein solcher Konflikt könnte z.B. darin bestehen, daß man sich bei der Suche nach einem Parkplatz in einer überfüllten Innenstadt den Alternativen „Strafmandat" oder „kilometerlanger Fußmarsch" ausgesetzt sieht. Der „Annäherungs-Vermeidungs-Konflikt" schließlich wirkt besonders lähmend. Die Person wird hierbei durch ein einziges Objekt sowohl angezogen wie abgestoßen: „Ich kann nicht mit ihm/ihr, und ich kann nicht ohne ihn/sie leben." So schwankt sie zwischen Nachgeben und Widerstehen („Yo-Yo-Effekt"). Die Verbindung dieses Konfliktmusters zum Suchtverhalten ist offensichtlich (Orford 1985). Man findet dieses Konfliktmuster jedoch nicht nur bei süchtigen Verhaltensweisen.

Die Entscheidungswaage
Um den Ambivalenzkonflikt verständlich zu beschreiben, kann man das Bild einer Balkenwaage verwenden (Janis & Mann 1977). Die Person schwankt zwischen konkurrierenden Motiven, weil Nutzen und Kosten auf beide Seiten verteilt sind (s. Kap. 2, Abb. 2.2). Auf jeder Waagschale befinden sich zwei Arten von Gewichten. Die eine entspricht dem erhofften Nutzen eines Verhaltens (wie z.B. fortdauernden Trinkens), die andere steht für die befürchteten Nachteile einer Änderung dieses Verhaltens (z.B. Beendigung des Trinkens). Bei einem Annäherungs-Vermeidungs-Konflikt richtet die Person, sobald die Waage sich zu einer Seite neigt, ihre Aufmerksamkeit auf die gegenüberliegende Seite und versucht so, das Gewicht zu verlagern (Orford 1985). Tabelle

2 zeigt dieses Muster am Beispiel des Trinkverhaltens. Die Person erlebt sich hin- und hergerissen, welche Option auch immer (Abstinenz- oder Trinkphase) sie gerade favorisiert. Wenn jemand z.B. abstinent lebt, fühlt er sich möglicherweise manchmal ambivalent gegenüber diesem Zustand – er hat vermutlich Vor- und Nachteile. Dieser Mensch hat wahrscheinlich bestimmte Vorstellungen über positive und negative Effekte eines alternativen Verhaltens (z.B. des Trinkens). Ob dieser Mensch nun wieder trinken wird, das ist abhängig davon, wie sich die widerstreitenden Kräfte ausbalancieren. Die in Tabelle 2 dargestellten Vorstellungen sind die des Klienten, ein Berater wird einige von ihnen auswählen und auf ihre Gewichtung hin untersuchen.
Das Bild der Waage kann im Rahmen motivierender Gesprächsführung dazu genutzt werden, Ambivalenzkonflikte effektiver zu bearbeiten. Die Gefahr eines solchen Modells liegt in seiner starken Vereinfachung. Klienten sind sich dieser Balanceprozesse nicht unbedingt bewußt. Wenn man sie ihnen bewußt macht, bedeutet das nicht, daß sie damit umgehen sollen wie Wirtschaftsprüfer mit einer Soll- und Haben-Rechnung. Die einzelnen Elemente in den Waagschalen lassen sich nicht wie Rechnungen eines Geschäftsjahres miteinander addieren. Die Wertigkeit eines Elements kann sich über die Zeit verändern, und die verschiedenen Elemente sind nicht unabhängig voneinander, sondern beeinflussen sich wechselseitig. Die Waage eines Klienten ist normalerweise voll von Widersprüchen: „Ich weiß, daß es mir nicht gut tut, aber ich mag es." „Es macht keinen Sinn, aber wir alle tun es." „Manchmal bremse ich mich selbst, aber manchmal kümmert es mich überhaupt nicht." Den Klienten wie auch den Berater kann Ambivalenz verwirren und frustrieren; mit Ambivalenzen umzugehen, erfordert Geduld und Durchhaltevermögen. Dabei kann eine grundsätzliche Achtung gegenüber dem Klienten und eine gewisse spielerische Neugier helfen. Als Berater und Therapeuten sollten wir uns von den Schwierigkeiten und Widersprüchen eines neuen Klienten und jeder neuen Situation faszinieren lassen.

Komplikationen
Wir haben Ambivalenz als ein komplexes Phänomen mit Vorteilen und Nachteilen beschrieben, die dem Klienten und seinem Berater manchmal bewußt sind und manchmal nicht. Wir wollen im folgenden auf einige Charakteristika der Ambivalenz aufmerksam machen, von denen wir glauben, daß sie Ihnen den Sinn manch scheinbar eigenartiger oder pathologischer Verhaltensweisen verständlicher machen können. Denken Sie aber daran, daß diese Charakteristika nicht spezifisch sind für süchtiges Verhalten (vgl. Orford 1985).

Tabelle 2: Entscheidungswaage

Fortsetzen des bisherigen Trinkverhaltens	Verändern des Trinkverhaltens
Vorteile Der Alkohol hilft mir, mich zu entspannen. Es ist ein gutes Gefühl, betrunken zu sein.	*Vorteile* Ich führe eine glücklichere Ehe. Ich habe mehr Zeit für die Familie. Ich fühle mich besser. Ich habe weniger finanzielle Probleme.
Nachteile Es könnte mich meine Ehe kosten. Ich bin ein schlechtes Vorbild für meine Kinder. Ich ruiniere meine Gesundheit. Ich verschwende zuviel Zeit und Geld.	*Nachteile* Was soll ich meinen Freunden sagen? Ich werde keine Entspannung finden.

Wertvorstellungen

Gehen Sie nie davon aus, daß die Vorteil-Nachteil-Analyse Ihrer Klienten zu den gleichen Ergebnissen kommt wie Ihre eigene. Ein durch Trinken verursachtes Magenproblem kann für die einen alarmierend sein, während andere es als etwas betrachten, das man „eben hinnimmt". Drohende Geldstrafen und Inhaftierung halten viele davon ab, kriminell zu werden, für andere dagegen sind es nichts weiter als Risiken, die zum Geschäft dazugehören. Was von einigen hoch bewertet wird (z.B. Gesundheit, Arbeit, Ansehen, eine gute Figur oder religiöser Glaube), kann für andere eine untergeordnete Rolle spielen.

Erwartungen

Menschen verknüpfen mit ihrem Handeln positive und negative Erwartungen, die sich wiederum erheblich auf das Verhalten auswirken können. Jemand, der überlegt, das Rauchen einzustellen, hat vielleicht deshalb noch nichts unternommen, weil er glaubt, daß seine Bemühungen ohnehin aussichtslos wären. Ein Spielsüchtiger denkt vielleicht nicht ans Aufhören, weil er glaubt, daß Spielen das Aufregendste ist, was er jemals kennengelernt hat. Ein abstinent lebender Abhängiger kann regelmäßig darüber nachdenken, wie schön es wäre, seine Lieblingsdroge wieder zu konsumieren, und wird durch diese „fixe Idee" rückfällig (Brown 1985; Cummings u.a. 1980). Viele Abhängige konsumieren trotz der negativen Auswirkungen weiter, weil sie befürchten, ohne die Substanz mit ihrem Leben nicht fertig zu werden (Hall 1979).

Selbstachtung

Selbst allgemein angesehene Ziele wie körperliche Gesundheit können bei mangelnder Selbstachtung ihre Bedeutung verlieren. Dieses Phänomen begegnet uns bei vielen Menschen mit depressiven Störungen: „Ja, ich weiß, daß ich mich selbst damit umbringe, aber was soll's?". Manchmal ist zunächst der Aufbau von Selbstachtung notwendig, um in einem weiteren Schritt die Veränderungsmotivation zu fördern (Miller 1983). Einige Schlüsselelemente motivierender Gesprächsführung (z.B. umfassende Empathie), die im zweiten Teil des Buches beschrieben werden, unterstützen den Aufbau der Selbstachtung beim Klienten.

Sozialer Kontext

Soziale und kulturelle Faktoren beeinflussen die Selbstwahrnehmung eines Menschen ebenso wie die Einschätzung von Vor- und Nachteilen seines Verhaltens. So können im Freundeskreis, unter den Arbeitskollegen, in der Nachbarschaft oder gar in derselben Kneipe ganz unterschiedliche Einstellungen gegenüber bestimmten Trinkgewohnheiten bestehen. Es gibt Gruppen und Subkulturen, in denen es als normale Wochenendbeschäftigung gilt, soviel zu trinken, daß man gewalttätig wird, randaliert, sich in den Straßen übergibt und anschließend einen Blackout hat. Wir können die Motive der Klienten nur verstehen, wenn wir den sozialen Kontext (Familie, Freunde, Gemeinde) mit einbeziehen.

Paradoxe Reaktionen

Nehmen die Nachteile eines Verhaltens zu, folgt daraus nicht zwangsläufig der Impuls, es zu verändern. Orford (1985) nennt ein Beispiel, in dem die zunehmende Kritik der Familienmitglieder einer übergewichtigen Frau an deren Eßgewohnheiten den gegenteiligen Effekt von dem erzielte, was die Familie erhofft hatte: Die Klientin erlebte mehr Angst und aß daraufhin mehr als zuvor, um mit dieser unangenehmen Situation fertig zu werden.

Klinisch Tätige wissen nur zu gut, daß Menschen mit Alkohol- und Drogenproblemen trotz massiver Beeinträchtigungen ihr Verhalten beibehalten. Manchmal scheint ein bestimmtes Verhaltensmuster durch diese Konsequenzen geradezu verstärkt zu werden. Wie ist ein solch offensichtlich paradoxes Verhalten zu erklären? Die Theorie des Widerstands, wie wir sie im ersten Kapitel beschrieben haben, geht von einer Zunahme eines Problemverhaltens für den Fall voraus, daß sich eine Person in ihrer persönlichen Freiheit bedroht sieht. Nebeneffekte einer Veränderung im sozialen Umfeld einer Person können das gleiche bewirken. Zum Beispiel kann der Verlust eines Partners einem Abhängigen den einzigen sozialen Halt entziehen und zu einem noch stärkeren Konsum führen. Wenn alle Verstärkerquellen wegfallen, wird ein Mensch nach der einzig verbliebenen Belohnung trachten, auch wenn sie ihn teuer zu stehen kommt. Solche scheinbar paradoxen Reaktionen sind weder mysteriös noch pathologisch, sondern – unter gewissen Umständen – verständlich und voraussagbar (Cahoon 1968).

Verminderte Kontrollfähigkeit
Man hat lange angenommen, daß Suchtverhalten mit einer Verminderung der Selbstkontrolle einhergeht. Selbst wenn ein Betroffener intensiv Vor- und Nachteile einer Veränderung abgewägt und sich für eine Änderung seines Verhaltens entschieden hat, wird er bei seinem (sich selbst und andere) schädigenden Verhalten bleiben, wenn seine Selbststeuerungsmechanismen versagen (Miller & Brown 1991). Dennoch ist die Situation nicht aussichtslos. Es bedeutet lediglich, daß dieser Mensch jenseits der Motivationsförderung zusätzliche Unterstützung benötigt.

Diese Auflistung von Charakteristika und Komplikationen im Umgang mit Ambivalenz muß unvollständig bleiben, sollte aber die Komplexität des Phänomens im Beratungs- und Behandlungskontext deutlich machen. Trotz vieler Wissenslücken über Ambivalenzkonflikte kann ein Berater, der auf Ambivalenzen achtet und ihre Bedeutung kennt, konstruktiv mit ihnen umgehen.

Mit Ambivalenz umgehen

Ambivalenz ist weder das Produkt einer „süchtigen Persönlichkeitsstruktur" noch ein Abwehrmechanismus (wie z.B. Rationalisierung und Projektion). Der Betreffende kann als Gefangener in einem Annäherungs-Vermeidungs-Konflikt betrachtet werden, und es führt nicht weiter, wenn der Berater ihn deshalb als „wenig motiviert" bezeichnet. Es geht hier viel eher darum, dem Klienten zu helfen, seine Veränderungsmotivation zu stärken.
Bei allen Ähnlichkeiten zwischen den Klienten sollte der Behandelnde immer das Besondere seines jeweiligen Gegenübers wahrnehmen. Gehen Sie nicht davon aus, daß Sie die Kosten- und Nutzenverteilung eines Klienten genau kennen, oder die Bedeutung, die ein Klient diesen Faktoren beimißt. Welche Zielerwartungen knüpft er an sein Verhalten? Was würde sich alles ändern, wenn er oder sie den aktuellen Kurs fortsetzen oder aber verändern würde?

Klienten unterscheiden sich offensichtlich im Hinblick auf das Ausmaß, in dem sie ihre Ambivalenz verstanden haben, oder, um es entsprechend dem Veränderungsmodell von Prochaska und DiClemente auszudrücken, in dem Maße, in dem sie in dem Stadium der Absichtsbildung fortgeschritten sind. Als Behandler sollten Sie mit Bedacht vorgehen und nicht zu schnell sein. Ein stark alkoholabhängiger Mensch könnte wegen Eheproblemen eine Beratung aufsuchen, weil er annimmt, daß sein Problem die Ehe ist und er nur trinkt, um den Streß abzubauen. Dieser Mensch braucht vielleicht Zeit, um andere Aspekte des Problems wahrzunehmen, und befindet sich hinsichtlich seines Alkoholproblems im Stadium der Absichtslosigkeit. Setzt man diesen Menschen unter Druck, sein Trinkverhalten zu verändern, geht man zu schnell vor und wird mit großer Wahrscheinlichkeit Abwehr provozieren. Ein ambivalenter Raucher hingegen, der seinen Arzt wegen Atemwegsproblemen aufsucht, mag möglicherweise schnell einräumen, daß seine Gesundheit gefährdet ist, sorgt sich aber darum, wie er ohne Rauchen mit diversen sozialen Situationen klar kommen soll. Er wirkt im Stadium der Absichtsbildung schon weiter fortgeschritten, versteht einige Aspekte des Konflikts und wird wahrscheinlich auf die behutsame Frage nach dem nächsten Schritt ohne gesteigerte Abwehr reagieren (vgl. Kap. 9). Die Stadien der Absichtslosigkeit und der Absichtsbildung können als ein Kontinuum betrachtet werden: Beim Übergang vom Stadium der Absichtslosigkeit in das Stadium der Absichtsbildung nimmt die Person den Konflikt intensiver war und erlebt mehr Ambivalenz. Wird diese verstanden (mit oder ohne professionelle Hilfe), kann der Betreffende eher zu einer Entscheidung kommen. Das Verstehen der Ambivalenz ist ein zentrales Ziel motivierender Gesprächsführung. Es ist von großer Bedeutung, wie Sie als Berater auf die Ambivalenz eingehen. Sie können mit ihrem Klienten leicht in die sogenannte „Konfrontations-Verleugnungs-Falle“ geraten. Dabei vertritt der Berater die Seite der Veränderung, während der Klient den Status Quo verteidigt. Um dieses zu verhindern, sollten Sie nicht nur die rationalen und kognitiven Aspekte der Ambivalenz berücksichtigen, sondern immer auch die Gefühle und Wertvorstellungen des Klienten.

Motivierende Gesprächsführung unterstützt die Bereitschaft der Klienten, etwas zu verändern, neue Schritte in Richtung einer gesünderen Lebensweise zu unternehmen. Manchmal reicht die Bearbeitung der Ambivalenz für den Klienten aus, um weitere Veränderungen allein in Angriff zu nehmen. In manchen Fällen ist es notwendig, zusätzliche Hilfen und Veränderungsstrategien anzubieten (Hester & Miller 1989), die weit über das hinausgehen, was hier beschrieben wird. Wir wollen Ihnen mit diesem Buch dabei helfen, Ihre Fähigkeiten zu verbessern, die

Klienten von dem Stadium der Absichtslosigkeit und dem Stadium der Absichtsbildung hin zu einer Veränderungsbereitschaft zu bewegen. Überredung und Konfrontation sind hierfür nicht die besten Strategien. Wir glauben, daß Berater einen anderen und effektiveren Weg gehen sollten, um der Ambivalenz zu begegnen. Dies wollen wir im zweiten Teil des Buches darstellen.

Teil II
Praxis

5. Prinzipien motivierender Gesprächsführung

Das Konzept motivierender Gesprächsführung entstand aus einer Reihe von Diskussionen mit norwegischen Psychologen an der Hjellestad Klinik bei Bergen. Sie baten darum, daß einer der Verfasser (Miller) demonstriert, wie er auf besonders problematische Situationen in der Behandlung Alkoholkranker reagieren würde. Nach der Demonstration möglicher Interventionen wurden wichtige Fragen gestellt: „Warum haben Sie genau das gesagt und nicht irgend etwas anderes? Was haben Sie gedacht, als Sie folgende Bemerkung machten? Warum haben Sie an der Stelle geschwiegen? Was haben Sie mit dem Patienten vor? Warum gingen Sie an diesem Punkt nicht härter vor? Was wollen Sie mit diesen Fragen bezwecken? Warum sagten Sie dem Klienten nicht, was er tun sollte?" Das Ergebnis dieser Diskussionen war eine erste Darstellung der Prinzipien und Strategien motivierender Gesprächsführung (Miller 1983). In den folgenden Jahren wurden die Grundlagen kontinuierlich weiterentwickelt und in zahlreichen Ländern, z.B. Australien, Großbritannien, Kanada, den Niederlanden, Skandinavien und den Vereinigten Staaten, klinisch angewandt. Die Beratungsstrategien wurden in verschiedenen Studien evaluiert (vgl. Teil I).

Von Anfang an lag der besondere Schwerpunkt der motivierenden Gesprächsführung auf der praktischen Anwendung. Ihre Prinzipien beruhen auf unserer Erfahrung aus der Arbeit mit Hunderten von Klienten mit Alkohol- und anderen Problemen. In gewissem Sinne waren sie es, die uns die motivierende Gesprächsführung gelehrt haben. Viele klinisch Tätige haben sie mittlerweile in verschiedenen Arbeitsbereichen erfolgreich angewandt.

Doch was ist motivierende Gesprächsführung? Zu Beginn dieses Kapitels wollen wir darauf eine Antwort geben. Dabei wollen wir insbesondere die Unterschiede zu anderen Beratungskonzepten diskutieren. In einem zweiten Schritt werden wir fünf Grundprinzipien motivierender Gesprächsführung darstellen.

WAS IST MOTIVIERENDE GESPRÄCHSFÜHRUNG?

Motivierende Gesprächsführung stellt einen besonderen Weg dar, Menschen beim Erkennen von und im Umgang mit ihren Problemen zu helfen. Dieses Konzept ist insbesondere für die Arbeit mit Menschen ge-

eignet, die im Hinblick auf eine Veränderung ihres Verhaltens ambivalent sind. Für einige Menschen reicht eine kurze motivierende Beratung aus, um anschließend ihr Verhalten allein dauerhaft verändern zu können. Für andere dient motivierende Gesprächsführung nur der Anbahnung einer weiterführenden Behandlung.
Der Berater nimmt bei der motivierenden Gesprächsführung keine autoritäre Rolle ein. Die Botschaft „Ich bin der Experte und sage Ihnen, wie Sie Ihr Leben zu führen haben!" ist kontraproduktiv. Die Verantwortung für Veränderung bleibt beim Klienten, was aber nicht bedeutet, daß der Berater keinen Einfluß auf seine Entscheidungen hätte. Wir versuchen bei der motivierenden Gesprächsführung, die Klienten eher zu überzeugen als Druck auf sie auszuüben, sie eher zu unterstützen als mit Beweisen zu überführen. Der Behandelnde ist bemüht, eine positive Atmosphäre zu schaffen, die einer Veränderung dienlich ist. Gelingt dies, liefert der Klient die Argumente für eine Veränderung selbst. Die motivierende Gesprächsführung greift vielfältige therapeutische Strategien auf, darunter einige Elemente aus der klientenzentrierten Gesprächsführung. Der Berater kann einerseits zurückhaltend sein, andererseits geht er mit großer Entschlossenheit vor, benutzt klare Strategien und Methoden, um seine Ziele zu verfolgen. Er sollte ein Gespür dafür entwickeln, wann er wie intervenieren muß.

Abgrenzung zu anderen Beratungskonzepten

Konfrontative Verfahren

Ergänzend zu den Ausführungen in Teil 1 sind in Tabelle 3 einige Vergleichsaspekte zwischen motivierender Gesprächsführung und konfrontativen Verfahren zusammengestellt, die den Verleugnungsstrategien der Patienten mit Konfrontationen begegnen.

Tabelle 3: Gegenüberstellung von konfrontativen Verfahren und motivierender Gesprächsführung

Konfrontative Verfahren	Motivierende Gesprächsführung
Besondere Betonung liegt auf der Problemeinsicht. Akzeptanz der Diagnose ist eine Voraussetzung von Veränderung.	Akzeptanz des Etiketts „Alkoholismus“ oder anderer Etikette ist zur Veränderung nicht nötig.
Betonung der pathologischen Persönlichkeit, was die Fähigkeiten zur individuellen Entscheidung, Urteilsbildung und Kontrolle einschränkt.	Betonung der individuellen Entscheidungsfähigkeit und Verantwortung für die Planung künftigen Verhaltens.
Der Therapeut präsentiert Beweise, um den Klienten davon zu überzeugen, die Diagnose zu akzeptieren.	Der Therapeut bemüht sich um eine objektive Einschätzung des Problems, richtet sein Hauptaugenmerk aber auf die Sorgen der Klienten.
Widerstand wird als Verleugnung angesehen, der man mit Konfrontation begegnen muß.	Widerstand wird als interpersonelles Verhaltensmuster verstanden, das durch das Verhalten des Therapeuten beeinflußt wird.
Widerstand verlangt Beweisführung und Korrektur.	Widerstand verlangt Reflexion.
Behandlungsziele und Veränderungsstrategien werden dem Klienten vom Therapeuten vorgeschrieben; der Klient wird als widerständig und entscheidungsunfähig betrachtet.	Behandlungsziele und Veränderungsstrategien werden zwischen Klient und Therapeut auf der Basis objektiver Daten und individueller Angemessenheit vereinbart.

PROBLEMLÖSUNGSTRAININGS[1]

Ein zweiter Ansatz, der der motivierenden Gesprächsführung gegenübergestellt werden kann, ist der des „Problemlösetrainings“: Techniken der kognitiven Verhaltenstherapie nehmen hier den größten Raum ein. Ihre Anwendung setzt voraus, daß der Klient motiviert ist, sein Verhalten zu ändern und sich bereits im Stadium der Handlung befindet. Der Schwerpunkt liegt auf dem „Wie?“ und nicht auf dem „Warum?“

[1] im Original: „skill-training“: im deutschen Sprachraum wird dies auch als „Fertigkeitentraining“ übersetzt (Anm. d. Hrsg.)

einer Veränderung. Im Gegensatz zur motivierenden Gesprächsführung haben diese Verfahren oft einen im hohem Maße verschreibenden Charakter mit spezifischen Anweisungen und Aufgaben. Motivierende Gesprächsführung kann als Vorbereitung eines Problemlösetrainings genutzt werden (s. Tab. 4).

Tabelle 4: Gegenüberstellung von Problemlösetraining und motivierender Gesprächsführung

Problemlösetraining	Motivierende Gesprächsführung
Setzt voraus, daß der Klient motiviert ist.	Spezifische Strategien zur Bildung von Veränderungsmotivation beim Klienten.
Keine Strategien zur Motivationsförderung.	Veränderungsmotivation beim Klienten.
Versucht, ungünstige Kognitionen zu identifizieren und zu verändern.	Exploriert und reflektiert die Wahrnehmungen des Klienten, ohne sie zu etikettieren oder zu „korrigieren“.
Verschreibt und lehrt spezifische Fertigkeiten zur Problemlösung.	Sucht mit dem Klienten und wichtigen Bezugspersonen nach möglichen Veränderungsstrategien und natürlichen Problemlösungen.
Vermittelt Bewältigungsverhalten mittels Anweisungen, Modellernen, angeleiteter Praxis und Rückmeldungen.	Die Verantwortung für die Methoden der Veränderung wird dem klienten überlassen. Kein Training, kein Modellernen, keine Praxis.

Nondirektive Methoden

Motivierende Gesprächsführung weist neben vielen Gemeinsamkeiten mit der klientenzentrierten Gesprächspsychotherapie nach Rogers und anderen Ansätzen aus dem Bereich der humanistischen Psychologie auch entscheidende Unterschiede auf. Obwohl motivierende Gesprächsführung zutreffend als klientenzentriert charakterisiert wird, ist sie gleichzeitig direktiv. Der Berater hat immer das Ziel vor Augen (z.B. das Trinkverhalten zu verändern oder alkoholbedingte Probleme zu verringern) und setzt systematisch spezifische Interventionen ein, um es zu erreichen. Emphatische Reflexionen werden selektiv dazu genutzt, einzelne Inhalte hervorzuheben und andere in den Hintergrund zu rücken. Außerdem ist der Berater aktiv bemüht, Diskrepanzen auf seiten des Klienten zu entwikkeln, anstatt nur passiv seinen Gesprächsangeboten zu folgen (s. Tab. 5).

Tabelle 5: Gegenüberstellung von nicht-direkten Verfahren und motivierender Gesprächsführung

Nicht-direktive Verfahren	Motivierende Gesprächsführung
Überläßt dem Klienten die Entscheidung über Inhalt und Richtung der Beratung.	Leitet den Klienten systematisch in Richtung Veränderungsmotivation.
Vermeidet Ratschläge und Rückmeldungen des Beraters.	Setzt - soweit angemessen - Ratschläge und Rückmeldungen ein.
Praktiziert durchgängig emphatische Reflexion.	Setzt emphatische Reflexion selektiv ein, um bestimmte Prozesse zu verstärken.
Exploriert die aktuellen Konflikte und Gefühle des Klienten.	Ist bemüht, Diskrepanzen beim Klienten zu entwickeln, um die Veränderungsmotivation zu fördern.

Fünf Prinzipien motivierender Gesprächsführung

(1) Empathie ausdrücken

Eine emphatische Haltung des Therapeuten ist charakteristisch für motivierende Gesprächsführung und hat sich als sehr erfolgversprechend in der Behandlung von Menschen mit Alkoholproblemen erwiesen. Emphatische Wärme und aktives Zuhören begleiten alle Phasen motivierender Gesprächsführung.

Die diesem Prinzip zugrunde liegende Haltung könnte man „Akzeptanz" nennen. Durch aktives Zuhören versucht der Therapeut, die Gefühle und Vorstellungen des Klienten zu verstehen, ohne sie zu werten. Akzeptanz ist nicht das gleiche wie Zustimmung oder Billigung. Es ist durchaus möglich, das Verhalten oder die Vorstellungen eines Klienten zu verstehen und zu akzeptieren, ohne mit ihnen übereinzustimmen. Eine akzeptierende Haltung verbietet dem Therapeuten nicht, andere Ansichten als der Klient zu haben. Entscheidend für den Klienten ist das respektvolle und um Verständnis bemühte Zuhören. Paradoxerweise scheint gerade diese Art der Begegnung Menschen für Veränderung bereit zu machen, während eine nicht-akzeptierende Haltung („Sie müssen sich ändern!") oft dazu führt, daß diese Menschen erst recht an ihrem alten Verhalten festhalten.

Ein emphatischer Therapeut bemüht sich, die Sichtweisen seines Klienten ernst zu nehmen, sie als nachvollziehbar und (zumindest im subjektiven Erleben des Klienten) als berechtigt zu betrachten.

Prinzip 1: Empathie ausdrücken.
Akzeptanz erleichtert Veränderung.
Aktives Zuhören ist unentbehrlich.

(2) Diskrepanzen entwickeln
Wir sind nicht der Auffassung, daß das aktive Zuhören dazu dienen solle, den Klienten zu helfen, sich zu akzeptieren, wie sie sind, und dann alles beim alten zu lassen. Dies kann auch nicht das Ziel motivierender Gesprächsführung sein. Eine Person mit gesundheitsschädigendem Drogenkonsum kann motiviert werden, diese Gewohnheit zu verändern. Dies verlangt – zumindest in einer gewissen Hinsicht –, den Klienten mit einer unangenehmen Realität zu „konfrontieren". Die Frage ist, wie man das am besten anstellt.
Ein weiteres allgemeines Prinzip besteht darin, dem Klienten die Diskrepanz zwischen seinem aktuellen Verhalten und seinen grundsätzlichen Lebenszielen bewußt zu machen. In der ursprünglichen Version der motivierenden Gesprächsführung nennt Miller (1983) dies in Anlehnung an das Konzept von Festinger (1957) das Erzeugen einer „kognitiven Dissonanz". Wird ein bestimmtes Verhalten als unvereinbar mit wichtigen persönlichen Zielen (z.B. Gesundheit, Erfolg, Familienglück oder einem positiven Selbstbild) erlebt, werden die Nachteile des gegenwärtigen Verhaltens somit bewußter, dann wird Veränderung wahrscheinlicher, wie eine Fallgeschichte von Premack (1970) exemplarisch zeigt:

> Ein Mann gab das Rauchen an einem Tag auf, als er seine Kinder von der Stadtbücherei abholen wollte. Dies spielte sich folgendermaßen ab: Als er bei der Bücherei ankam, brach gerade ein Unwetter los. Gleichzeitig bemerkte er, als er seine Taschen durchsuchte, daß er keine Zigaretten dabei hatte. Er warf einen flüchtigen Blick auf die Bibliothek und sah, wie seine Kinder hinaus in den Regen stapften. Doch fuhr er weiter, weil er sich sicher war, einen Parkplatz zu finden, von wo aus er noch schnell Zigaretten besorgen und zurück bei seinen Kindern sein könne, bevor diese ernsthaft naß geworden seien. Als ihm jedoch klar wurde, daß er als Vater seine Kinder buchstäblich im Regen stehen ließ, nur um Zigaretten zu holen, fühlte er sich so beschämt, daß er das Rauchen aufgab.

Niemand hatte diesen Mann „konfrontiert". Niemand sonst mag eine Vorstellung davon haben, welch einschneidendes Ereignis sich damals in seinem Leben abspielte. Offensichtlich empfand er sein Verhalten als

derart erniedrigend, daß er es schlagartig änderte. Diese Art von Geschichten – bei denen ein Lebensereignis die Einstellung gegenüber einer Gewohnheit verändert – sind nicht ungewöhnlich bei Menschen, die aus eigener Kraft den Konsum von Alkohol, Tabak oder anderen Drogen eingestellt haben. Die Motivation zur Veränderung entsteht, wenn die Betroffenen eine Diskrepanz zwischen ihrem gegenwärtigen Verhalten und bedeutsamen persönlichen Zielen wahrnehmen (Miller 1985b). Viele Menschen, die eine Beratung aufsuchen, spüren bereits gewisse Diskrepanzen zwischen der Realität und bestimmten Wunschvorstellungen. Aber sie sind in einem Annäherungs-Vermeidungs-Konflikt gefangen.
Ein Ziel der motivierenden Gesprächsführung ist es, Diskrepanz zu entwickeln, sie für den Beratungsprozeß zu nutzen und soweit zu verstärken, daß sie das gegenwärtige Verhalten in Frage stellt. Dabei sollten vor allem die inneren Motive des Klienten angesprochen werden, da Verhaltensänderungen allein aufgrund von Druck durch den Ehegatten, drohende Arbeitslosigkeit, gerichtliche Auflagen o.ä. kaum erreicht werden. Das bedeutet für den Klienten, wichtige Ziele zu klären und herauszufinden, wie weit die tatsächlichen oder potentiellen Konsequenzen seines gegenwärtigen Verhaltens mit diesen Zielen kollidieren. Eine erfolgreiche motivierende Gesprächsführung verändert die Wahrnehmung von Diskrepanzen, ohne daß der Klient sich Druck oder Zwang ausgesetzt fühlt. Menschen lassen sich eher von sich selbst überzeugen als von anderen. Im Idealfall ist es nicht der Therapeut, der den Sorgen Ausdruck verleiht und Veränderungsabsichten äußert (z.B. „Das ist ernster, als ich dachte! Da muß unbedingt was getan werden!“), sondern der Klient.

Prinzip 2: Diskrepanzen entwickeln.
Das Bewußtsein über Konsequenzen des Verhaltens ist wichtig.
Eine Diskrepanz zwischen dem derzeitigen Verhalten und wichtigen Zielen fördert die Veränderungsbereitschaft.
Der Klient sollte die Argumente zur Veränderung selbst liefern.

(3) Beweisführungen vermeiden
Ein drittes wichtiges Prinzip ist das Vermeiden von Beweisführungen und vorwurfsvollen Konfrontationen. Die am wenigsten wünschenswerte Situation ist die, daß der Berater ein Problem des Klienten und die daraus resultierende Notwendigkeit einer Veränderung nachweist, während der Klient die gegenteilige Auffassung vertritt (s. Kap. 6).
Motivierende Gesprächsführung konfrontiert, indem sie Problembewußtsein und damit die Notwendigkeit, etwas zu tun, verstärkt. Auf den

ersten Blick erscheint ein solches Vorgehen nicht als konfrontativ (ein erfahrener Therapeut nannte es in einem Workshop „sanfte Konfrontation"). Motivierende Gesprächsführung zeichnet sich durch diesen sanft überzeugenden Beratungsstil aus.

Beweisführungen wecken oft Widerstand, weil der einzelne seine Entscheidungsfreiheit bedroht sieht. Je deutlicher Sie jemandem sagen „Sie können doch nicht ...!", desto eher wird er antworten „Ich werde aber ...!". Wenn Sie stur auf einer Position beharren, werden Sie mit hoher Wahrscheinlichkeit Widerstand und Abwehr provozieren. Widerstand jedoch ist häufig mit einem Scheitern von Veränderungsbemühungen verbunden. Deshalb ist es ein grundlegendes Ziel motivierender Gesprächsführung, Methoden zu vermeiden, die Widerstand provozieren. Falls der Klient bereits Widerstand zeigt, sollte der Therapeut die Strategie wechseln.

Ein Bereich, in dem es immer wieder zu Beweisführungen kommt, ist die Frage der diagnostischen Etikettierung. Manche Behandler legen großen Wert darauf, daß Patienten ihre Diagnose – etwa „alkoholabhängig" zu sein – akzeptieren. (In den meisten anderen Problembereichen spielt die Annahme einer diagnostischen Etikettierung übrigens eine völlig untergeordnete Rolle!) Jemanden dazu zu drängen, eine solche Zuschreibung anzunehmen, kann kontraproduktiv sein, und es gibt keinen Beweis, der für die Annahme spricht, daß dadurch die Genesung bzw. Veränderung gefördert wird. Bei den Anonymen Alkoholikern (AA) liegt die Betonung mehr auf der Selbsterkenntnis als auf einem erzwungenen Eingeständnis. Bill Wilson nannte es so: „Wir möchten niemanden zum Alkoholiker erklären, Sie selbst jedoch können sich schnell diagnostizieren" (Alcoholics Anonymous 1976). Ohne Zweifel empfinden es manche Leute in der Tat als einen bedeutenden Wendepunkt, wenn sie erst einmal ihr Problem akzeptiert haben. Was wir hier hervorheben wollen, ist, daß es keinen Grund gibt, seine Klienten damit zu quälen, eine Diagnose zu akzeptieren. Van Bilsen & van Emst (1986) bemerkten hierzu: „Wir haben die Erfahrung gemacht, daß wir häufig gegen unsere Klienten kämpften, anstatt sie zu motivieren, sich zu verändern." Wir befürworten es, gemeinsam mit jedem Klienten an seiner Selbstwahrnehmung zu arbeiten, dies jedoch nicht durch eine Diskussion über Zuschreibungen, sondern durch wesentlich effektivere Mittel.

Prinzip 3: Beweisführungen vermeiden.
Beweisführungen sind kontraproduktiv.
Vorwürfe erzeugen Abwehr.
Widerstand ist ein Signal, die Strategie zu ändern.
Etikettierungen sind unnötig.

(4) Den Widerstand aufnehmen

Wenn man nicht mit Argumenten kämpfen sollte, was sollte man dann tun? Jay Haley und andere Pioniere der Familientherapie sprachen vom „psychologischen Judo". Sie stellen damit eine Verbindung zu asiatischen Kampfsportarten her, bei denen der Verteidiger eine Attacke nicht mit unmittelbarer Gegenwehr beantwortet, sondern den Impuls des Angreifers zum eigenen Vorteil nutzt. Wenn jemand einen Meister dieser Kunst angreift, geht jeder Schlag ins Leere, und je härter jemand attackiert, um so schneller fällt er ins Nichts.

Der Meister ist dabei nicht passiv. Ganz im Gegenteil. Er oder sie fügt dem Impuls eine kleine Drehung oder einen Zug hinzu. Der Sturz ist unvermeidbar, doch der Meister kontrolliert, wo der Angreifer zu Boden geht. Dieser wird sich vermutlich fragen, wie er dorthin gelangt ist.

Motivierende Gesprächsführung ist natürlich kein Kampfsport, und der Patient ist kein Widersacher, der besiegt werden muß. Dennoch ist das Bild für den Umgang mit Widerständen hilfreich: In Kapitel 8 wird detailliert beschrieben, wie Äußerungen des Klienten „umgelenkt" oder neu formuliert werden können. Nicht der Körper wird hier in Bewegung versetzt, sondern die Erkenntnis. Der Klient beginnt damit, seine aktuellen Erfahrungen zu schildern, und wenn der Behandelnde (der „Meister") sein Handwerk versteht, erscheinen sie in neuem Licht. Wie beim Judo der Angreifer, sollte auch der Klient mit großem Respekt betrachtet werden. Widerstände und Ambivalenzen sollten nicht bekämpft, sondern vom Therapeuten als natürlich und verständlich angesehen werden. Der Behandelnde sollte keine Sichtweisen oder Ziele vorschreiben, sondern den Klienten dazu einladen, neue Informationen zu berücksichtigen und die Perspektiven zu wechseln.

Bei motivierender Gesprächsführung gibt der Behandelnde in der Regel eine Frage oder ein Problem an den Klienten zurück. Es ist nicht seine Aufgabe, sämtliche Lösungen zu finden. Im Gegenteil: Das würde dem Klienten erlauben, auf jeden Vorschlag mit „Ja, aber ..." zu reagieren. Wir gehen davon aus, daß Klienten kompetente und einsichtsfähige Menschen sind, die durchaus Ideen zur Lösung ihrer Probleme entwikkeln können. Den Widerstand aufzunehmen, bedeutet also nicht zuletzt, den Klienten aktiv an der Lösung seiner Probleme teilhaben zu lassen.

Prinzip 4: Den Widerstand aufnehmen.
Impulse des Klienten können positiv genutzt werden.
Wahrnehmungen können umgelenkt werden.
Neue Sichtweisen werden vorgestellt, nicht vorgeschrieben.
Klienten sind kompetente Ratgeber bei der Lösung von Problemen.

(5) Selbstwirksamkeit fördern
Ein fünftes wichtiges Prinzip motivierender Gesprächsführung betrifft die „Selbstwirksamkeit" (s. Kap. 3). Selbstwirksamkeit meint das Vertrauen einer Person in die Fähigkeit, eine spezifische Aufgabe erfolgreich lösen zu können. Es stellt ein Schlüsselelement dar für die Motivation, sich zu verändern (Bandura 1977, 1982; Rogers & Mewborn 1976), und gilt im Falle von Suchterkrankungen als ein guter Indikator für das Behandlungsergebnis (Condiotte & Lichtenstein 1981; Di Clemente 1981; Di Clemente u.a. 1985; Godding & Glasgow 1985; Solomon & Annis 1990; Wilkinson & Le Breton 1986). Ein Therapeut kann den vier bisher genannten Prinzipien folgen und eine Person davon überzeugen, daß sie ein ernstzunehmendes Problem hat. Wenn die Person nach allen Bemühungen aber keine Hoffnung auf Veränderung verspürt, wird sie auch keine Anstrengungen auf sich nehmen. Der Begriff „Selbstwirksamkeit" wird zwar in der Praxis eher selten verwandt, professionelle Helfer haben allerdings schon früh erkannt, daß Zuversicht bzw. Zutrauen in die eigenen Kräfte ein grundlegendes Element von Veränderung ist (Frank 1973; Miller 1985a; Shapiro 1971). Ebenso kann es einen großen Einfluß auf das Behandlungsergebnis haben, ob und in welchem Ausmaß der Therapeut eine Veränderung seines Klienten für möglich hält (Leake & King 1977; Parker u.a. 1979). Fördern Sie deshalb die Wahrnehmung des Klienten für seine Fähigkeit, mit Hindernissen auf dem Weg zu einer Veränderung fertig zu werden.
Im Zusammenhang mit „Empathie" wurde bereits erwähnt, wie wichtig die Förderung der Selbstachtung ist. Selbstwirksamkeit meint allerdings mehr als Selbstachtung. Im wesentlichen geht es hier um das Vertrauen in die eigene Fähigkeit, mit einer *spezifischen* Aufgabe oder Herausforderung fertig zu werden. Ein Klient kann zum Beispiel ein geringes Selbstwertgefühl haben, gleichzeitig aber davon überzeugt sein, daß es innerhalb seiner Möglichkeiten liegt, ein spezifisches Problem zu lösen. Sogar das Konzept der Anonymen Alkoholiker, das als Voraussetzung einer Veränderung die Kapitulation vor dem Suchtmittel fordert, betont, daß es in der Macht jedes einzelnen steht, sich zu verändern – in diesem Falle: indem er sich entscheidet, die Kontrolle einer höheren Macht zu übertragen, also Kontrolle zu gewinnen, indem man sie abgibt (Baugh 1988). Die entscheidende Botschaft lautet hier: „Sie können es *tun*. Sie können es schaffen."
Verschiedene Botschaften können die Selbstwirksamkeit verstärken. Eine Möglichkeit ist, die persönliche Verantwortung zu betonen (s. Kap. 3). Die Person *kann* nicht nur, sondern *muß* auch ihre Einstellung in dem Sinne verändern, daß niemand außer ihr selbst das Erforderliche tun kann. Motivierende Gesprächsführung baut nicht darauf auf, daß

der Therapeut den Klienten verändern wird. Vielmehr lautet die Botschaft des Beraters: „Wenn Sie möchten, werde ich Ihnen dabei behilflich sein, sich zu ändern."
Manche Klienten werden durch den Erfolg anderer ermutigt. Der Kontakt zu ehemaligen Klienten oder Berichte über erfolgreiche Veränderungsprozesse können deshalb im Sinne modellhafter Erfahrungen nützlich sein (Zweben & Li 1981). Es gibt eine große Anzahl unterschiedlicher, empirisch überprüfter Strategien, auf die ein Berater im Hinblick auf die Stärkung der Selbstwirksamkeit zurückgreifen kann (vgl. Hester & Miller 1989). Selbst Behandlungsfehler oder gänzlich gescheiterte Behandlungen sollten keinen Anlaß für Resignation geben, sondern eher als Indiz dafür verstanden werden, daß im konkreten Fall noch nicht die richtige Methode angewandt wurde. Man kann davon ausgehen, daß es bei der großen Zahl der vielversprechenden Behandlungsansätze durchaus wahrscheinlich ist, ein effektives Verfahren für den konkreten Fall zu finden (Miller & Hester 1986b).

Prinzip 5: Selbstwirksamkeit fördern
Der Glaube an die Möglichkeit, sich verändern zu können, ist eine wichtige Motivationsquelle.
Der Klient ist für die Entscheidung zur Veränderung und ihre Durchführung verantwortlich.
Das große Angebot an alternativen Behandlungsmethoden macht Mut.

ZUSAMMENFASSUNG

Diese fünf Prinzipien verlangen spezifische Strategien, die in den nächsten Kapiteln beschrieben werden. Wir haben zunächst das „Wie" unberücksichtigt gelassen, um das „Warum" deutlicher zu machen. Die beschriebenen Prinzipien dokumentieren die allgemeine Philosophie motivierender Gesprächsführung. Wir glauben, daß jede Person ein großes Veränderungspotential besitzt. Ihre Aufgabe als Therapeut liegt darin, es freizusetzen und den natürlichen Veränderungsprozeß zu fördern. Der Klient wird mit großem Respekt und eher als ein Verbündeter denn als Widersacher behandelt. Motivierende Gesprächsführung möchte den Menschen helfen, sich von Ambivalenzkonflikten zu befreien, die den Prozeß der Selbstzerstörung fortsetzen und sie immer wieder scheitern lassen. Motivierende Gesprächsführung ist mehr als eine Kombination von Techniken, sondern impliziert eine besondere

Art der Begleitung,[1] die sich in der Regel gründlich von dem unterscheidet, was die Klienten in der Vergangenheit erfahren haben. Dies ist allerdings nicht das einzige, was Veränderung fördert. Eine Reihe von speziellen Behandlungsstrategien steht zur Verfügung, um Menschen bei ihren Veränderungsvorhaben zu helfen (vgl. Garfield & Berin 1986; Hester & Miller 1989). Motivierende Gesprächsführung dient dazu, den Veränderungsprozeß in Gang zu bringen. Ist dies einmal geschehen, kann sich Veränderung schnell und mit geringer zusätzlicher Hilfe vollziehen (s. Kap. 3), es kann aber auch eine längere therapeutische Unterstützung erforderlich sein.

Die folgenden sechs Kapitel stellen spezielle Strategien motivierender Gesprächsführung vor. Kapitel 6 beschreibt Strategien, wie häufige Fehler vermieden werden können. Diese Strategien sind insbesondere zur *Entwicklung von Veränderungsmotivation* geeignet, der ersten von zwei Hauptphasen motivierender Gesprächsführung. In Kapitel 7 erklären wir, wie diagnostische Befunde als motivierendes Feedback genutzt werden können und wie die Veränderungsbereitschaft eingeschätzt werden kann. Kapitel 8 stellt Strategien vor, wie Widerstände erkannt werden und wie man mit ihnen umgehen kann, insbesondere in der ersten Phase der motivierenden Gesprächsführung. Kapitel 9 zeigt Strategien auf, die geeignet sind, die *Selbstverpflichtung zur Veränderung zu stärken*. Das ist die zweite Phase motivierender Gesprächsführung. Kapitel 10 beschreibt typische, aber schwierige Situationen, die bei der Anwendung motivierender Gesprächsführung entstehen können, und eröffnet Wege, wie diesen speziellen Herausforderungen begegnet werden kann. In Kapitel 11 finden Sie ein ausführliches Fallbeispiel, mit dem wir illustrieren wollen, wie die einzelnen Strategien motivierender Gesprächsführung im konkreten Fall eingesetzt und aufeinander bezogen werden können.

[1] Im Original: „way of *being* with the clients“ (Anm. d. Ü.).

6. Phase I: Motivation zur Veränderung aufbauen

Der Beginn einer Beratung ähnelt den ersten Zügen einer Schachpartie. Zunächst steht alles geordnet an seinem Platz, aber innerhalb von Minuten können sich beide Spieler in der Komplexität des Spiels verstrikken. Keiner weiß im voraus, welche Züge der Gegner machen wird, und beide versuchen, strategisch zu denken und den gesamten Spielplan im Blick zu behalten. Die Anzahl der denkbaren Spielkonstellationen ist nahezu unbegrenzt, und die genaue Kenntnis der Regeln ist wichtig, um der Komplexität des Spiels gewachsen zu sein. Besonders zu Beginn einer Partie sollte man wissen, was man unterlassen sollte. Häufige Probleme und Fallen sollte man erkennen, um ihnen vorbeugen oder sich daraus befreien zu können. Es gibt verschiedene Strategien für die Eröffnung, die Mittel- und die Schlußphase einer Partie.
Das allgemeine Ziel in der ersten Phase der Beratung ist, Motivation zur Veränderung auf- bzw. auszubauen. Dem liegt die Annahme zugrunde, daß der Klient ambivalent ist und sich im Stadium der Absichtsbildung oder gar der Absichtslosigkeit befindet. Dieses Kapitel stellt einige Eröffnungsstrategien motivierender Gesprächsführung vor, die es Ihnen erlauben, die im vorherigen Kapitel beschriebenen fünf Grundprinzipien in die Praxis umzusetzen.

Das Erstgespräch

Die erste Sitzung kann über den weiteren Verlauf entscheiden, Therapeut und Klient legen hier die Atmosphäre der Beratung und ihre Erwartungen fest (Miller & Sovereign 1989). Es ist wichtig, den richtigen Zugang zum Klienten zu finden und dabei nicht in Fallen zu geraten, die den Beratungsprozeß schnell beeinträchtigen können.

Die Frage-Antwort-Falle
Am Anfang eines Beratungsprozesses verfällt man als Berater schnell darauf, Fragen zu stellen und den Klienten antworten zu lassen. Das ähnelt einer allgemeinen Untersuchung durch einen Arzt: Der Patient antwortet auf eine schier endlose Reihe von Fragen zu möglichen Problembereichen mit „Ja“ oder „Nein“. In Fall des Gesundheits-Checks ist ein solches Vorgehen vielleicht noch sinnvoll, weil der Arzt spezifische Informationen einholen muß. Es kann aber auch aus der Angst des Behandelnden erwachsen, die Kontrolle zu verlieren; es kann dem

Klienten entgegenkommen, der sich in der passiven Rolle sicher fühlt. Der „Experte“ kontrolliert die Sitzung, indem er Fragen stellt, während der Klient lediglich angemessen kurz antwortet wie im folgenden Gesprächsausschnitt:

Therapeut: Sie sind gekommen, um über Ihre Spielsucht zu sprechen, nicht wahr?

Klient: So ist es.

T: Denken Sie, Sie spielen zuviel?

K: Wahrscheinlich.

T: Welches Spiel mögen Sie am liebsten?

K: Black Jack.

T: Trinken Sie beim Spielen?

K: Ja.

T: Haben Sie sich durch Ihr Spielen schon einmal ernsthaft verschuldet?

K: Ja, ein- oder zweimal.

T: Wie groß waren ihre Schulden?

K: Einmal mußte ich mir schon 8.000 Mark leihen, um neue Schulden zu begleichen.

T: Sind Sie verheiratet?

K: Nein, geschieden.

T: Seit wann sind Sie geschieden?

K: Zwei Jahre.

So schnappt die Frage-Antwort-Falle zu: Dem Klienten wird nahegelegt, nur kurz und knapp zu antworten. Für ausführliche Äußerungen, wie sie für eine motivierende Gesprächsführung notwendig sind, bleibt kein Platz. Ein solches Vorgehen reproduziert darüber hinaus ein spezifisches Interaktionsmuster zwischen einem aktiven Experten und einem passiven Klienten: Wenn Sie nur genügend Fragen stellen, werden Sie auch die richtige Antwort erhalten. Dem Klienten dagegen bietet es kaum eine Gelegenheit zur Selbstexploration und zur Schilderung von Motiven, warum er vielleicht doch etwas verändern möchte.
Diese Falle ist leicht zu vermeiden: Sie könnten Ihre Klienten schon vor dem ersten Gespräch einen Fragebogen ausfüllen lassen, über den Sie die nötigen Informationen für den Therapieeinstieg und die weitere Planung erhalten. Für das Gespräch bewähren sich eher offene Fragen. Am besten ist es, auf eine Antwort des Klienten nicht mit einer erneuten Fra-

ge, sondern mit aktivem Zuhören zu reagieren. Mehrere offene Fragen, die ohne aktives Zuhören aufeinander folgen, können einen ähnlichen Effekt haben wie die Aneinanderreihung geschlossener Fragen: Der Klient ist in eine passive Rolle gedrängt Als allgemeine Richtlinie gilt, nicht mehr als drei Fragen hintereinander zu stellen.

Die Konfrontations-Verleugnungs-Falle

Wenn man die motivierende Gesprächsführung anstrebt, dann ist die Konfrontations-Verleugnungs-Falle die wichtigste Falle überhaupt, und eine sehr gebräuchliche dazu. Viele Therapeuten geraten trotz guter Absichten hinein, oft aufgrund eines falschen Verständnisses von Motivationsprozessen. Eröffnet ein Therapeut die „Partie“ falsch, reagieren die meisten Klienten prompt mit diesem Muster.

Wie geht das vor sich? Der Berater nimmt für gewöhnlich anhand einiger Informationen an, daß ein spezifisches „Problem“ (z.B. Alkoholismus) vorliegt. Dann beginnt er dem Klienten zu erklären, er habe ein ernstzunehmendes Problem, und verordnet ihm eine „Therapie“. Daraufhin reagiert der Klient in der Regel mit Abwehr nach einem der beiden folgenden Muster: „So schlimm ist mein Problem nun auch wieder nicht“, oder: „Im Grunde muß ich nicht so viel verändern“. Diese Muster sind tatsächlich ziemlich vorhersagbar. Wenn Menschen in einem ambivalenten Zustand zur Beratung kommen, dann wollen sie etwas verändern und wollen es gleichzeitig nicht. Sie leben ständig in einem Konflikt. Wenn der Berater nun nur die eine Seite der Ambivalenz anspricht, dann ist es sehr wahrscheinlich, daß der Klient die andere ins Spiel bringt. Ein Beispiel:

Therapeut: Tja, es scheint so, als hätten Sie ein ernstes Alkoholproblem. Sie weisen eine ganze Reihe von Symptomen des Alkoholismus auf.

Klient: Wie meinen Sie das?

T: Nun, Sie hatten einen alkoholbedingten Blackout, Sie fühlen sich unwohl, wenn Sie nicht trinken können, und Sie verlieren die Kontrolle über ihr Trinken.

K: Aber da kenne ich genügend andere, denen es genauso geht.

T: Vielleicht, vielleicht auch nicht. Aber wir sprechen hier über Sie und nicht über andere.

K: Aber ich glaube nicht, daß das jetzt so ernst ist.

T: Nicht ernst?! Sie können von Glück reden, daß Sie noch nicht inhaftiert worden sind oder jemanden totgefahren haben.

K: Ich habe Ihnen doch gesagt, daß ich sehr gut Auto fahren kann und noch nie etwas dabei passiert ist.

T: Und was ist mit Ihrer Familie? Die denken, daß Sie zuviel trinken und damit aufhören sollten.

K: Wissen Sie, meine Frau kommt aus einer Familie von „Abstinenzlern“. Die denken, daß man ab drei Bier aufwärts ein Alkoholiker ist. Mit mir ist alles in Ordnung.

Betrachtet man dieses Gespräch vor dem Hintergrund eines Motivationskonflikts, ist das Muster vorhersagbar und verständlich. Indem der Therapeut sich für die Seite der „Problemveränderung“ einsetzt, provoziert er beim Klienten Argumente gegen eine Veränderung. Eventuell hält der Therapeut die Reaktion des Klienten für ein typisches Anzeichen der „Verleugnungstendenz von Alkoholikern“ und sieht dadurch seine Diagnose erhärtet. Konsequenterweise müßte er die Verleugnungstendenz des Klienten noch aggressiver konfrontieren (vgl. Kap. 1). Das Ergebnis allerdings ist vorhersehbar: Je unnachgiebiger der Therapeut die eine Seite vertritt, desto heftiger verteidigt der Klient die andere Seite. Dies ist ein vertrautes Muster, und wahrscheinlich eines, das viele Klienten schon häufig erlebt haben. Wenn der Klient sich in eine Falle gelockt fühlt, geht er in eine Abwehrhaltung und insistiert auf seiner Freiheit, sein Leben so zu führen, wie er es will. Dieses Muster führt schließlich zu einem erbitterten Machtkampf. Je mehr der Berater konfrontiert, desto eher entwickelt der Klient Widerstand und Abneigung gegenüber einer Veränderung (Miller & Sovereign 1989). Klienten können sich so buchstäblich aus der Veränderung herausreden: Sie hören sich selbst so nachdrücklich argumentieren, sie hätten kein Problem und müßten sich somit auch nicht verändern, daß sie anschließend auch davon überzeugt sind. Kaum jemand unterliegt gern in einem Streitgespräch oder läßt sich gern nachweisen, daß er unrecht hat.
Die Konfrontations-Verleugnungs-Falle kann zu jedem Zeitpunkt einer Beratung auftreten, aber besonders häufig ist sie in der Anfangsphase. Sie kann sich auf alle möglichen Themen beziehen, nicht allein darauf, ob eine Person ein Problem hat oder nicht. Aktiv zuzuhören und selbstmotivierende Äußerungen zu fördern, helfen dieser Falle zu entgehen. Auch die in Kapitel 8 beschriebenen Strategien zum Umgang mit Widerständen können dabei hilfreich sein.

Die Expertenfalle

Ein überzeugter und kompetenter Therapeut kann unabsichtlich in die „Expertenfalle“ hineingeraten, wenn er den Eindruck vermittelt, als hielte er bereits alle Antworten parat. Wie bei der „Frage-Antwort-Falle“ drängt man so den Klienten in eine passive Rolle, die mit den Grundannahmen motivierender Gesprächsführung unvereinbar ist. Motivierende Gesprächsführung bedeutet, einem Menschen Gelegenheit zur Selbsterkundung zu geben und zugleich seine Ambivalenz zu respektieren. Der ernste Wunsch zu helfen kann den Berater dazu verführen, die Situation für den Klienten zu ordnen und Lösungen zu verschreiben. Die Zeit des Sachverständigen kommt später (s. Kap. 9), zunächst geht es um den Aufbau von Motivation. Und der Wunsch nach Veränderung wird kaum gefördert, wenn Sie dem Klienten die Rolle eines passiven Konsumenten Ihrer fachmännischen Ratschläge zuweisen.

Die Etikettierungs-Falle
Berater und Klienten können sich ebenso leicht bei der Erstellung der Diagnose verfangen. Viele Berater halten es für enorm wichtig, daß die Klienten ihre Etikettierungen akzeptieren („Sie sind Alkoholiker!", „Sie sind ein Lügner!" etc.). Weil solche Zuschreibungen im allgemeinen Bewußtsein aber höchst negativ konnotiert sind, ist es kein Wunder, daß die Klienten ihnen widersprechen. Das verlangt allein schon die Selbstachtung.

Häufig entwickelt sich der Streit um Etikettierungen zu einem Machtkampf, in dem der Berater Führung und Sachverstand für sich beansprucht. Selbst ein harmloser Verweis auf „Ihr Problem mit ..." löst bei manchen Klienten Gefühle von Einengung und Unwohlsein aus. Sofern es keine bedeutenden Vorteile für den Therapieverlauf verspricht, ein „Etikett" zu finden, sollte man darauf verzichten, um nicht das Risiko einer „Konfrontations-Verleugnungs-Spirale" einzugehen.

Probleme können vollständig exploriert werden, ohne daß sie mit Etikettierungen versehen werden. Solange das Thema Etikettierung nicht aufkommt, sollten Sie es auch nicht zur Sprache bringen. Häufig fragen Klienten allerdings nach einer Diagnose, und Ihre Antwort darauf kann sehr wichtig sein. Wir empfehlen eine Kombination aus Widerspiegelung und Umformung – zwei Techniken, die weiter unten erörtert werden. Im folgenden ein kurzes Beispiel:

Klient: Wollen Sie damit sagen, daß ich abhängig bin?

Therapeut: Nein, ehrlich gesagt schere ich mich nicht sonderlich um solche Bezeichnungen. Aber es klingt, als beschäftige und besorge Sie diese Frage.

K: Stimmt. Ich mag es nicht, so bezeichnet zu werden.

T: Wenn das passiert, drängt es Sie zu sagen, daß es gar nicht so schlimm um Sie bestellt ist.

K: Genau! Ich sage ja nicht, daß ich keine Probleme hätte ...

T: Aber Sie mögen diese Abstempelung zum Problemfall nicht. Das klingt Ihnen zu hart.

K: Ja, genau.

T: Das ist völlig normal. Viele Leute, mit denen rede, wollen nicht abgestempelt werden, ich auch nicht, und daran ist nichts Verkehrtes.

K: Ich habe dann das Gefühl, als ob ich in eine Schublade gesteckt werde.

T: So ist es. Lassen Sie mich sagen, wie ich es sehe. Anschließend können wir weiter sehen. Mir ist die Überschrift für ein Problem ziemlich gleichgültig. Mir ist es egal, ob wir es in diesem Fall „Sucht" oder „Probleme" oder „Karl-Heinz" nennen. Wir müssen ihm keinen Namen geben. Wenn Sie eine Bezeichnung wünschen, kann ich Ihnen eine geben, aber von Bedeutung ist es für mich nicht. Wichtig ist einzig und allein zu beurteilen, wie schädlich der Kokaingebrauch für Sie ist, und was Sie bereit sind, in dieser Hinsicht zu unternehmen. Darüber mache ich mir Gedanken.

Es gibt allerdings auch keinen Grund, jemandem von der Annahme einer Diagnose abzuraten, wenn diese für ihn wichtig ist. Mitglieder der Anonymen Alkoholiker beispielsweise berichten häufig, daß es für sie wichtig gewesen sei, zu erkennen und zu akzeptieren, daß sie Alkoholiker sind. Dem ist nicht zu widersprechen. Uns ist es aber wichtig zu betonen, daß es unnötig ist, wegen Etikettierungen mit den Klienten in Debatten oder Streits zu geraten.

Die Vorzeitige-Eingrenzungs-Falle

Selbst wenn der Berater Beweisführungen und Etikettierungen vermeidet, kann Widerstand entstehen, wenn Therapeut und Klient unterschiedliche Problemfelder bearbeiten wollen. Bei der Behandlung Abhängiger zum Beispiel ist es nicht ungewöhnlich, daß der Therapeut die Gespräche möglichst schnell auf den Alkohol- oder Drogenkonsum und die darauf bezogenen Probleme konzentrieren möchte, während der Klient lieber ein breiteres Spektrum von Themen besprochen hätte. Nicht selten folgt daraus ein Kampf um die Frage, wieviel Aufmerksamkeit dem beigemessen werden sollte, was der Berater als das „Problem" bezeichnet. In der Tat kann für den Klienten der Alkohol- oder Drogenkonsum nur ein relativ kleiner Ausschnitt seiner Probleme sein, und es ist vielleicht noch nicht klar, wie er im Verhältnis zu den übrigen Problemen zu gewichten ist. Konzentriert sich der Berater zu früh und mit zuviel Nachdruck auf das Thema „Abhängigkeit", kann es sein, daß der Klient eine Abwehrhaltung einnimmt.

Andere Klienten dagegen bezeichnen ihre Abhängigkeit von Alkohol oder Drogen als Hauptanliegen, so daß eine frühe Konzentration darauf sinnvoll und angemessen ist. Stets mit den Anliegen des Klienten zu beginnen und nicht mit den eigenen, hilft Ihnen, die Vorzeitige-Eingrenzungs-Falle zu umgehen.

Die Schuld-Falle

Ein weiteres mögliches Hindernis im Erstgespräch ist die Angst des Klienten vor Schuldzuweisungen. Wer ist schuld am Problem? Wenn diese Frage aufkommt und nicht angemessen bearbeitet wird, wird nutzlose Zeit und Energie mit Rechtfertigungen verschwendet. Die Schuldfrage ist nicht relevant. Vermitteln Sie dies dem Klienten, indem Sie ihm seine Sorge widerspiegeln und ihr einen anderen Rahmen geben. Dies kann folgendermaßen geschehen:

> T: Es klingt, als seien Sie besorgt darüber, wer hier der Schuldige ist. Ich sollte Ihnen vielleicht erklären, daß eine Therapie nicht darin besteht zu entscheiden, wer Schuld trägt. Das ist Sache eines Gerichts. Ich habe daran kein Interesse, sondern möchte vielmehr erfahren, was Sie bedrückt, und was Sie dagegen tun könnten.

Der Angst vor Schuldzuweisungen kann man auch dadurch vorbeugen, daß man zu Beginn einige Bemerkungen zum Ablauf und zur Struktur der Beratung macht. Wenn der Klient das Ziel der Beratung verstanden hat, lassen sich derartige Ängste möglicherweise von vornherein vermeiden.

Der Gesprächsbeginn

Klienten kommen mit den unterschiedlichsten Erwartungen, Hoffnungen und Ängsten zur Beratung. Sie erwarten, kritisiert zu werden, geheilt, angeleitet, befragt, beschuldigt, belehrt, medizinisch versorgt oder getröstet zu werden oder einfach jemanden zu finden, der ihnen zuhört. Erklären Sie den Klienten zu Beginn kurz, wie die erste Sitzung und die Beratung im allgemeinen ablaufen wird. Ein guter Einstieg kann den Klienten beruhigen und damit eine gute Basis für die weitere gemeinsame Arbeit darstellen. Folgende Informationen sollten darin enthalten sein:

- Der zur Verfügung stehende Zeitraum.
- Eine Erklärung zur eigenen Rolle und zu Zielen.
- Eine Beschreibung der Rolle des Klienten.
- Einige Details, die zu berücksichtigen sind.
- Eine offene Frage.

Dazu ein Beispiel:

T: Wir haben nun ca. eine Stunde Zeit. In dieser Stunde möchte ich eine erste Vorstellung davon bekommen, was Sie zu mir führt. Wahrscheinlich werde ich Ihnen die meiste Zeit zuhören, um zu verstehen, wie Sie die Dinge sehen und was Sie besorgt. Mit Sicherheit haben Sie auch einige Erwartungen an das, was hier geschehen wird und was nicht, und diese möchte ich gern erfahren. Zum Ende dieser Stunde muß ich noch einige spezielle Informationen von Ihnen erfragen, aber jetzt sollten wir erst einmal beginnen. Was geht Ihnen durch den Kopf? Was ich verstanden habe, ist, daß Sie sich einige Sorgen machen wegen der Beruhigungsmittel ...

Fünf Strategien für die Anfangsphase

Die ersten vier im folgenden beschriebenen Strategien sind überwiegend aus der klientenzentrierten Gesprächsführung abgeleitet, werden allerdings in der motivierenden Gesprächsführung gezielt eingesetzt – um Klienten zu helfen, ihrer Ambivalenz nachzugehen und Gründe für eine Veränderung offenzulegen. Die fünfte Strategie ist direktiver und ein Spezifikum motivierender Gesprächsführung. Sie ergänzt und integriert die vier übrigen Strategien.

(1) Offene Fragen stellen

In der Anfangsphase motivierender Gesprächsführung ist es für den Therapeuten wichtig, eine Atmosphäre von Akzeptanz und Vertrauen herzustellen, die dem Klienten ermöglicht, sich mit seinen Problemen eingehender zu beschäftigen. Das bedeutet, daß in dieser Phase der Klient die meiste Zeit redet, während der Berater sorgfältig zuhört und dabei eine ermutigende Haltung einnimmt.
Stellen Sie möglichst früh Fragen, die den Klienten anregen, sich ausführlich zu äußern. Geschlossene Fragen sind in vielen Sitzungen notwendig, sollten aber während der ersten Phase motivierender Gesprächsführung nicht zu viel Raum einnehmen. Besser sind offene Fragen, auf die man nicht in wenigen Worten antworten kann. Bei vielen Klienten genügt ein kurzer Anstoß, um sie zum Sprechen zu bringen; andere sind zurückhaltender und benötigen wesentlich mehr Ermutigung. Wenn Sie wissen oder spüren, daß der Klient mit einem bestimmten Problem kommt, genügt meistens eine einleitende Frage. Einige Beispiele:

- T: Der Tatsache, daß Sie hier sind, entnehme ich, daß es einige Dinge gibt, über die Sie mit einem Berater sprechen möchten. Was sind das für Dinge?
- T: Ich würde gern verstehen, wie Sie die Dinge sehen. Was führt sie hierher? Was ist Ihr Problem?
- T: Ich sehe, daß Sie sich über Ihr Trinken Sorgen machen. Erzählen Sie mir davon.
- T: Am Telefon sagten Sie, daß Sie seit langer Zeit Drogen konsumieren und nun darüber reden wollten. Erzählen Sie mal! Beginnen Sie doch einfach mit dem Punkt in Ihrem Leben, an dem Sie damit angefangen haben, Drogen zu nehmen.

Handelt es sich um ambivalente Klienten (z.B. im Frühstadium der Absichtsbildung), kann es sinnvoll sein, beide Seiten der Ambivalenz anzusprechen oder eine Reihe „neutraler“ Fragen zu stellen, die miteinander in Beziehung stehen. Einige Therapeuten ziehen es vor, zunächst nach den Vorzügen des momentanen („Problem“-)Verhaltens zu fragen, bevor sie die negativen Seiten mit einbeziehen. Hier einige mögliche Eröffnungsfragen:

- T: Erzählen Sie mal von Ihren Kokainkonsum. Was gefällt Ihnen daran? Und was macht Ihnen Sorgen?
- T: Wenn Sie einmal Ihr Trinkverhalten über die Jahre hinweg anschauen, können Sie daran irgend eine Veränderung feststellen? Wenn ja, berührt Sie das in irgendeiner Form? Gibt es etwas, das Sie oder andere Menschen beunruhigen könnte?
- T: Ich weiß, daß Sie hierher gekommen sind, um über Ihr Spielen zu sprechen. Helfen Sie mir bitte, ein klares Bild zu bekommen. Was genießen Sie am Spielen? Und wie sieht‘s mit den Schattenseiten aus?

Die Reaktionen auf solche Eröffnungsfragen werden völlig unterschiedlich sein. Manche machen sich mit Eifer daran, über ihre Probleme zu sprechen, so daß sie kaum einer weiteren Unterstützung bei der Exploration bedürfen. Andere sind eher zurückhaltend, wechseln das Thema oder steuern rasch auf eine der genannten Fallen zu. Offene Fragen stellen „Türöffner“ dar und dienen im wesentlichen der Vorbereitung weiterer Strategien.

(2) Aktiv Zuhören

Die wahrscheinlich größte Herausforderung motivierender Gesprächsführung stellt das aktive Zuhören dar. Im allgemeinen bedeutet Zuhören, still zu sein und den Schilderungen eines anderen Gehör zu schenken. Beim aktiven Zuhören ist entscheidend, wie der Berater auf die Äußerungen des Klienten antwortet bzw. reagiert. Thomas Gordon (1970) hat zwölf Verhaltensweisen zusammengestellt, die mit aktivem Zuhören unvereinbar sind:

(1) Befehlen, anordnen, kommandieren.
(2) Warnen, ermahnen, drohen.
(3) Beraten, Lösungen geben oder Vorschläge machen.
(4) Vorhaltungen machen, belehren, logische Argumente anführen.
(5) Zureden, moralisieren, predigen.
(6) Urteilen, kritisieren, widersprechen, beschuldigen.
(7) Loben, zustimmen.
(8) Beschimpfen, lächerlich machen, beschämen.
(9) Interpretieren, analysieren, diagnostizieren.
(10) Beruhigen, bemitleiden, trösten, unterstützen.
(11) Forschen, fragen, verhören.
(12) Zurückziehen, ablenken, aufheitern, zerstreuen.

Diese Reaktionen sind auch als „Kommunikationssperren" bezeichnet worden, weil sie den Weg des Klienten versperren oder ihn in eine andere Richtung zwingen. Solche Kommunikationssperren schaffen ein Machtgefälle. Ein Berater, der in diesem Stil interveniert, hört nicht zu, zumindest nicht im Sinne des aktiven Zuhörens. Oft schweigen Berater so lange, bis ihnen eine passende Antwort aus der Liste eingefallen ist. Die unterschwellige Botschaft dabei lautet: „Höre *mir* zu, ich kenne mich am besten aus!" Anstatt mit seinen Problemen, muß sich der Klient nun mit der Kommunikationssperre auseinanderzusetzen. Nachfolgend ein Gesprächsausschnitt zwischen einem wenig hilfreichen „Therapeuten" und einem ambivalenten Klienten (in Klammern jeweils die Nummer der Kommunikationssperre aus Gordons Liste):

Klientin: Ich weiß einfach nicht, ob ich ihn verlassen soll oder nicht.

Therapeut: Sie sollten stets das tun, von dem Sie glauben, daß es das Beste ist. (5)

K: Aber gerade das ist es ja! Ich weiß nicht, was das Beste ist!

T: Natürlich wissen Sie das, in Ihrem Herzen. (6)

K: Ich habe das Gefühl, als steckte ich in einer Falle, erstickt in unserer Beziehung.

T: Dann sollten Sie sich eine Zeit lang trennen und sehen, wie es Ihnen damit geht. (3)

K: Aber ich liebe ihn, und es würde ihm sehr weh tun, wenn ich ihn verlassen würde.

T: Wenn Sie es aber nicht tun, könnte es sein, daß Sie auf der Strecke bleiben. (2)

K: Aber ist das denn nicht irgendwie egoistisch?

T: Es ist nur das, was Sie tun müssen, um auf sich selbst zu achten. (4)

K: Ich weiß nicht, wie ich das anstellen soll.

T: Ich bin sicher, daß es Ihnen damit gut gehen wird. (10)

Dieser Klientin ist nicht dabei geholfen worden, ihren Ambivalenzgefühlen auf den Grund zu gehen, statt dessen wurde ihr eine vorschnelle Lösung aufgedrängt. Der Berater hat in dieser Situation nicht wirklich zugehört und der Klientin keine Chance zur Selbstexploration gegeben. Anstatt von sich zu erzählen, mußte sie sich mit den Kommunikationssperren auseinandersetzen.
Es ist allerdings nicht grundsätzlich falsch, solche Kommunikationssperren einzusetzen; jede einzelne von ihnen kann zur rechten Zeit und am rechten Ort sinnvoll sein. Aktives Zuhören allerdings ist etwas anderes, wie man bei zahlreichen Autoren nachlesen kann (Rogers 1957; Truax und Carkhuff 1967; Gordon 1970; Ivey 1980; Egan 1982). Im Sinne des aktiven Zuhörens zu reagieren, bedeutet eine Einschätzung darüber abzugeben, was der Gesprächspartner ausdrücken wollte. Bevor eine Person zu sprechen beginnt, hat sie bereits eine ungefähre Vorstellung von dem, was sie mitteilen will. Häufig ist diese Mitteilung verschlüsselt oder unvollständig. Um sie zu entschlüsseln, muß man genau hinhören. Es gibt somit drei sensible Punkte, an denen die Kommunikation falsch bzw. mißverständlich laufen kann: Verschlüsseln, Hören und Entschlüsseln (Gordon 1970; Miller & Jackson 1985). Der aktive Zuhörer schließt aus dem, was er hört, auf einen Sinngehalt und stellt diese Annahme dem Klienten wieder zur Verfügung, und zwar nicht in Form einer Frage, sondern einer Feststellung.
Warum nicht einer Frage? Fragen schaffen eine Distanz zwischen dem Klienten und seinem Erleben. Sie müssen einen Schritt zurückgehen und sich fragen, ob Sie das zum Ausdruck Gebrachte wirklich fühlen oder fühlen sollten. Der Unterschied zwischen Fragen und Feststellungen ist subtil, und nicht jeder bemerkt ihn. Betrachten Sie einmal die folgenden zwei Antwortpaare und spüren Sie den Unterschied:

(1) Fühlen Sie sich unwohl? – Sie fühlen sich unwohl.
(2) Sind Sie ärgerlich auf Ihre Mutter? – Sie sind ärgerlich auf Ihre Mutter.

Der Unterschied ist nur eine Nuance: Bei einer Frage hebt sich die Stimme am Ende, bei einer Feststellung fällt sie leicht nach unten ab. Um aktiv zuzuhören, müssen Sie zuerst lernen, entsprechend zu denken. Das bedeutet vor allem, sich klar zu machen, daß die Bedeutung, die Sie einer Klientenäußerung geben, nicht unbedingt mit der des Klienten übereinstimmt. Die meisten Aussagen können verschiedene Bedeutungen haben. Emotional gefärbte Attribute wie „depressiv" oder „ängstlich" bedeuten für jeden Menschen etwas anderes. Was will z.B. ein Mensch ausdrücken, wenn er sagt: „Ich wäre gerne geselliger."? Hier einige mögliche Bedeutungen:

- Ich fühle mich einsam und hätte gern mehr Freunde.
- Ich werde ganz nervös, wenn ich mit Fremden reden muß.
- Ich sollte mehr Zeit darauf verwenden, Leute kennenzulernen.
- Ich wünschte, ich wäre beliebt.
- Wenn ich mit Leuten zusammen bin, fällt mir nichts ein.
- Ich werde nie zu Parties eingeladen.

Diese Vielfalt möglicher Bedeutungen gilt es, sich bewußt zu machen. Wenn Sie eine Mitteilung eines Klienten hören, überlegen Sie, was er gemeint haben könnte, und entscheiden sich dann für die Möglichkeit, die Sie für die wahrscheinlichste halten. Aktives Zuhören heißt dann, Ihr Verständnis der Mitteilung zu überprüfen, anstatt es von vornherein für das einzig richtige zu halten. Sie legen dem Klienten gewissermaßen Ihr Verständnis seiner Aussagen zur Prüfung vor. Im folgenden Gesprächsausschnitt zwischen einem Therapeuten und einem ambivalenten Problemtrinker ist jede Reaktion des Therapeuten eine Feststellung im Sinne aktiven Zuhörens:

Klient: Ich habe manchmal Angst, daß ich vielleicht mehr trinke, als gut für mich ist.

Therapeut: Sie haben in letzter Zeit ziemlich viel getrunken.

K: Ehrlich gesagt, ich fühle mich nicht wirklich so, als wäre es zu viel. Ich kann viel trinken, ohne etwas zu merken.

T: Mehr als die meisten anderen Menschen.

K: Ja. Ich trinke die meisten Leute unter den Tisch.

T: Und das beunruhigt sie.

K: Ja, das tut es, und auch wie ich mich fühle. Am Morgen danach bin ich gewöhnlich in schlechter Verfassung. Ich fühle mich zittrig und kann Gedanken nicht zu Ende denken.

T: Und das kommt Ihnen nicht richtig vor.

K: Nein, ich glaube nicht. Soviel habe ich nun auch wieder nicht darüber nachgedacht, aber ich glaube, daß es nicht gut für mich ist, die ganze Zeit „verkatert" zu sein, und manchmal habe ich sogar Schwierigkeiten, mich an Dinge zu erinnern.

T: Dinge, die sich während Ihres Trinkens ereignen.

K: Das auch. Manchmal habe ich für einige Stunden lang alles vergessen und völlige Leere in meinem Kopf.

T: Doch das ist es nicht, was Sie andeuteten, als Sie sagten, daß Sie Schwierigkeiten hätten, Dinge zu erinnern.

K: Nein. Selbst wenn ich nicht trinke, kommt es mir vor, als würde ich Dinge öfter vergessen und als könnte ich nicht klar denken.

T: Und Sie fragen sich, ob das mit Ihrem Trinkverhalten zusammenhängt.

K: Ich wüßte nicht, was es sonst sein könnte.

T: Sie haben das nicht immer schon gehabt.

K: Nein! Erst in den letzten Jahren ist es so. Vielleicht werde ich ja älter.

T: Es könnte also sein, daß es allen so geht, wenn sie erst einmal 45 Jahre geworden sind.

K: Nein, wahrscheinlich ist es doch mein Trinken. Ich kann auch nicht gut schlafen.

T: So kann es also sein, daß Sie sowohl Ihrer Gesundheit als auch Ihrem Schlaf und Gehirn Schaden zufügen, wenn Sie so viel trinken.

K: Also bitte, ich bin doch kein Säufer. Das war ich nie.

T: So schlimm sind Sie nicht. Und dennoch sind Sie in Sorge.

K: Ich weiß nicht, was Sie unter „besorgt" verstehen, aber ich denke mehr darüber nach.

T: Und Sie fragen sich, ob Sie etwas dagegen tun sollten, weshalb Sie ja auch hierher gekommen sind.

K: Ja, glaube ich.

T: Sie sind sich nicht sicher.

K: Ich bin mir nicht klar darüber, was ich unternehmen will.

T: Wenn ich Sie also bis hierhin richtig verstanden habe, denken Sie, daß Sie zu viel trinken und damit Ihrer Gesundheit schaden, aber nicht sicher sind, ob Sie das ändern möchten.

K: Das macht keinen Sinn, stimmt's?

T: Ich sehe, daß Sie sich an diesem Punkt vielleicht etwas verwirrt fühlen.

Der Therapeut hat in diesem Gespräch keine Kommunikationssperren aufgestellt, was sicherlich einfach gewesen wäre. Er hat es nicht getan, um dem Klienten Raum zur weiteren Selbstexploration zu geben und so die derzeitige Motivationslage zu ermitteln.
Aktiv zuhören kann sehr einfach sein. Manchmal genügt es, ein oder zwei Worte bloß zu wiederholen, um das Gespräch in Gang zu halten. Eine darüber hinausgehende Antwort wäre es, neue Worte für das vom Klienten Gesagte zu finden oder Hypothesen über unausgesprochene Bedeutungen zu formulieren. Es kann auch hilfreich sein, darauf einzugehen, wie der Klient sich wohl fühlen mag.
Eine solche Widerspiegelung ist kein passiver Prozeß. Der Berater entscheidet zu jedem Zeitpunkt, was er aufgreift und was er ignoriert, mit welchen Worten er das Gesagte umschreibt, was er hervorhebt und was er relativiert.
Wir empfehlen, dem aktiven Zuhören gerade in der Anfangsphase einer Beratung große Bedeutung beizumessen. Insbesondere sollten selbstmotivierende Aussagen in dieser Weise gespiegelt werden. Wenn Sie eine offene Frage gestellt haben, reagieren Sie auf die Antwort des Klienten im Sinne aktiven Zuhörens und vermeiden Sie zunächst weitere Fragen. Fragen zu stellen ist für Berater einfacher, als aktiv zuzuhören, man gerät dann allerdings auch leicht in die Frage-Antwort-Falle. Diese wiederum ist eher geeignet, Widerstand zu wecken, als selbstmotivierende Aussagen hervorzubringen.

(3) Bestätigen

Hilfreich kann es auch sein, den Klienten während des Beratungsprozesses zu loben und ihm Anerkennung und Verständnis entgegenzubringen. Aktiv zuzuhören kann für sich allein schon bestätigend wirken, doch ist es manchmal angebracht, deutlicher zu werden. Einige Beispiele:

T: Es muß hart für Sie gewesen sein, die Entscheidung zu treffen, hierher zu kommen. Respekt! Sie haben einen großen Schritt getan!

T: Ich finde es prima, daß Sie etwas bezüglich Ihres Problems tun wollen.

T: Das muß sehr schwer für Sie gewesen sein.

T: Mit Sicherheit sind Sie ein starker Mensch, wenn Sie es geschafft haben, mit diesem Problem so lange zu leben und dabei nicht ins Abseits zu rutschen.

T: Das ist ein guter Vorschlag.

T: Es muß für Sie schwer sein, tagtäglich ein Leben voller Streß zu bewältigen. Ich muß schon sagen, wenn ich an Ihrer Stelle wäre, würde ich das auch ganz schön schwierig finden. Und ich glaube, das ist auch der Grund, weswegen Sie hier sind – weil Sie diese Form von Streß nicht mehr länger ertragen wollen.

T: Mir kommt es so vor, als seien Sie eine wirklich energische und willensstarke Person. Sie mögen es, mit anderen Leuten Spaß zu haben und sie zum Lachen zu bringen. So gesehen, ist es hart, darüber nachzudenken, mit dem Trinken aufzuhören.

T: Sicherlich müssen Sie im Moment mit einer Vielzahl von Problemen fertig werden – mehr als andere Leute. Daß Sie sich manchmal so sehr nach einer Aufmunterung, nach einer Entlastung sehnen, kann ich gut verstehen.

(4) Zusammenfassen

Eine vierte Strategie, die in der Anfangsphase und im weiteren Verlauf motivierender Gesprächsführung anzuwenden ist, ist das Zusammenfassen. Wenn Sie z.B. dem Klienten dazu verholfen haben, Aussagen zu seiner Motivation zu machen, dann ist es sinnvoll, diese regelmäßig zusammenzufassen:

T: Wenn ich Sie soweit richtig verstanden habe, sind Sie beunruhigt wegen der Menge, die Sie im Vergleich zu anderen trinken, und wegen der vielen Zeit, die Sie darauf verwenden. Sie wissen nicht genau, was es bedeutet, soviel mehr als andere trinken zu können, ohne daß es Ihnen etwas ausmacht. Sie sind besorgt, daß das Trinken Ihr Gedächtnis schädigen könnte und daß es Ihren normalen Schlaf beeinträchtigt. Gibt es sonst noch etwas?

Solche Zusammenfassungen verstärken, was gesagt worden ist, zeigen, daß Sie sorgfältig zugehört haben, und ermuntern den Klienten fortzufahren. Zusammenfassungen sind besonders hilfreich, um Ambivalenzen deutlich zu machen. Sie ermöglichen einer Person, die positiven und negativen Seiten im selben Augenblick wahrzunehmen und zu vergleichen. Verknüpfende Redewendungen wie „einerseits ... andererseits" oder „Gleichzeitig ..." können dabei nützlich sein:

T: Es hört sich an, als wären Sie zwischen zwei Zuständen hin- und hergerissen. Einerseits sind Sie sehr beunruhigt, daß Sie durch Ihr Trinken Ihrer Familie zusetzen und daß Ihre Arbeit ebenfalls in Mitleidenschaft gezogen wird. Sie sind besonders darüber erstaunt, daß Ihnen zwei Freunde unabhängig voneinander in derselben Woche sagten, daß sie sich Sorgen machten wegen Ihres Trinkens. Gleichzeitig halten Sie sich nicht für einen Alkoholiker und haben festgestellt, daß Sie eine ganze Woche lang ohne Alkohol auskommen können, ohne dabei irgendeine Beeinträchtigung zu bemerken. Das alles muß Sie verwirren.

Bereits erhobene Befunde (Kap. 7) und andere Informationen (von Familienmitgliedern, vom Gericht etc.) können in eine Zusammenfassung mit aufgenommen werden. Wir betonen hier nochmals, daß Sie selbst entscheiden, was Sie in einer Zusammenfassung aufgreifen und was Sie besonders hervorheben wollen.
Bei einer ausführlichen Zusammenfassung (z.B. am Ende eines Erstgesprächs) können einige einleitende Bemerkungen sinnvoll sein. Hierzu ein Beispiel:

T: Unsere Stunde neigt sich dem Ende zu, und ich würde gern versuchen, das zusammenzufassen, was Sie bisher gesagt haben, so daß wir sehen können, wo wir stehen und wohin wir gehen. Lassen Sie es mich wissen, wenn ich irgend etwas Wichtiges vergessen haben sollte. Sie sind hierher gekommen, weil Ihr Ehemann sich Sorgen wegen Ihres Trinkens und des Marihuana-Rauchens macht. Hätte er Sie nicht dazu bewegt, wären Sie jetzt nicht hier erschienen, aber Sie sind sehr offen und das bewundere ich an Ihnen. Ich habe Sie nach Problemen in Ihrem Leben gefragt, die in Zusammenhang mit dem Alkohol- und Marihuana-Konsum stehen könnten, und Sie erwähnten einige. Sie fühlen sich ziemlich niedergeschlagen und müde, und, wie wir bereits besprochen haben, kann Alkohol dafür verantwortlich sein. Sie sagten, Sie hätten Konzentrationsprobleme und ein Gefühl völliger Antriebslosigkeit. Auch hier denken Sie völlig richtig, daß dies in Zusammenhang mit Ihrem Trinken und Rauchen stehen könnte, obgleich Sie meinen, daß dies nicht alles sei. Sie ärgern sich irgendwie über Ihren Gatten, der Sie hierher schickte, denn Sie glauben, daß er bei diesen Problemen auch eine Rolle spielt. Die Fragebögen, die Sie ausgefüllt haben, zeigen, daß Sie eine ausgeprägte Alkoholabhängigkeit entwickelt haben und in einem geringeren Umfang auch eine Abhängigkeit von Marihuana, die sich allerdings verstärken kann, wenn Sie nichts dagegen unternehmen. Als sie vor zwei Jahren inhaftiert wurden, lag Ihre Blutalkoholkonzentration über zwei Promille, obgleich Sie sich nicht betrunken fühlten. Wir sprachen drüber, daß diese Toleranzentwicklung einen Risikofaktor darstellt. Sie sind besorgt, daß Sie nicht die Mutter sind, die Sie gern wären, und führen dies teilweise auf Ihr Trinken und Rauchen zurück. Sie möchten nicht, daß Ihre Kinder auch Probleme mit Drogen bekommen. Ihr Arzt sagte Ihnen, daß Ihre Magenprobleme wahrscheinlich durchs Trinken verursacht, zumindest aber verschlimmert würden. Gleichzeitig finden Sie Alkohol und Marihuana gut, weil Sie beides zur Entspannung und zur Distanzierung von Streßsituationen in der Familie brauchen. Sie sind sich nicht sicher, ob Sie Ihr Leben ohne Trinken und ohne Rauchen in den Griff bekämen, und folglich wissen Sie nicht recht, was Sie tun sollen. Habe ich bis hierher alles richtig wiedergegeben? Habe ich vielleicht etwas vergessen?

Wichtig bei einer solchen Zusammenfassung ist, dem Klienten das Angebot zu machen, etwas zu korrigieren oder hinzuzufügen. Zu Beginn der zweiten Sitzung sollten Sie nochmals den bisherigen Stand der Dinge zusammenfassen, allerdings in einer etwas kürzeren Form. Ein Resümee dieser Art ist auch zum Zeitpunkt des Übergangs von der ersten zur zweiten Phase motivierender Gesprächsführung angebracht.

(5) Selbstmotivierende Aussagen hervorrufen

Die vier bereits erwähnten Strategien sind wichtig, doch sie allein würden die Ambivalenzen nicht auflösen können. In gewissem Sinne ist die motivierende Gesprächsführung das Gegenteil eines konfrontativen Vorgehens, bei dem der Therapeut darauf besteht, daß ein Problemverhalten vorliegt und verändert werden muß, während sich der Klient dagegen zur Wehr setzt. Wir glauben, daß ein solches Vorgehen oft schädlich ist, weil es den Klienten dazu zwingt, eine einseitige „Ich-habe-kein-Problem"-Haltung einzunehmen. Unser Ziel sollte es statt dessen sein, den Klienten zu ermutigen, die gegenteilige Position einzunehmen. Bei der motivierenden Gesprächsführung ist es der Klient selbst, der die Gründe für eine Verhaltensänderung formuliert. Die Aufgabe des Beraters ist es, dem Klienten die Entwicklung dieser selbstmotivierenden Aussagen zu erleichtern (Miller 1983).
Selbstmotivierende Aussagen lassen sich in vier allgemeine Kategorien unterteilen. Die erste ist das *Problembewußtsein*. (Hier neigen viele Berater dazu, auf Etikettierungen zu bestehen, obwohl dies bekanntermaßen ineffektiv ist.) Adäquate Äußerungen der Klienten sind hier z.B.:

- K: Ich denke, das Problem ist größer als ich dachte.
- K: Ich habe noch nie wirklich realisiert, wieviel ich eigentlich trinke.
- K: Das ist ernst!
- K: Wahrscheinlich bin ich ziemlich dumme Risiken eingegangen.
- K: Sieht so aus, als würde mich das Spielen auf Dauer kaputt machen.

Eine zweite Kategorie selbstmotivierender Aussagen ist der Ausdruck von *Besorgnis über Probleme*. Dies geschieht häufig nonverbal durch Gestik und Mimik. Sprachlich könnte sich das folgendermaßen anhören:

- K: Ich bin deswegen wirklich in Sorge.
- K: Wie konnte mir das nur passieren? Ich fasse es nicht!
- K: Ich fühle mich völlig hilflos.

Beim dritten Typ selbstmotivierender Äußerungen geht es um die direkte oder indirekte *Veränderungsabsicht*, die durch einen aktiven ersten

Schritt in Richtung Veränderung oder eine entsprechende Absichtserklärung zum Ausdruck gebracht wird:

- K: Ich glaube, es wird Zeit für mich, über das Aufhören nachzudenken.
- K: Ich muß in dieser Hinsicht was unternehmen.
- K: So will ich nicht sein. Was kann ich tun?
- K: Ich weiß noch nicht, wie ich es anstellen soll, aber ich muß was verändern.
- K: Wie kommen Menschen von einer solchen Angewohnheit los?

Schließlich können selbstmotivierende Aussagen *Zuversicht* im Hinblick auf Veränderung ausdrücken. Solche Aussagen zeigen das Vertrauen in die eigenen Kräfte, am Problem etwas zu ändern:

- K: Ich glaube, ich schaffe es.
- K: Jetzt, da ich mich entschieden habe, bin ich sicher, daß ich mich verändern kann.
- K: Ich bin dabei, mit diesem Problem fertig zu werden.

Diese vier Kategorien von Aussagen umfassen kognitive (Erkenntnis, Zuversicht), affektive bzw. emotionale (Sorge) und verhaltensbezogene (Veränderungsabsicht) Dimensionen eines Veränderungsprozesses. Aus unserer Sicht bedeutet jede Aussage dieser Art einen kleinen Ausschlag der Waage in Richtung Veränderung.
Einige Menschen kommen bereits mit solchen Sätzen auf den Lippen zum Therapeuten und brauchen nur noch etwas Hilfe bei der Verstärkung ihrer Vorsätze und deren Umsetzung. Wie kann man aber solche Aussagen bei eher ambivalenten Klienten herbeiführen? Die Antwort darauf ist eines der Schlüsselelemente motivierender Gesprächsführung.

Auffordernde Fragen
Eine direkte Methode ist es, den Klienten einfach nach selbstmotivierenden Aussagen zu fragen: Offene Fragen können zur Exploration der Wahrnehmungen und Sorgen des Klienten genutzt werden. Fragen Sie ihn nicht, ob er sich Sorgen macht (z.B.: „Denken Sie, daß Sie ein Drogenproblem haben?“). Gehen Sie vielmehr davon aus, daß Ihr Gegenüber ambivalent ist und sich Sorgen macht. In Tabelle 6 finden Sie einige offene Fragen, die selbstmotivierende Aussagen hervorrufen sollen.

Tabelle 6: Fragen zur Förderung selbstmotivierender Aussagen

(1) Problembewußtsein

T: Was daran bringt Sie auf den Gedanken, daß es sich um ein Problem handelt?

T: Welche Schwierigkeiten haben Sie wegen des Drogengebrauchs bekommen?

T: In welcher Hinsicht meinen Sie, haben Sie oder andere Personen durch Ihr Trinken Schaden genommen?

T: Inwiefern war das ein Problem für Sie?

T: Wie hat der Gebrauch von Tranquilizern Sie dazu gebracht, nicht mehr das zu tun, was Sie wollten?

(2) Besorgnis

T: Inwiefern ist Ihr Trinken für Sie selbst oder andere Menschen Anlaß zur Sorge?

T: Was beängstigt Sie an Ihrem Drogengebrauch?

T: Was stellen Sie sich vor, könnte mit Ihnen geschehen?

T: Was finden Sie beim Spielen erregend?

T: Wie sehr versetzt Sie das in Sorge?

T: Auf welche Weise beunruhigt Sie das?

T: Was glauben Sie, wird geschehen, wenn Sie nichts verändern?

(3) Veränderungsabsicht

T: Die Tatsache, daß Sie hier sind, zeigt, daß zumindest ein Teil von Ihnen glaubt, nun sei es an der Zeit, etwas zu unternehmen. Welche Gründe sprechen dafür, sich zu verändern?

T: Was veranlaßt Sie zu der Annahme, daß Sie sich verändern müssen?

T: Angenommen, Sie wären zu hundert Prozent erfolgreich, und alles würde genauso laufen, wie Sie es sich wünschen, was wäre der Unterschied zur augenblicklichen Situation?

T: Was spricht dafür, in Zukunft weiter zu trinken wie bisher? Und was ist mit der anderen Seite: Was spricht dafür, etwas zu verändern?

T: Wie denken Sie im Moment über Ihr Spielverhalten?

T: Welche Vorteile würde eine Veränderung bringen?

T: Ich habe den Eindruck, daß Sie sich im Moment festgefahren fühlen. Was müßte sich denn ändern?

(4) Zuversicht

T: Was läßt Sie glauben, daß Sie es schaffen, wenn Sie sich zu einer Entscheidung durchringen?

T: Was gibt Ihnen die Kraft zu glauben, daß Sie sich verändern könnten, wenn Sie es wollten?

T: Was würde Ihres Erachtens für Sie arbeiten, wenn Sie sich verändern würden?

Macht ein Klient – wenn auch zaghaft – eine solche Aussage, so verstärken Sie diese sowohl nonverbal (z.B. durch Kopfnicken) als auch verbal durch aktives Zuhören oder eine Bestätigung (z.B.: „Ich kann mir vorstellen, wie Sie das belasten muß“, oder: „Das muß schwer für Sie sein!“). Ob ein Klient mit seinen selbstmotivierenden Aussagen fortfährt und Ambivalenzen bzw. Diskrepanzen offen macht, hängt weitgehend davon ab, wie Sie reagieren. Es ist wichtig, in einer Weise zu antworten, die Akzeptanz zum Ausdruck bringt, die der Offenheit des Klienten Respekt zollt und zur weiteren Exploration anregt. Ihre Reaktionen sollten ermutigend sein und nicht den Eindruck erwecken, daß Sie Beweismaterial sammeln, um es irgendwann gegen den Klienten zu verwenden. Ist der Prozeß der Selbstexploration erst einmal in Gang gekommen, sollten Sie ihn aktiv weiter vorantreiben. Im allgemeinen empfiehlt sich hier die „Was-sonst?“-Form:

T: Was haben Sie sonst noch bemerkt, was hat Sie erstaunt?

T: Welche Sorgen hatten Sie sonst noch?

T: Welche anderen Gründe gibt es noch, wegen derer sich vielleicht eine Veränderung lohnen könnte?

T: Was hat man Ihnen sonst noch gesagt?

T: Warum glauben Sie noch, daß sie es schaffen könnten?

T: Welche Probleme hatten Sie sonst noch?

T: Was beängstigt Sie sonst noch an Ihrem Trinkverhalten?

Regelmäßige Zusammenfassungen der selbstmotivierenden Aussagen helfen, den Prozeß zu strukturieren.

Die Entscheidungs-Waage

Wie bereits erwähnt, kann es sinnvoll sein, mit den Klienten sowohl die positiven als auch die negativen Aspekte des aktuellen Verhaltens zu besprechen. Man kann sie z.B. offen fragen, was sie an ihrem Alkohol- oder Drogenkonsum mögen, bevor man auf die negativen Konsequenzen zu sprechen kommt. Das hat den Vorteil, daß die Klienten ins Erzählen kommen und sich wohl fühlen und sich dabei gleichzeitig über beide Seiten der Ambivalenz bewußter werden. Der Einsatz einer Vorteil-Nachteil-Matrix (s. Tab. 2, S. 55) kann helfen, das Gesamtbild positiver und negativer Aspekte zu veranschaulichen.

Ausführliche Darstellung

Sobald ein motivierendes Thema angesprochen ist, sollten Sie den Klienten um genauere Ausführungen bitten. Das hilft, die Bedeutung dieses Aspektes zu verstärken und weitere selbstmotivierende Aussagen hervorzurufen. Eine gute Methode ist es, nach konkreten Beispielen zu fragen und um Aufklärung zu bitten, warum (wie sehr, in welcher Hinsicht) ein bestimmtes Phänomen besorgniserregend ist:

K: In einer Sache sehe ich ein Problem, nämlich beim Geld.

T: In welcher Hinsicht bedeutet das für Sie ein Problem?

K: Weil ich eine Menge Geld für Drogen ausgegeben und meine Schulden nicht beglichen habe.

T: Nennen Sie mir bitte ein Beispiel.

K: Noch in der letzten Woche habe ich ungefähr 600,-- DM durchgebracht. Und es hört nicht auf.

T: Und es summiert sich. Wofür geben Sie außerdem Geld aus?

K: Ich mache dumme Sachen, wenn ich „high" bin.

T: Zum Beispiel?

K: Ich habe einem Typen, den ich getroffen habe, 500,-- DM geliehen. Das Geld sehe ich niemals mehr wieder. Und ich kaufe Dinge, die ich nicht brauche.

T: Das wären ...

K: Eine Uhr. Einmal habe ich mir diese wirklich gute Uhr gekauft. Wenigstens glaubte ich, daß sie gut sei. Ich habe viel dafür ausgegeben.

T: Wie sehr besorgt Sie das Thema Geld?

K: Es wird allmählich zum großen Problem. Es sind schon Leute an meine Tür gekommen, haben mich angerufen oder mir Drohbriefe geschickt. Ich muß etwas unternehmen.

T: Und es klingt so, als würden Sie meinen, daß ihr Drogenkonsum einen Teil Ihrer Geldsorgen ausmacht.

K: Einen großen Teil sogar. Ja.

In der Anfangsphase motivierender Gesprächsführung kann es sinnvoll sein, sich einen typischen Tag bzw. einen Ausschnitt aus einem solchen sorgfältig anzuschauen. Detaillierte Fragen nach Verhalten und Stimmungsänderungen können die positiven und negativen Aspekte des Alkohol- oder Drogenkonsums deutlich machen.

Extreme benutzen
Sinnvoll ist es auch, Klienten nach ihrer größten Sorge zu fragen oder sie aufzufordern, sich die unangenehmsten Konsequenzen vorzustellen. Fragen dieser Art könnten lauten:

- T: Was beunruhigt Sie am meisten?
- T: Was wäre das Schlimmste, das passieren könnte, wenn Sie nichts veränderten?

Zurückschauen
Manchmal ist es nützlich, an die Zeit vor dem Auftreten des Problems zu erinnern und diese dann mit der gegenwärtigen Situation zu vergleichen:

- T: Können Sie sich an eine Zeit erinnern, in der für Sie alles gut lief? Was hat sich seitdem verändert?
- T: Wie ging es zu, bevor Sie so stark anfingen zu trinken? Was waren Sie damals für einer?
- T: Erzählen Sie mir darüber, wie Sie beide sich kennengelernt haben, was fanden Sie damals aneinander so anziehend. Wie war das?
- T: Welchen Unterschied gibt es zwischen der Helga von vor 10 Jahren und der Helga von heute?
- T: Wie hat der Drogenkonsum Sie darin gehindert, sich weiterzuentwickeln?

Wenn man auf den früheren Substanzkonsum zurückschaut, dann fällt häufig auf, daß mit der Zeit die Toleranz gegenüber der Substanz erheblich zugenommen hat. Diese Erkenntnis kann einen bedeutenden Motivationsfaktor darstellen, wenn es dem Berater gelingt, dem Klienten das Phänomen der Toleranzsteigerung als ein Gefahrensignal begreiflich zu machen (vgl. Kap. 8).

Nach vorn blicken
Eine andere Methode, um selbstmotivierende Aussagen hervorzurufen, besteht darin, den Klienten zu bitten, sich eine bessere Zukunft vorzustellen:

- T: Wenn Sie sich tatsächlich dazu entschließen sollten, sich zu verändern, welche Hoffnungen verbinden Sie damit für die Zukunft?
- T: Welche Dinge würden Sie gern zu ihren Gunsten verändert wissen?
- T: Ich merke, daß Sie im Moment sehr enttäuscht sind. Was hätten Sie gern anders?
- T: Welche Möglichkeiten sehen Sie im Moment? Was könnten Sie tun?
- T: Was käme im günstigsten Fall für Sie dabei heraus, wenn Sie sich veränderten?

Ziele herausfinden
Eine weitere Methode besteht darin, den Klienten zu bitten, von den bedeutendsten Dingen in seinem Leben zu berichten (dies kann sich mit dem gerade beschriebenen „Blick nach vorne" überschneiden). Welche Werte oder Ziele bedeuten der Person am meisten? Rokeach (1973) hat ein einfaches Vorgehen zur Beurteilung persönlicher Wertvorstellungen beschrieben. Ein Satz von Karteikarten beschreibt mögliche Werte, die vom Klienten in ihrer Bedeutung gewichtet und entsprechend angeordnet werden. Aus der Sicht motivierender Gesprächsführung dient diese Exploration dem Zweck, Widersprüche bzw. Ungereimtheiten zwischen dem derzeitigen Problemverhalten und den Wertvorstellungen und Zielen des Klienten aufzudecken. Wenn die zentralen Werte und Ziele definiert sind, können Sie den Klienten fragen, in welchem Bezug seine Probleme (z.B. Trinken) dazu stehen. Im Falle eines Alkoholikers könnte der Karteikartensatz auch eine Karte mit der Beschriftung „Trinken" enthalten – eine Strategie, die eine fruchtbare Diskussion mit dem Klienten auslösen könnte. Im wesentlichen geht es hier darum, Diskrepanzen zwischen wichtigen Zielen und gegenwärtigem Verhalten zu entdecken und auszubauen.

Paradox intervenieren
Ein geschickter Therapeut kann manchmal durch den Gebrauch einer paradoxen Intervention den Klienten zu selbstmotivierenden Aussagen anregen. Unter „paradoxen Interventionen" kann eine Vielzahl therapeutischer Techniken verstanden werden; in diesem Zusammenhang meinen wir damit, daß der Berater sich auf subtile Weise auf die „Ich-habe-kein-Problem"-Seite des Klientenkonfliktes stellt. Auf diese Weise hofft der Therapeut, beim Klienten Widerspruch zu wecken: Problembewußtsein, Ausdruck von Besorgnis, Änderungsabsicht und Zuversicht. Einige beispielhafte Formulierungen:

T: Sie kommen schon eine ganze Zeit hierher, um mit mir darüber zu reden, aber Sie haben mich noch nicht davon überzeugt, daß Sie sich wirklich Sorgen machen. Ist das wirklich alles?

T: Lassen Sie mich Ihnen sagen, was mich nachdenklich stimmt. Ein Programm wie dieses erfordert eine Menge Motivation und Anstrengung. Wir möchten wirklich mit niemandem anfangen zu arbeiten, der sich nicht sicher ist, daß er sich ändern muß, und offengestanden bin ich mir bei Ihnen nicht sicher. Wenn ich Ihnen zuhöre, bin ich nicht überzeugt, daß Sie genügend motiviert sind.

T: Ich bin mir nicht sicher, ob Sie wirklich glauben, daß Sie etwas ändern könnten, selbst wenn Sie es wollten.

An der Reaktion läßt sich schnell feststellen, ob diese Strategie greift: Löst sie beim Klienten selbstmotivierende Äußerungen aus, hat es „funktioniert". Seien Sie jedoch vorsichtig – paradoxe Interventionen können auch „nach hinten losgehen".
Bei bestimmten Klienten kann es heilsam und gewinnbringend sein, die paradoxe Intervention sehr direkt und offen einzusetzen:

T: Ich finde es wichtig, sich über die wesentlichen Gründe für eine Veränderung klar zu werden. Sie haben zuletzt über einige Gründe gesprochen, wegen derer Sie noch zögern, sich zu verändern, und jetzt habe ich eine Idee. Ich würde gern mit Ihnen eine kleine Debatte führen. Ich möchte die Position einnehmen, nach der Sie kein wirkliches Problem haben und sich nicht verändern, und ich möchte von Ihnen, daß Sie Ihr Bestes tun, mich vom Gegenteil zu überzeugen. Verstehen Sie? Ich bin jetzt Sie, und Ihre Aufgabe ist es, mich davon zu überzeugen, daß es sich an dieser Stelle wirklich um ein Problem handelt, das ich endlich anerkennen und angehen sollte. Okay?

Manchmal müssen Klienten besonders dazu ermutigt werden, sich auf diese Art von Rollenspiel einzulassen. Lassen Sie den Klienten in „Sie-Form" sprechen, während Sie die „Ich-Form" benutzen, und bringen Sie frühere „Ich-habe-kein-Problem"-Argumente des Klienten mit ein:

Therapeut (in der Rolle): Ich kann im Moment nicht verstehen, worin Sie hier ein Problem sehen. Ich trinke genauso viel wie meine Freunde.

Klient: Ich bin sicher, daß Sie mehr als viele Ihrer Freunde trinken, und außerdem sind viele Ihrer Freunde selbst starke Trinker.

T: Aber das heißt nicht, daß wir ein Problem haben. Ich meine, worin liegt denn der Schaden, mal einen zu heben?

K: Es geht nicht um dieses eine Bier, das schädlich ist, sondern darum, daß Sie der Letzte sind, der die Party verläßt. (Geht aus der Rolle:) Mach ich es so richtig?

T: (Außerhalb der Rolle:) Das machen Sie großartig. Doch schonen Sie mich nicht. Lassen Sie mir nichts durchgehen, okay?

K: Okay.

T: (Wieder in der Rolle:) Ach, damit komme ich zurecht. Ich kann die ganze Nacht durch trinken, ohne betrunken zu sein.

K: Und am nächsten Morgen ...?

Nach gewisser Zeit gibt der Therapeut nach, er läßt sich vom Klienten davon „überzeugen", daß es Gründe zur Besorgnis gibt. Diese Technik eignet sich nicht bei jedem Klienten, aber sie kann eine ansprechende und sogar amüsante Möglichkeit sein, Ambivalenzen sichtbar zu ma-

chen und sich mit ihnen zu beschäftigen. Gleichzeitig provoziert sie den Klienten zu vielen selbstmotivierenden Äußerungen, da er die Notwendigkeit, sich zu verändern, verteidigen muß.
Selbstmotivierende Äußerungen hervorzurufen, ist eine wichtige Strategie, um Diskrepanzen zu entwickeln. Das Bewußtsein einer Diskrepanz zwischen den eigenen Zielen und der gegenwärtigen Handlungsweise wächst, wenn man sich selbst in einer Weise reden hört, die das Gegenteil der früheren Überzeugung ausdrückt. Je größer diese Diskrepanz ist, desto größer ist die Motivation zur Veränderung.
Strategien für die Anfangsphase (Phase I) motivierender Gesprächsführung konzentrieren sich auf die Entwicklung von Diskrepanzen. Doch auch während der weiteren Behandlung spielen Entwicklung und Ausbau von Diskrepanzen eine wichtige Rolle. Ambivalenz verschwindet in der Regel nicht, sondern wird allenfalls geringer. Selbstmotivierende Aussagen hervorzurufen, kann als fortlaufende Erinnerung daran verstanden werden, daß es gute Gründe gibt, einen einmal begonnenen Veränderungsprozeß fortzuführen.

Kontaktaufnahme zwischen den Sitzungen

Das Risiko eines Behandlungsabbruches durch den Klienten ist nach der ersten Sitzung am höchsten. In manchen Studien lag die Abbruch-Rate über 50 Prozent. Die beschriebenen Strategien können hilfreich sein, diese Rate zu reduzieren, aber am meisten hat sich die Kontaktaufnahme des Beraters mit dem Klienten vor der nächsten Sitzung bewährt. In einer Studie von Koumans u.a. (1967) wurden Alkoholiker nach einem Erstkontakt mit einer psychiatrischen Klinik in zwei Gruppen aufgeteilt: 50 Probanden erhielten die übliche Beratung und bekamen einen Termin für das nächste Gespräch, während die anderen 50 darüber hinaus vor dem zweiten Gespräch einen Telefonanruf erhielten. Zur nächsten Sitzung erschienen aus der ersten Gruppe 8% und aus der zweiten 52%. Das heißt, daß ein einziger weiterer Kontakt die Behandlungsbindung um mehr als das Sechsfache erhöht hatte.
In einer anderen Studie (Koumans & Muller 1965) erhielten 50 Alkoholiker nach der Erstuntersuchung einen persönlichen Brief, der Sorge um das Wohlbefinden ausdrückte und das Angebot weiterer Unterstützung enthielt. Diese 50 Personen wurden mit 50 weiteren verglichen, die keinen solchen Brief erhalten hatten. Die Quote der Rückkehrer betrug 50% in der ersten Gruppe gegenüber 31% in der zweiten.
Studien von Nirenberg u.a. (1980), Panepinto & Higgins (1969) und Intagliata (1976) belegen ähnliche Effekte. Einfache Bekundungen von

Fürsorge und Interesse haben häufig großen Einfluß auf die „Motivation“ eines Klienten, eine Behandlung fortzusetzen bzw. wieder aufzunehmen (Wedel 1965).

7. Diagnostische Befunde nutzen

Die meisten Behandlungsprogramme schließen irgendeine Form von Diagnostik vor der Einleitung einer Therapie ein. Dabei geht es
(1) um eine Eingrenzung von Problemen,
(2) um eine formelle Diagnose,
(3) um die Feststellung der Therapiefähigkeit und -bereitschaft,
(4) um ein umfassendes Verständnis des Klienten und
(5) um die Entscheidung, welche Behandlungsform gegebenenfalls geeignet ist (Jacobson 1989a).

Eine sorgfältige Diagnostik sollte dazu dienen, optimale Ziele und Strategien für die Behandlung zu bestimmen (Glaser u.a. 1984; Gottheil u.a. 1981; Miller 1989 b; Miller & Hester 1986 b).
Ein oft übersehenes Potential diagnostischer Erhebungen besteht in der Verwendung von Untersuchungsbefunden als Teil motivierender Beratung. Wenn man den Klienten gründlich über die Untersuchungsbefunde informiert, kann ihm das bei der Entwicklung der Motivation helfen und seine Veränderungsabsichten stärken. In diesem Kapitel wird dargestellt,
(1) wie Klienten für eine solche Bestandsaufnahme vorbereitet,
(2) welche Dimensionen bei einer umfassenden Diagnostik berücksichtigt werden sollten,
(3) wie Motivation beurteilt werden kann und
(4) wie Sie Ihre Befunde in einer motivierenden Weise übermitteln können.

Befunde darstellen

Negativ betrachtet, ist eine Diagnostik für Behandelnde und Klienten eine lästige Anhäufung von Hindernissen, die überwunden werden müssen, bevor die Behandlung beginnen kann. Eine solche Betrachtungsweise sieht in der Diagnostik keinen Nutzen für die weitere Behandlungsplanung – eine traurige Einstellung, insbesondere wenn wir berücksichtigen, wie häufig wir darin versagen, Behandlungen auf die individuellen Probleme unserer Klienten auszurichten (Orford & Hawker 1974). Befunderhebung und -beurteilung erfolgen dann, sowohl von seiten des Behandelnden wie auch von seiten des Klienten, widerwillig und nicht besonders ernsthaft, eher im Bestreben, sie so schnell wie möglich hinter sich zu bringen.

Wir empfehlen eine völlig andere Einstellung zur Befunderhebung und -vermittlung. Wir gehen davon aus, daß Sie ohne sorgfältige Diagnostik nicht genügend Informationen über Ihre Klienten haben. Falls Sie überzeugt sind, eine Behandlung auch ohne Berücksichtigung diagnostischer Befunde durchführen zu können, dann bitten wir Sie, folgendes zu bedenken: Eine solche Auffassung impliziert entweder die Vorstellung, eine Behandlungsform passe auf alle Klienten und/oder die persönliche Intuition des Behandelnden sei hinreichend. Wir sind dagegen der Auffassung, daß eine sorgfältige Diagnostik für eine individuelle Therapieplanung unabdingbar ist.

Darstellung und Problematisierung der Befunde sollten in einer motivierenden Weise erfolgen. Zu einem Klienten ohne Problembewußtsein können Sie sagen: „Vielleicht haben Sie recht, aber ohne zusätzliche Informationen kann ich es nicht beurteilen. Lassen Sie uns eine sorgfältige Diagnostik vornehmen und schauen, was wir finden." Haben Sie es mit einer Person zu tun, der ihre Probleme sehr wohl bewußt sind und die von der Notwendigkeit einer unverzüglichen Behandlung überzeugt ist, können Sie sagen: „Es freut mich, daß Sie Ihre Probleme erkannt haben und daran arbeiten wollen. Lassen Sie uns mit einer gründlichen Diagnostik beginnen, so daß wir wissen, mit welchen Problemen wir es genau zu tun haben und wo wir am besten ansetzen. Sonst geht es uns wie einem Chirurgen, der mit verbundenen Augen operiert." Unabhängig davon, wie motiviert der Klient ist, dient die Diagnostik der Beschaffung wichtiger Zusatzinformationen. In jedem Fall sollten die Befunde mit dem Klienten besprochen werden.

Eine praktische Frage betrifft den richtigen Zeitpunkt der Diagnostik. Einige Programme sehen diagnostische Untersuchungen bereits vor dem ersten Therapeutenkontakt vor. Das birgt einige Nachteile. Die Wichtigkeit der Diagnostik wird dem Klienten möglicherweise nicht bewußt, er nimmt sie nicht ernst genug oder versucht, sich zu rechtfertigen. Die Diagnostik wird zu einem Hemmnis und provoziert möglicherweise sogar den Abbruch. Außerdem schafft dieses Vorgehen eine eher unpersönliche Atmosphäre. Es besteht darüber hinaus keine Gelegenheit, einen spezifischen diagnostischen Bedarf oder die Notwendigkeit einer Krisenintervention einzuschätzen.

Deshalb empfehlen wir, daß am Beginn einer Behandlung ein motivierendes Gespräch unter Berücksichtigung der in Kapitel 6 beschriebenen Richtlinien stehen sollte. Das schafft eine persönlich geprägte Arbeitsbeziehung und dient als gute Voraussetzung, um den Klienten einer ausführlichen Diagnostik zu unterziehen. Informationen zur Abwicklung der Behandlungsformalitäten können in Form von kurzen Fragebögen vor der ersten Sitzung oder auch an deren Ende eingeholt werden.

Dimensionen der Diagnostik

Es stehen viele klinische Verfahren und Instrumente zur Diagnostik von Alkohol- oder Drogenmißbrauch zur Verfügung. Diese wurden an anderer Stelle beschrieben (Donavan & Marlatt 1988; Jacobson 1989a, 1989b; Lettieri, Nelson & Sayers 1985; Lettieri, Sayers & Nelson 1985; Sobell u.a. 1980).[1] Im vorliegenden Kontext möchten wir acht Bereiche aufführen, die Gegenstand einer umfassenden Diagnostik sein sollten. Dabei sind wir uns darüber im Klaren, daß es in der Praxis nicht immer möglich ist, alle Bereiche gleichermaßen zu berücksichtigen.

(1) Alkohol-/Drogengebrauch

Die am ehesten einleuchtende Dimension ist der Alkohol- bzw. Drogenkonsum des Klienten. Dies beinhaltet zunächst, *welche* Substanzen regelmäßig konsumiert werden (einschließlich legaler Drogen wie Tabak, Koffein und Medikamente). Detailliertere Instrumente können eingesetzt werden, um Menge und Häufigkeit des Konsums festzustellen (z.B. Miller & Marlatt 1984; Sobell u.a. 1980). Es kann auch sinnvoll sein, daß der Klient eine Zeit lang vor und während der Behandlung Selbstbeobachtungsbögen zur Dokumentation seines Substanzkonsums ausfüllt (z.B. Miller & Muñoz 1982; Wilkinson & Le Breton 1986).[2]

(2) Probleme in anderen Lebensbereichen

Eine zweite wichtige Dimension bezieht sich allgemein auf problematische Entwicklungen im Leben eines Menschen, unabhängig davon, ob sie mit dem Alkohol- oder Drogenkonsum in Verbindung stehen. Dies schließt natürlich die Erfassung möglicher negativer Konsequenzen des Alkohol-/Drogenkonsums ein, wie sie in bekannten Screeningtests, z.B. dem Michigan Alkoholism Screening Test (MAST: Selzer 1971) und dem CAGE (Mayfield u.a. 1974) erfragt werden.[3] Es kann allerdings sinnvoll sein, die allgemeinen Lebensprobleme gründ-

---

[1] Vgl. dazu die deutschsprachige Veröffentlichung: Wetterling/Veltrup/Junghanns 1997 (Anm. d. Hrsg.).

[2] Vgl. dazu in deutscher Sprache z.B. das „Trinktagebuch" in Petry 1997 (Anm. d. Hrsg.).

licher zu erfassen, um den möglichen Einfluß äußerer Faktoren auf Behandlung und Genesung einschätzen zu können (Miller & Marlatt 1984).

(3) Das Abhängigkeitssyndrom

Nach dem zeitgenössischen Diagnoseverständnis verbindet man mit dem Begriff „Abhängigkeitssyndrom" den regelmäßigen Konsum bestimmter Substanzen (American Psychiatric Association 1987; World Health Organization 1982). Zu den allgemein anerkannten diagnostischen Kriterien (Edwards & Gross 1976)[4] gehören
(1) größere Vorhersagemöglichkeit des Konsums,
(2) Vorrang des Konsums vor anderen Interessen,
(3) Toleranzsteigerung,
(4) wiederholte Entzugssymptome,
(5) Substanzgebrauch zur Erleichterung oder Vermeidung von Entzugssymptomen,
(6) ein Gefühl von Zwang oder heftigem Verlangen nach der Substanz und
(7) eine rasche Suchtentwicklung, wenn die Person nach einer Abstinenzzeit den Konsum wieder aufnimmt.

Der Schweregrad der Abhängigkeit wird als wichtiger Vorhersagefaktor für den Behandlungsverlauf angesehen und kann auf unterschiedliche Weise gemessen werden (Jacobson 1989 a).[5]

(4) Funktionale Analyse

Die bisher genannten Dimensionen fragen primär „Wieviel?" und „Mit welchen Komplikationen?". Eine weitere wichtige Frage lautet „Warum?". Im Hinblick auf die Motivation geht es hierbei um die positiven Anreize, die zur Aufrechterhaltung des gegenwärtigen Verhaltensmusters dienen. Der Terminus „funktionale Analyse" bezieht sich auf die Untersuchung der Beziehungen zwischen einem Verhalten und der Umwelt

---

[3] Neuere Instrumente: (1) AUDIT (Alcohol Use Disorders Identification Test; nachzulesen in Wetterling/Veltrup/Junghanns 1997 (2) LAST (Lübecker Alkoholmißbrauch und –abhängigkeit Screening Test; in: Rumpf/Hapke/Hill/John 1997 (Anm. d. Hrsg.).
[4] Vgl. in deutscher Sprache: Edwards 1986 (Anm. d. Hrsg.).
[5] Für den Bereich Alkohol liegt in deutscher Sprache die Lübecker Alkoholabhängigkeitsskala (LAS) vor (John/Veltrup/Schnofl u. a. 1992) (Anm. d. Hrsg.)

bzw. dem Milieu. In einer funktionalen Analyse werden erstens die besonderen Stimuli bzw. Situationen bestimmt, die einem Verhalten vorausgehen, und zweitens die Ereignisse, die dem Verhalten normalerweise folgen (Konsequenzen). So konsumiert jemand möglicherweise Alkohol oder andere Drogen vor allem in besonderen Situationen (z.B. bei Schlafstörungen oder Ängsten), in der Hoffnung, dadurch eine bestimmte Wirkung zu erzielen (einzuschlafen, zu entspannen). Eine funktionale Analyse ermittelt solche Auslöser und Konsequenzen, um die individuelle Bedeutung eines Verhaltens einschätzen zu können (Miller & Muñoz 1982). Funktionale Analysen sind zum Verständnis von Konsum- und Änderungsmotivation wichtig. Einige der weiter unten genannten Untersuchungsmethoden sind für eine solche Analyse geeignet. In diesem Zusammenhang ist auch das Konzept der „psychischen Abhängigkeit" zu nennen, das sich darauf bezieht, wie sehr eine Person auf Substanzen angewiesen ist, um Aufgaben zu bewältigen (Miller & Pechacek 1987). Wenn Sie eine Person ermutigen wollen, den Substanzkonsum zu beenden, ist es zum einen wichtig, diese Fragen zu verstehen und anzusprechen, und zum anderen sicher zu stellen, daß der Betreffende Alternativen zur Verfügung hat, um ohne die Substanz seinen Alltag zu bewältigen (Annis & Davis 1989; Marlatt & Gordon 1985). Fehlen Alternativen, steigt das Risiko eines Rückfalls.

(5) Biomedizinische Effekte

Alkohol- und anderer Drogenmißbrauch kann selbstverständlich ungünstige Auswirkungen auf die physische Gesundheit haben. Medizinischen Untersuchungen kommt daher eine große Bedeutung bei der Diagnostik zu (Bluntersuchungen, allgemeine körperliche Untersuchungen, Blutdruckmessung). Der Umfang solcher Untersuchungen ist bestimmt durch Kostenüberlegungen auf der einen Seite und typische medizinische Komplikationen der in Frage kommenden Population auf der anderen.

(6) Ncuropsychologischc Effcktc

Alkoholmißbrauch führt oft zu einer Schädigung des Gehirns, die offensichtlich früher beginnt und häufiger auftritt als die klinische Schädigung anderer Organsysteme (Miller & Saucedo 1983; Parsons u.a. 1987; Wilkinson 1979). Eine vollständige neuropsychologische Untersuchung ist kosten- und zeitintensiv, doch können auch weniger aufwendige Methoden eingesetzt werden, um kognitive Beeinträchtigungen zu erfassen. Die Rückmeldung auffälliger Befunde kann zu einem wirkungsvollen motivierenden Verstärker werden, da derartige Informationen für den Patienten in der Regel neu und im Alltag nicht verfügbar sind (Miller & Sovereign 1989; Miller u.a. 1988). Gedächtnisfunktionen sollten bei Menschen mit Alkoholproblemen immer geprüft werden. Neuropsychologische Beeinträchtigungen bei Alkoholabhängigen gehen häufig unter Abstinenz während des ersten Monats zurück. Wegen der Auswirkungen der akuten Intoxikation und des Entzuges ist es einerseits ratsam, die Diagnostik nicht zu früh anzusetzen. Andererseits kann eine verspätete neuropsychologische Untersuchung die charakteristische Beeinträchtigung während einer Trinkphase unterschätzen.

(7) Familienanamnese

Das Risiko, ein Alkoholproblem zu entwickeln, scheint auch durch genetische Faktoren beeinflußt zu werden, weshalb man immer nach Familienangehörigen mit Suchterkrankungen fragen sollte (Miller & Marlatt 1984; Schuckit 1984). Auch andere Erkrankungen wie z.B. affektive Störungen, Persönlichkeits- und Wahrnehmungsstörungen sollten in der Familienanamnese erfragt werden (z.B. Tarter u.a. 1977; Winokur u.a. 1970).

(8) Andere psychologische Probleme

Alkohol- und anderer Drogenmißbrauch gehen häufig mit zusätzlichen psychologischen Problemen einher. Einige dieser Probleme stehen in direktem Zusammenhang zum Substanzkonsum und verschwinden bzw. gehen zurück, wenn die Grunderkrankung behandelt ist. Andere jedoch bleiben selbst nach langen abstinenten Zeiträumen bestehen. Depressionen, Angststörungen, Psychosen, Suizide, dissoziale Persönlichkeitsstörungen, Partnerschaftsprobleme, sexuelle Probleme sowie soziale Kompetenzdefizite sind bei Alkohol- und Drogenabhängigen häufiger als in der Durchschnittsbevölkerung. Man sollte deshalb aktiv nach ihnen fragen. Diese Störungen verschlimmern sich in der Regel durch Alkohol- oder Drogenkonsum und lösen sich während des Genesungsprozesses oft auf. Es ist deshalb empfehlenswert, die entsprechende Diagnostik erst dann durchzuführen, wenn die betreffende Person wenigstens einen Monat abstinent ist.

Umfassende Diagnostik

Die acht beschriebenen Problembereiche bedeuten eine große Herausforderung für den Berater. Jeder Bereich ist wichtig für eine umfassende Diagnostik. Obgleich sich manche Bereiche überschneiden, läßt sich vom einen nicht unbedingt auf die anderen sieben schließen. Wir haben z.B. Menschen mit starkem Konsum (1) und einem Abhängigkeitssyndrom (3) behandelt, die erstaunlicherweise wenig lebenspraktische Probleme (2) und nur geringe oder gar keine medizinischen (5) oder neuropsychologischen Schäden (6) zeigten. In medizinischen Settings trifft man viele Menschen an, die Jellinek (1960) „Beta-Alkoholiker" nannte – Menschen mit medizinischen Problemen, die im Zusammenhang mit Alkohol stehen, aber ohne signifikante Lebensprobleme oder Abhängigkeit. Im Grunde ist jede Kombination der acht Dimensionen denkbar.

In der Praxis aber ist die Zeit oft begrenzt und umfassende Diagnostik teuer. Eine sorgfältige Untersuchung aller acht Dimensionen könnte Tage in Anspruch nehmen. Ein effizientes Vorgehen versucht daher, jeden dieser Bereiche mit vertretbarem Aufwand zu erfassen. Zu diesem Zweck stehen verschiedene Fragebögen (Horn u.a. 1987) und Interviewleitfäden (Addiction Research Foundation 1985; Miller & Marlatt 1984; Schuckit 1984) zur Verfügung. Einige Bereiche können allerdings nicht durch solche Selbsteinschätzungs-Instrumente beurteilt werden (z.B. medizinische Auswirkungen oder kognitive Beeinträchtigungen).

Eine umfassende Diagnostik bietet verschiedene Vorteile: Sie verschafft Ihnen zunächst eine eingehende Kenntnis über die Bereiche, in denen Beeinträchtigungen auftreten. Sie erlaubt darüber hinaus, die Behandlung auf die spezifischen Bedürfnisse und Charakteristika des einzelnen Menschen zuzuschneiden. Ergebnisse der Diagnostik können im Rahmen einer Verlaufsmessung mit Befunden verglichen werden, die nach der Behandlung erhoben werden, um Fortschritte zu beurteilen und zu dokumentieren. Schließlich haben Sie die Möglichkeit, dem Klienten eine umfassende Rückmeldung über ein breites Spektrum möglicher Probleme zu geben – ein Vorgehen, das im Hinblick auf die Entwicklung von Veränderungsmotivation sehr nützlich sein kann (Miller & Sovereign 1989).

Die Einschätzung der Motivation

Obgleich die Bedeutung der Motivation für die Behandlung von Suchtkranken wiederholt betont wurde, unternahm man bis vor kurzem nur wenig, um diese wichtige Dimension zu messen. Man könnte die Diagnostik der Motivation als neunten Bereich der vorgestellten Liste hinzufügen. Der Grund für eine direkte Erfassung ist sehr einfach: Die Veränderungsmotivation eines Klienten kann auch dann noch unklar

sein, wenn alle anderen Bereiche bereits geklärt sind. Therapeuten haben bislang die Motivation zumeist informell eingeschätzt, indem sie Verhaltensweisen der Klienten wie z.B. Übereinstimmung mit dem Therapeuten, Akzeptanz der Diagnose, Wunsch nach Hilfe, spürbaren Leidensdruck und die Compliance zur Beurteilung herangezogen haben (Miller 1985b). Mit Ausnahme der Compliance sind diese Verhaltensweisen aber nur von geringem Aussagewert für die Wahrscheinlichkeit einer Verhaltensänderung.
Zwei Methoden sind zur direkten Einschätzung der Motivation entwikkelt worden: Die eine zielt ab auf die vom Klienten wahrgenommenen Vorteile und Nachteile, die durch das gegenwärtige Verhalten verursacht werden. Die zweite untersucht die erklärte Veränderungsbereitschaft.

Entscheidungswaage

Das Konzept der Entscheidungswaage (Appel 1986; Janis & Mann 1977) wurde schon in Kapitel 2 beschrieben. Der zugrundeliegende Gedanke dabei ist, daß Veränderungsmotivation dann eintritt, wenn die subjektiv erlebten Kosten eines Verhaltens den subjektiv erlebten Nutzen zu überwiegen beginnen (s. Abb. 2, S. 39). Dabei geht es nicht um ein *quantitatives* Verhältnis von positiven gegenüber negativen Faktoren. So kann ein Klient zwar viele Negativposten aufweisen, diese werden aber allesamt durch einen einzigen positiven Motivationsfaktor aufgewogen.
Häufig wird zunächst ermittelt, welche Folgen des Suchtverhaltens vom Klienten als negativ wahrgenommen werden. Screening-Instrumente wie z.B. der Michigan Alkoholismus-Screening Test (MAST) erfassen solche Aspekte. Weniger gebräuchlich ist die systematische Erhebung der vom Klienten als vorteilhaft empfundenen Konsequenzen des Suchtverhaltens. Der „Alkoholerwartungs-Fragebogen" (Brown u.a. 1987) erfaßt, welche positiven Wirkungen mit dem Alkohol verbunden werden.
Das Abwägen positiver und negativer Aspekte kann auf unterschiedliche Weise erfolgen. So kann man z.B. gemeinsam mit dem Klienten eine Entscheidungswaage konstruieren, indem man auf einem weißen Blatt Papier eine Mittellinie von oben nach unten zieht und nun die Vor- und Nachteile der Beibehaltung sowie die Vor- und Nachteile einer Veränderung des Trinkverhaltens einander gegenüberstellt (vgl. Tab. 2, S. 55).
Ein solches Vorgehen dient nicht nur der Erfassung der derzeitigen Motivation, sondern *beeinflußt* diese auch. Manche Klienten erhalten durch

die systematische Analyse zum ersten Mal einen Überblick über den Umfang und das Verhältnis von negativen und positiven Faktoren. Die reine Erhebung der Motivation kann selbst zu einem motivierenden Faktor in Richtung Veränderung werden. Dies unterstreicht, was wir schon weiter oben festgestellt haben – daß Motivation ein dynamischer Zustand oder Prozeß ist und kein statisches Persönlichkeitsmerkmal.

Veränderungsbereitschaft

Sie können den Klienten auch direkt nach seiner Bereitschaft fragen, sein Verhalten zu verändern. Mehrere unterschiedliche Themen können hier angesprochen werden:
(1) die persönliche Einschätzung seines Wunsches nach Veränderung;
(2) der Glauben daran, daß Veränderungen möglich sind;
(3) der Glaube an die eigenen Fähigkeiten, Veränderungen herbeizuführen;
(4) die erklärte Absicht, künftig bzw. innerhalb eines bestimmten Zeitraums etwas zu verändern. Diese Themen sind oft in allgemeinen Fragen zur Veränderung miteinander vermischt. Diese vier Themen weisen Überschneidungen auf mit den verschiedenen Kategorien selbstmotivierender Äußerungen, die in der Anfangsphase motivierender Gesprächsführung eine wichtige Rolle spielen (vgl. Kap. 6).

Grundlegende Ausführungen zur Beurteilung der Veränderungsbereitschaft enthält das Transtheoretische Modell der Veränderungsstadien von Prochaska und DiClemente (1984). Daraus ist das „University of Rhode Island Change Assessment“ (URICA) entwickelt worden, ein Instrument zur Messung allgemeiner Veränderungsstadien ohne spezifische Bezugnahme auf Suchtverhalten. Ein vergleichbares Instrument ist das „Stages of Change Readiness and Treatment Eagerness Scale“ (SOCRATES),[6] das die Veränderungsstadien unter Berücksichtigung von Alkohol- oder anderem Drogenmißbrauch erfaßt (Montgomery u.a. 1990).

Persönliches Feedback

Die Veränderungsmotivation steigt, wenn Menschen eine Diskrepanz zwischen „Ist- und Sollzustand“ feststellen. Die persönliche Rückmel-

---

[6] Deutschsprachige Fassung in: Wetterling/Veltrup/Junghanns 1997 (Anm. d. Hrsg.).

dung über die Ergebnisse objektiver Tests und Messungen kann hierzu dienen. Grundsätzlich empfehlen wir, dem Klienten alle Befunde, die sich auf einen Problembereich (etwa das Trinken) beziehen, zur Verfügung zu stellen. Jedes Resultat sollte nicht nur erklärt, sondern auch mit Normwerten verglichen oder interpretiert werden. Kristenson u.a. (1983) informierten z.B. internistische Patienten über ihren Gamma-GT-Wert, ein Leberenzym, das als Indikator für einen hohen Alkoholkonsum gilt. Diesen Patienten wurde mitgeteilt, daß ihre Werte über der Norm lägen und die Gefahr einer chronischen Erkrankung, ggf. auch eines vorzeitigen Todes bestehe. Erklärungen über mögliche Gefahren erhöhter Gamma-GT-Werte werden nur dann das Interesse Ihres Patienten wecken, wenn sie ihm mitteilen, daß seine eigenen Werte erhöht sind. Umgekehrt ist eine Rückmeldung über den eigenen Gamma-GT-Wert solange uninteressant, wie Sie keinen Vergleich mit Normwerten anstellen.
Ein Beispiel für eine hilfreiche Feedback-Strategie ist das „Drinkers Check-up“, das an der Universität von New Mexico entwickelt worden ist. Im Rahmen einer Studie wurde die Bevölkerung durch Anzeigen in der Lokalpresse auf diesen „Check-up“ aufmerksam gemacht:

> Die Universität von New Mexico bietet Menschen, die herausfinden möchten, ob sie sich durch ihren Alkoholkonsum schaden, einen kostenlosen „Drinkers Check-up“ an. Der Check-up ist nicht Teil eines Behandlungsprogrammes und ist nicht für Alkoholiker gedacht. Er ist eher eine Art Dienstleistung zur Gesundheitsinformation. Die Teilnehmer werden nicht diagnostiziert, die Konsultation ist streng vertraulich. Jeder Teilnehmer bekommt eine persönliche Rückmeldung über die Ergebnisse. Es bleibt jedem selbst überlassen, wie er mit der Rückmeldung umgeht (Miller & Sovereign 1989).

Die Personen, die sich dem Check-up unterzogen, wiesen fast ohne Ausnahme deutliche Alkoholschäden auf, aber kaum jemand hatte bislang eine Behandlung in Erwägung gezogen oder begonnen. In zwei kontrollierten Studien zeigten starke Trinker eine deutliche Reduktion ihres Alkoholkonsums nach dem Check-up (Miller u.a. 1988; Miller & Sovereign 1989). Diese Strategie kann auch am Anfang einer Behandlung zur Steigerung der Veränderungsmotivation eingesetzt werden.
Es reicht nicht aus, dem Klienten die Testergebnisse einfach auszuhändigen, er sollte sie auch verstehen können. Keinesfalls sollte der Behandelnde die Ergebnisse dazu benutzen, irgend etwas zu „beweisen“ oder Druck auszuüben. Wenn der Berater nach seiner persönlichen Meinung zu bestimmten Ergebnissen gefragt wird, kann er diese durchaus mitteilen, allerdings sollte dies in einer Art und Weise geschehen, die es dem Klienten erlaubt, seine eigenen Schlüsse zu ziehen. Diagnostische Be-

funde können mit einem einleitenden Kommentar bedacht werden, der diese Entscheidungsfreiheit betont:

- T: Ich weiß nicht, was Sie mit diesem Ergebnis machen wollen, aber ...
- T: Es kann sein, daß Sie dies in Sorge versetzt, vielleicht aber auch nicht ...
- T: Ich weiß nicht, ob Sie das interessiert, aber ...

Jede Form von „Panikmache“ sollte vermieden werden. Klienten sind für gewöhnlich sehr an einer Rückmeldung interessiert und reagieren häufig besorgt, auch ohne daß sie in besonderer Weise dazu gedrängt werden. Wenn es etwas gibt, das die Offenheit des Klienten gegenüber einer Rückmeldung gefährdet, dann eine arrogante Haltung des Beraters.

Sie sollten die Reaktion des Klienten auf eine Rückmeldung aufgreifen und widerspiegeln. Wir halten es für viel effektiver, bei den Klienten Betroffenheit auszulösen, als ihnen zu sagen, was sie fühlen sollen. Wir haben weiter oben schon darauf hingewiesen, daß eine Rückmeldung über persönliche Untersuchungsergebnisse viele Möglichkeiten bietet, selbstmotivierende Äußerungen hervorzurufen. Viele Klienten erkennen nach solchen Rückmeldungen ihre Probleme offen an oder denken über eine Veränderung nach. Fragen zur Reaktion auf Rückmeldungen können zur weiteren Selbstexploration ermutigen:

- T: Was folgt für Sie aus diesen Informationen?
- T: Ist es das, was Sie erwartet haben?
- T: Ich habe Ihnen eine Fülle von Informationen gegeben. Was denken Sie im Moment?
- T: Was geht in Ihnen vor, wenn Sie das hören?

Ein einfühlsamer Berater kann auch nonverbale Reaktionen des Klienten aufgreifen (z.B. Kopfschütteln, finsterer Blick, Stirnrunzeln, Seufzer, ein leises Pfeifen, Hochziehen der Augenbrauen, Tränen). Aktives Zuhören ist die Methode der Wahl, wenn es darum geht, verbale oder nonverbale Reaktionen aufzugreifen:

- T: Das hat Sie wirklich erstaunt – das hatten Sie nicht erwartet ...
- T: Es sieht so aus, als sei es hart für Sie, das zu hören ...
- T: Ich könnte mir vorstellen, daß Ihnen das ein wenig unheimlich vorkommt ...
- T: Sie beginnen zu überlegen, was Sie tun können ...

■ T: Ich denke, daß es hart sein muß, das einzusehen, weil Sie Ihre Frau schon sagen hören: „Ich habe es Dir ja gesagt."

■ T: Das ist für Sie kaum zu glauben ...

■ T: Das wird Sie beunruhigen oder verwirren."

Rückmeldungen können bei manchen Klienten starke emotionale Reaktionen auslösen, auf die Berater vorbereitet sein sollten (vgl. Kap. 10). Ängste und Tränen sind nicht ungewöhnlich, wenn Menschen eine umfassende persönliche Rückmeldung über Risiken und Probleme erhalten.
Wenn die Rückmeldung über die diagnostischen Befunde abgeschlossen ist, sollte eine Zusammenfassung des bisherigen Verlaufs erfolgen (vgl. Kapitel 6). Drei Aspekte sollten hier unbedingt enthalten sein:
(1) Risiken und Probleme, die durch die Diagnostik offenbar wurden;
(2) die Reaktionen der Klienten auf die Rückmeldung, einschließlich der selbstmotivierenden Äußerungen; und
(3) eine Aufforderung an den Klienten, die Zusammenfassung zu ergänzen oder zu korrigieren.

Diese Zusammenfassung bildet häufig den Übergang zwischen Phase I und Phase II der motivierenden Gesprächsführung, und es kann sinnvoll sein, unmittelbar zu Strategien überzugehen, welche die Selbstverpflichtung stärken (Kap. 9). Bevor wir diese Strategien vorstellen, wollen wir uns einer Frage widmen, die in beiden Phasen eine wichtige Rolle spielen kann: Wie sollte mit Widerstand der Klienten umgegangen werden?

8. Der Umgang mit Widerstand

Die Rolle des Therapeuten

Der Umgang mit Widerstand in der motivierenden Gesprächsführung unterscheidet sich erheblich von dem in traditionellen, konfrontierenden Verfahren (s. Kap. 5). Im Rahmen motivierender Gesprächsführung ist es eine zentrale Aufgabe, Entwicklung und Förderung von Widerstand zu vermeiden. Je mehr Widerstand ein Klient zeigt, um so unwahrscheinlicher ist es, daß er sich verändert (Miller & Sovereign 1989). Starkes Abwehrverhalten korreliert darüber hinaus mit einem vorzeitigen Behandlungsabbruch (Chamberlain u.a. 1984).

Der Widerstand des Klienten ist ein Problem des Therapeuten. Dies erscheint Ihnen vielleicht überzogen. In der Tat gibt es eine Reihe von Klienten, die unabhängig vom Therapeutenverhalten einen hohen Grad an Widerstand aufweisen, z.B. Klienten, die durch Dritte zur Beratung vermittelt wurden (Chamberlain u.a. 1984). Viele Untersuchungen haben allerdings gezeigt, daß das Ausmaß des Widerstands der Klienten durch den Beratungsstil geprägt wird. Dieses Ergebnis läßt sich nicht durch Unterschiede zwischen einzelnen Therapeuten erklären. Miller und Sovereign (1989) sowie Patterson und Forgatch (1985) fanden dramatische Unterschiede im Ausmaß des Klientenwiderstands, wenn ein und derselbe Therapeut verschiedene Methoden bzw. Beratungsstile anwandte.

In gewissem Sinne gibt Ihnen das Ausmaß des Widerstands Ihres Klienten Aufschluß über den Erfolg Ihrer Beratung: Je weniger Widerstand, desto besser Ihre Beratung. Sie haben somit die Möglichkeit, die Anwendung der motivierenden Gesprächsführung in Ihrem Alltag ständig zu überprüfen und anzupassen: Wenn Sie Widerstand wahrnehmen, verändern Sie die Strategien.

In diesem Kapitel geben wir zunächst eine einfache und praktische Definition von Widerstand und erläutern, wie man ihn erkennt. Im Anschluß werden allgemeine Strategien benannt, die Sie benutzen können, wenn Sie auf Abwehr stoßen. Diese können sowohl in der Anfangsphase motivierender Gesprächsführung (Phase I) als auch in Phase II (s. Kap. 9) eingesetzt werden. Da Widerstand häufig bereits während der ersten Sitzung auftritt, sind diese Strategien von Beginn an wichtig. Das höchste Ausmaß an Widerstand zeigt sich oft in der mittleren Behandlungsphase (Chamberlain u.a. 1984). Auch in Phase II, wenn die Selbstverpflichtung gestärkt und ein konkreter Veränderungsplan vereinbart wird, kann ein kompetenter Umgang mit Widerstand entscheidend sein.

Widerstand entsteht zu einem großen Teil in der Interaktion zwischen Therapeut und Klient. Widerstand ist ein Verhalten, das während der Behandlung auftritt und signalisiert, daß der Klient nicht mehr mitarbeitet. Aus Sicht des Modells von Prochaska und DiClemente bedeutet Widerstand, daß der Therapeut Strategien benutzt, die im Hinblick auf das gegenwärtige Veränderungsstadium des Klienten unangemessen sind. In gewisser Weise sagt der Klient dem Therapeuten damit: „Warte einen Augenblick. Ich komme nicht mit. Ich stimme nicht damit überein." Die Hauptaufgabe des Therapeuten besteht darin, kehrt zu machen und herauszufinden, wo der Klient gerade steht. Um an dieser Stelle im Prozeß effektiv weiterarbeiten zu können, müssen Sie den Widerstand erkennen, wenn er auftritt.

Eine Forschungsgruppe in Oregon konstruierte ein hilfreiches System zur Beobachtung von Widerstand während der Behandlung (Chamberlain u.a. 1984). An der Universität von New Mexico (Miller 1986) wurde das Verfahren für Therapieforschungszwecke bei Alkoholproblemen geringfügig verändert. Dieses System unterteilt Widerstandsverhalten in vier Hauptkategorien (Tab. 7) wobei jede Kategorie einen Prädiktor für chronischen Alkoholmißbrauch darstellt (Miller & Sovereign 1989). Die Kategorien weisen Überschneidungen auf, was aber abgesehen von detaillierten Forschungsfragen wenig Relevanz für die klinische Praxis hat. Viel entscheidender ist es zu wissen, daß bestimmte Reaktionen als Abwehr betrachtet werden können und darauf hinweisen, daß sich der Klient nicht mehr in Richtung Veränderung bewegt.

Das Gegenteil von Widerstandsverhalten stellen selbstmotivierende Äußerungen dar (vgl. Kap. 6). Wir haben herausgefunden, daß ein Beraterstil im Sinne der motivierenden Gesprächsführung ein hohes Maß an selbstmotivierenden Äußerungen und relativ wenig Widerstand hervorruft, während ein konfrontativer Beraterstil ein hohes Maß an Widerstand und wenig selbstmotivierende Äußerungen hervorruft (Miller & Sovereign 1989).

Widerstand ist kein Grund zur Sorge. Er wird erst dann zu einem Problem, wenn er über mehrere Therapiesitzungen als stabiles Reaktionsmuster des Klienten bestehen bleibt oder gar eskaliert. Darauf aber haben Sie als Berater oder Therapeut einen entscheidenden Einfluß. Wie Sie auf den Widerstand reagieren, das unterscheidet motivierende Gesprächsführung von anderen Konzepten.

Tabelle 7: Vier Kategorien von Widerstandsverhalten

(1) Argumentieren: Der Klient stellt die Genauigkeit, Fachkenntnis, oder Integrität des Therapeuten in Frage.
(1a) *Herausfordern.* Der Klient bezweifelt unmittelbar die Richtigkeit dessen, was der Therapeut gesagt hat.
(1b) *Mißtrauen.* Der Klient stellt die Autorität und Erfahrung des Beraters offen in Frage.
(1c) *Feindseligkeit.* Der Klient drückt offene Feindseligkeit gegenüber dem Therapeuten aus.

(2) Unterbrechen: Der Klient unterbricht den Therapeuten in einer abwehrenden Haltung.
(2a) *Ins Wort fallen.* Der Klient fängt an zu reden, während der Therapeut noch spricht, ohne eine angemessene Pause oder das Ende abzuwarten.
(2b) *Abbrechen.* Der Klient unterbricht den Therapeuten mit der offensichtlichen Intention, dem Therapeuten das Wort abzuschneiden (z.B.: „Jetzt warten Sie einen Moment. Ich habe nun genug darüber gehört.").

(3) Ablehnen: Der Klient drückt seinen Widerwillen aus, Probleme zu erkennen, zu kooperieren, Verantwortung zu übernehmen oder Rat anzunehmen.
(3a) *Anklagen.* Der Klient beschuldigt andere wegen seiner Probleme.
(3b) *Widersprechen.* Der Klient lehnt eine Überlegung des Therapeuten ab, ohne einen konstruktiven Gegenvorschlag zu machen. Das impliziert auch das übliche „Ja, aber....", das zum Ausdruck bringt, was an dem Vorschlag nicht in Ordnung ist.
(3c) *Entschuldigen.* Der Klient entschuldigt sein Verhalten
(3d) *Bagatellisieren.* Der Klient behauptet, daß er sich nicht in Gefahr befindet (z.B. verneint er die Gefahren des Trinkens).
(3e) *Herunterspielen.* Der Klient drückt aus, daß der Therapeut die Risiken und Gefahren übertreibt, und daß alles in Wirklichkeit „nicht so schlimm sei".
(3f) *Pessimismus.* Der Klient macht allgemeine Äußerungen über sich oder andere, die pessimistisch oder negativistisch klingen.
(3g) *Ablehnung.* Der Klient drückt Distanz und Widerwillen in Bezug auf eine Information oder einen Rat aus.
(3h) *Widerwillen gegenüber Veränderung.* Der Klient äußert keinen Bedarf oder sogar Widerwillen gegenüber einer Veränderung.

(4) Ignorieren: Der Klient macht den Eindruck, als ignoriere er den Therapeuten.
(4a) *Unaufmerksamkeit.* Die Reaktion des Klienten zeigt, daß er dem Therapeuten nicht gefolgt ist oder unaufmerksam war.
(4b) *Nichtantwort.* Der Klient beantwortet die Frage des Therapeuten mit einer Äußerung, die nichts mit der Frage zu tun hat.
(4c) *Keine Reaktion.* Der Klient gibt keine hörbare oder nonverbale Antwort auf die Frage des Therapeuten.
(4d) *Ablenken.* Der Klient ändert die vom Therapeuten verfolgte Gesprächsrichtung.

Nach: Chamberlain u.a. (1984)

Einfache Reflexion

Es ist sinnvoll, dem Widerstand eines Klienten mit Offenheit zu begegnen. Den Widerspruch, ein Gefühl oder eine Wahrnehmung des Klienten anzuerkennen, ermutigt zu weiterer Exploration, verringert die Abwehrhaltung und vermeidet die Konfrontations-Verleugnungs-Falle. Häufig reicht eine einfache Aussage im Sinne aktiven Zuhörens aus. Manchmal können kleine Verschiebungen der Bewertungen eines Klienten durch Reflexionen verdeutlicht werden. Nachfolgend finden Sie dazu einige Beispiele (in Klammern die entsprechenden Codierungen der Widerstandskategorien aus Tab. 7):

Klientin: Ich habe kein Problem. Wenn ich trinke, dann nur, weil mein Ehemann ständig an mir herumnörgelt. (3a, Anklagen)

Therapeut: Es kommt Ihnen so vor, daß der wahre Grund, warum Sie so viel trinken, mit Ihren Eheproblemen zu tun hat.

K: Das heißt, daß ich genauso abhängig bin wie jemand, der sich in Behandlung befindet – aber das kann nicht sein. Ich kann zu jedem Zeitpunkt aufhören, wenn mir danach ist. (3b, Widersprechen)

T: Das ist verwirrend. Sie können nicht sehen, daß es möglicherweise wahr ist.

K: Für wen halten Sie sich eigentlich, daß Sie mir sagen, was ich tun soll? Was wissen Sie schon über einen Kick? Sie haben doch wahrscheinlich noch nie in Ihrem Leben einen Joint geraucht! (1b, Mißtrauen)

T: Hört sich so an, als seien Sie ganz schön sauer auf mich.

K: Ich will nicht aufhören! (3h, Widerwillen gegenüber Veränderung)

T: Sie denken nicht, daß das Aufhören für Sie in Frage kommt.

K: Selbst wenn ich mich verändern wollte, ich könnte es nicht. (3f, Pessimismus)

T: Sie können keinen gangbaren Weg sehen, und es könnte schief gehen, wenn Sie es versuchten.

Überzogene Reflexion

Eine verwandte und sehr nützliche Methode ist es, das vom Klienten Gesagten auf eine erweiterte, pointierte Weise widerzuspiegeln. Wenn dieses Vorgehen erfolgreich ist, wird der Klient ein wenig Distanz zu sich gewinnen und der anderen Seite seiner Ambivalenz Ausdruck verleihen. Dabei muß man jedoch vorsichtig vorgehen, einen sarkastischen Unterton vermeiden und nicht zu stark überziehen, weil die Gefahr besteht, daß der Klient darauf mit Feindseligkeit oder Widerstand reagieren könnte.

Klient: Ich könnte gar nicht aufhören. Was würden meine Freunde denken? (3g, Ablehnung)

Therapeut: Es könnte tatsächlich sehr hart für Sie werden, überhaupt irgend etwas zu verändern.

K: Ich weiß genau, wieviel ich trinken kann. Ich stehe immer noch kerzengerade, wenn alle andern schon unterm Tisch liegen. (3d, Bagatellisieren)

T: Dann brauchen Sie sich also überhaupt keine Sorgen zu machen; Alkohol kann Ihnen nichts anhaben.

K: Meine Frau übertreibt immer. So schlimm war ich nie. (3e, Herunterspielen)

T: Sie sind der Meinung, daß Sie gar keinen Grund hat, sich Ihretwegen Sorgen zu machen.

K: Das kann nicht sein. So viel trinke ich gar nicht. (1a, Herausfordern)

T: Sie denken, daß da etwas mit dem Test nicht in Ordnung ist, oder mit unseren Berechnungen.

K: Studien über Krebs beweisen doch in Wirklichkeit gar nichts. (1b, Mißtrauen)

T: Ihrer Meinung nach hat Lungenkrebs überhaupt nichts mit dem Rauchen zu tun. Er entsteht einfach so.

Reflexion der Ambivalenz

Eine weitere Methode aus dem Bereich des aktiven Zuhörens ist, das vom Klienten Gesagte anzuerkennen und zugleich die andere Seite der Ambivalenz hinzuzufügen. Dabei wird man auf Informationen zurückgreifen müssen, die aus früheren Gesprächssequenzen oder Sitzungen stammen. Hier einige Beispiele:

Klient: Ich bin kein Alkoholiker. Nur, weil Ruth früher mit einem Alkoholiker verheiratet war, denkt sie, daß jeder, der hier und da mal einen zuviel trinkt, gleich ein Problem hat. (3a, Anklagen)

Therapeut: Sie sehen zwar, daß Sie manchmal Ärger bzw. Unannehmlichkeiten heraufbeschwören, weil Sie zu viel getrunken haben, aber Ihnen kommt es so vor, als ob Ruth da übertreiben würde.

K: Ich rauche ebenso wenig wie die meisten meiner Freunde. Was ist dagegen einzuwenden, mal hier und da einen Joint zu rauchen? (3c, Entschuldigen)

T: Ich kann verstehen, wie verwirrend das für Sie sein muß. Einerseits haben Sie mir erzählt, wie Sie sich Gedanken wegen Ihres Rauchens machen und wie Sie das berührt, und andererseits kommt es Ihnen so vor, als würden Sie nicht mehr rauchen als Ihre Freunde. Schwer zu verstehen!

K: Ich weiß schon, Sie wollen, daß ich vollständig damit aufhöre, aber das mach' ich nicht! (3h, Widerwillen gegenüber Veränderung)

T: Sie merken, daß Sie tatsächlich Probleme haben, aber Sie wollen nicht darüber nachdenken, alles aufzugeben.

K: Okay, vielleicht habe ich ein paar Probleme mit dem Alkohol, aber ich bin kein Alkoholiker. (3e, Herunterspielen)

T: Sie haben kein Problem damit zu sehen, daß Ihnen Ihr Trinkverhalten nicht gut tut, aber Sie wollen nicht mit einem „Etikett" versehen werden.

Den Fokus verschieben

Eine weitere Möglichkeit, mit Widerstand umzugehen, liegt darin, die Aufmerksamkeit des Klienten von dem abzulenken, was wie ein Bremsklotz seiner weiteren Entwicklung im Wege steht. Das bedeutet: eher um Hindernisse herumgehen, als über sie hinwegsteigen. Umwege sind häufig hilfreich, um Widerstand zu entschärfen, insbesondere dann, wenn schwierige Themen zur Sprache kommen.

Klient: Okay, vielleicht habe ich ein paar Probleme mit dem Alkohol, aber ich bin kein Alkoholiker. (3e, Herunterspielen)

Therapeut: Ich glaube nicht, daß dies das eigentliche Problem ist, und ich möchte nicht, daß Sie sich darüber Sorgen machen. Mir ist es nicht wichtig, ob Sie sich für einen Alkoholiker halten oder nicht. Vielmehr mache ich mir – genau wie Sie – Sorgen wegen einiger Dinge, die in Ihrem Leben geschehen sind. Erzählen Sie ein wenig mehr über ....

K: Ich weiß, was Sie von mir wollen: vollständig verzichten, aber das werde ich nicht tun! (3h, Widerwillen gegenüber Veränderung)

T: Langsam, langsam! Wir haben gerade mit dem Spiel begonnen und Sie versuchen schon herauszufinden, wie es ausgeht! Ich bin an diesem

Punkt wirklich nicht daran interessiert, irgendeine Schlußfolgerung zu ziehen. Wir wissen noch lange nicht genug, um überhaupt schon einen Gedanken ans Aufhören zu verschwenden, also lassen Sie sich dadurch nicht blockieren und vergessen Sie das Thema. Okay? Was wir jetzt tun müssen, ist ...

Zustimmung mit einer Wendung

Hier geht es darum, dem Klienten im Grundsatz zuzustimmen, aber seiner Äußerung eine kleine Wendung bzw. Richtungsänderung zu verleihen. Dies beinhaltet eine gewisse Konkurrenz zwischen Therapeut und Klient, erlaubt dem Therapeuten aber, Richtung und Kraft der Veränderung zu beeinflussen.

Klient: Warum kümmern Sie und meine Frau sich eigentlich nur um mein Trinken? Was ist mit ihren Problemen? Sie würden auch trinken, wenn Ihre Familie Sie dauernd quälen würde. (3a, Anklagen; 3c, Entschuldigen)

Therapeut: Sie haben da etwas sehr Wichtiges gesagt. Es geht um mehr als Ihr persönliches Trinkverhalten, und es kann sein, daß ich dem zu wenig Aufmerksamkeit geschenkt habe. Ich stimme mit Ihnen überein, daß wir die Schuldfrage hier nicht stellen sollten. Probleme mit Alkohol haben immer etwas mit der ganzen Familie zu tun. Ich denke, Sie haben da absolut recht.

Persönliche Entscheidungsfreiheit und Selbstkontrolle betonen

Wenn Menschen das Gefühl haben, daß ihre Entscheidungsfreiheit bedroht ist, werden sie versuchen, ihre Freiheit zu behaupten (z.B. „Ich werden es Ihnen zeigen, keiner sagt mir, was ich zu tun habe"). Dies ist eine allgemeinmenschliche Reaktion, kein spezifisches Charakteristikum von Suchterkrankungen. In einem solchen Fall ist es günstig zu versichern, daß der Klient selbst entscheidet, was geschieht. So können Sie Widerstände vermindern. Entsprechende Äußerungen könnten sein:

Therapeut: Was Sie mit dieser Information machen, liegt vollständig in Ihren eigenen Händen.

T: Niemand kann Ihr Trinkverhalten für Sie verändern. Es ist allein Ihre Entscheidung.

T: Ich kann das nicht für Sie entscheiden, Ich kann Sie auch nicht verändern, selbst wenn ich das wollte. Sie sind ein freier Mensch, und das hier ist Ihr Job.

T: Wenn Sie die Entscheidung treffen, daß Sie sich nicht verändern wollen, dann wollen Sie eben nicht. Wenn Sie sich verändern wollen, dann können Sie das tun. Es liegt in Ihrer Verantwortung.

Umformulieren und anders beleuchten

Diese Strategie besteht darin, die vom Klienten eingebrachten Informationen umzubenennen. Das ist besonders in solchen Situationen angezeigt, in denen der Klient bestreitet, ein Problem zu haben. Die Einschätzungen des Klienten werden zwar ernst genommen, aber unter einem anderen Blickwinkel betrachtet und in einer Form neu interpretiert, die eine Entwicklung in Richtung Veränderung unterstützt.
Eine günstige Gelegenheit zur Neuformulierung bietet das Phänomen der Toleranzentwicklung. Starke Trinker berichten in der Regel, daß sie „mehr vertragen" als andere Menschen. Sie können große Alkoholmengen ohne die zu erwartenden Anzeichen von Intoxikation zu sich nehmen. Über Jahre starken Trinkens hinweg nimmt die Toleranz bis zu dem Punkt zu, an dem ein Leberschaden entstanden ist und der Alkohol zunehmend schlechter abgebaut wird. Toleranz meint, daß der menschliche Körper die Fähigkeit entwickelt, Alkohol schneller abzubauen. In der Regel bezieht sich Toleranz auf die fehlende Fähigkeit, den hohen Alkoholgehalt im Blut zu spüren bzw. eine entsprechende Reaktion zu zeigen. Verantwortlich dafür sind Lern- und Konditionierungsprozesse, körperliche Gewöhnung und eine Unempfindlichkeit gegenüber der Alkoholwirkung, die zum Teil erblich ist. Starke Trinker konsumieren regelmäßig Alkoholmengen, die ausreichen, beträchtliche körperliche Schäden zu verursachen, ohne daß sie diese sofort spüren oder sehen. Folglich fehlt den Betroffenen das normale Warnsystem, das vor einem Trinkexzeß bewahrt. An dieser Stelle bietet sich für den Therapeuten die Gelegenheit, Einschätzungen umzuformen und anders zu beleuchten. Viele Trinker betrachten die Fähigkeit, viel Alkohol zu vertragen, als sicheres Zeichen, daß sie mehr Alkohol ohne Schaden trinken können als die meisten anderen Menschen. Erhöhte Alkoholtoleranz stellt aber im Gegensatz zu dieser Ansicht einen Risikofaktor dar. Hierzu ein Beispiel:

Therapeut: Sie haben festgestellt, daß Sie viel mehr Alkohol als andere Menschen trinken können, ohne daß Sie sich betrunken fühlen oder so aussehen. Sie sind außerdem in der Lage, andere Menschen zu täuschen, so daß die nicht mehr sagen könnten, wieviel Sie eigentlich getrunken haben.

Klient: Genau. So war's schon immer.

T: Ich weiß nicht, ob Sie das wissen – viele Menschen wissen es nicht –, aber das ist gerade ein Grund zur Sorge. Sehen Sie mal, normalerweise trinkt jemand ein oder zwei Drinks und merkt dann allmählich die Wirkung. Er beläßt es dann dabei. Irgendwas in ihm sagt ihm, daß es jetzt genug ist. Aber einige Menschen haben – unglücklicherweise – das, was wir eine „erhöhte Toleranz" nennen. Ihnen fehlt das normalerweise eingebaute Warnsystem. Vielleicht kamen sie schon so auf die Welt, vielleicht haben sie es im Laufe des Lebens verloren – warum es so ist, kann niemand sagen. Das Ergebnis allerdings ist, daß sie sich selbst schaden, ohne es zu merken.

K: Aber wenn ich doch nichts davon merke, wie kann ich dann betrunken sein?

T: Stellen Sie sich einmal vor, Sie hätten alle Schmerzempfindlichkeit verloren. Nie mehr im Leben würden Sie irgendeinen körperlichen Schmerz spüren. Die Sinneswahrnehmung dafür wäre verschwunden. Wäre das gut oder schlecht?

K: Meistens gut, denke ich.

T: Viele Menschen denken, das wäre wunderbar, ein unglaublicher Segen. Aber in Wirklichkeit wäre es ein Fluch! Ihre Gesundheit und Ihr Leben wären in großer Gefahr. Wenn Ihre Hand auf einer heißen Ofenplatte liegen würde, würden Sie erst durch den Gestank des Verbrannten gewarnt. Sie könnten sich Ihre Gelenke überdrehen, Ihre Bänder dehnen oder sich sonst wie schaden, Sie würden es nicht spüren. Sie würden all die Schmerzen nicht haben, die uns frühzeitig eine Krankheit ankündigen, und wenn Sie nach einiger Zeit doch ein Problem erkennen würden, könnte es schon viel zu spät sein, um noch was dagegen zu tun. Menschen mit einer erhöhten Toleranz geht es ganz genau so. Sie trinken große Mengen Alkohol, genug, um ihrem Körper ernsthaften Schaden zuzufügen, aber sie spüren ihre Vergiftung nicht, und man sieht sie ihnen auch nicht an. Sie schaden sich selbst, weil sie nicht über die normalen Warnsignale verfügen. Was Sie berichtet haben, bedeutet nicht, daß Ihr Körper in geradezu übermenschlicher Fähigkeit den Alkohol wieder los wird. Der Alkohol ist da, und er richtet seinen Schaden an. Was Sie berichtet haben, ist erhöhte Toleranz, der Verlust des Warnsystems. Und das ist ein Grund zur Sorge.

Dieses ausführliche Beispiel zeigt, daß eine Umbenennung auch die Vermittlung von zusätzlichen Informationen beinhalten kann, die der Klient braucht, um seine Situation in einem neuen Licht zu sehen. Manchmal ist dieses Vorgehen jedoch viel einfacher und beschränkt sich auf einige wenige Sätze. Zwei Beispiele:

Klientin: Mein Mann nervt mich dauernd wegen meines Trinkens. Das ist das einzige, worüber er mit mir redet – andauernd erzählt er mir, daß ich eine Alkoholikerin sei.

Therapeut: Es hört sich so an, als würde er sich wirklich um Sie kümmern und sich Sorgen um sie machen. Ich schätze, er tut das in einer Art und Weise, die Sie ärgert, und das ist schade. Vielleicht kann er mit unserer Hilfe lernen, Ihnen auf eine angenehmere Art zu sagen, daß er Sie liebt und sich Sorgen um Sie macht.

K: Was soll das bringen? Ich habe versucht aufzuhören, und ich glaube, ich bin ein hoffnungsloser Fall. Ich bin müde und verbraucht. Ich habe keine Lust mehr, es noch mal zu probieren.

T: Es klingt vielleicht etwas platt, wenn ich sage: „Am dunkelsten ist es kurz vor der Morgendämmerung", aber es ist was dran. Wenn Menschen an ihrem Tiefpunkt angelangt sind, dann ist es am schwersten, einen Hoffnungsschimmer zu sehen. Ich denke, all die Mühe, die Sie sich bisher gemacht haben, zeigt, wie sehr Sie sich eine Veränderung wünschen. Das bewundere ich an Ihnen. Geben Sie jetzt nicht auf! Erinnern Sie sich an das Rad der Veränderung, über das wir gesprochen haben? Jedesmal, wenn Sie es umkreisen, sind Sie ein Stückchen näher am Ausstieg. Sie kennen nun einiges, was nicht funktioniert hat. Wir sollten jetzt Ihren starken Willen nutzen und versuchen, etwas zu finden, was Ihnen helfen wird.

Paradoxe Intervention

In der therapeutischen Arbeit paradox zu intervenieren, wurde erstmals durch Familientherapeuten beschrieben (z.B. Haley 1963). Wir haben paradoxe Intervention in Kapitel 6 im Zusammenhang mit selbstmotivierenden Äußerungen schon kurz erwähnt. Als eine Methode im Umgang mit Widerstand dienen sie dazu, eine oppositionelle Haltung des Klienten gegenüber dem Therapeuten in eine konstruktive Richtung zu lenken. Paradoxe Interventionen sind jedoch riskant und bedürfen großer Erfahrung. Daher empfehlen wir, sie erst anzuwenden, wenn andere Strategien erfolglos geblieben sind.
Ein Beispiel einer paradoxen Intervention ist die „Verschreibung des Problems". Wenn alle Bemühungen in Richtung Veränderung mit Opposition erwidert wurden, kann der Therapeut dem Klienten empfehlen, so weiterzumachen wie bisher, ohne sich zu verändern, oder das problematische Verhalten sogar noch zu steigern. Die Empfehlung sollte in einem ruhigen und aufrichtigen Ton ausgesprochen werden. Es können vernünftige Gründe angeführt werden, warum die Person besser nichts verändern sollte. Zwei Beispiele:

T: Wir haben über ihre derzeitigen Schwierigkeiten gesprochen und über einige Möglichkeiten, wie Sie etwas daran tun könnten. Ich habe den Eindruck, daß keine dieser Möglichkeiten bei Ihnen Anklang findet. Sie scheinen tatsächlich sehr glücklich mit Ihrer bisherigen Lebensführung zu sein, zumindest wenn Sie sie mit anderen Alternativen vergleichen. Es hat für mich den Anschein, daß es das Beste für Sie wäre, ganz genauso weiterzumachen wie bisher. Denn wenn man den ganzen Streß, den eine Veränderung mit sich bringt, auf sich nehmen will, dann braucht man eine gesunde Basis. Und die ist nicht gegeben, wenn Sie sich eigentlich gar nicht verändern wollen.

T: Sie erinnern sich, daß wir über die Vor- und Nachteile des Trinkens gesprochen haben, und obwohl Sie mir einige Gründe genannt haben, warum Alkohol Ihnen Unannehmlichkeiten bereitet, glaube ich herauszuhören, daß bei Ihnen immer noch die Vorteile überwiegen. Sie sind durchaus glücklich mit ihrem Trinken, und Sie wollen das im Grunde nicht verändern. Das ist eine Entscheidung, die Sie allein treffen, und vielleicht ist es auch das, was Sie tun sollten. Sicher, es würde schwer für Sie werden, Ihr Trinkverhalten zu verändern, vielleicht zu schwer für Sie. Vielleicht könnten Sie es auch gar nicht tun, selbst wenn Sie wollten. Der Punkt ist der, daß es sich so anhört, als wollten Sie in Wirklichkeit so weitertrinken wie bisher, oder sogar noch mehr. Vielleicht ist es ja das, was Sie brauchen. Vielleicht brauchen Sie den Alkohol, um das Leben überhaupt zu bewältigen.

Das zweite Beispiel macht sehr schön deutlich, wie eine implizit formulierte Provokation in eine paradoxe Intervention eingebaut werden kann: Der Therapeut stellt in Frage, ob die Person überhaupt in der Lage wäre, etwas zu verändern. Eine Bemerkung wie „Falls Sie dazu in der Lage sind" ruft möglicherweise selbstmotivierende Äußerungen hervor, welche die Fähigkeit zur Veränderung betonen. Andere Beispiele dafür könnten lauten: „Ich weiß nicht, ob das zu schwierig für Sie wird, aber ..." oder „Vielleicht verlangt Ihnen das zu viel ab".

Zum Umgang mit nicht eingehaltenen Terminen

Jeder Therapeut weiß, daß es nicht ungewöhnlich ist, wenn Verabredungen nicht eingehalten und Behandlungen vorzeitig beendet werden. Hierfür gibt eine Anzahl von Gründen: Abneigung gegenüber dem Behandelnden ist eine Möglichkeit. Diese kann verringert werden, wenn Sie die Prinzipien motivierender Gesprächsführung beachten. Das Gegenteil kann ebenfalls ein Problem werden. Wenn der Klient beginnt, Sie zu mögen und zu respektieren, vermeidet er vielleicht den weiteren Kontakt, um Sie nicht mit Berichten über Rückfälle oder mangelnde

Entschlossenheit zu enttäuschen. Das einzige uns bekannte Mittel dagegen ist das, was Carl Rogers „bedingungslose Wertschätzung“ nannte – die Vermittlung von Akzeptanz und Respekt, ungeachtet dessen, was ein Klient mitbringt. Sie können Ihren Klienten auf direktem Wege mitteilen, daß Sie sie wiedersehen wollen, gleichgültig, wie sie sich entscheiden, und daß Sie sich für sie einsetzen und ihnen helfen wollen, wie schlimm es auch um sie bestellt sein mag.

Manchmal läßt ein Klient Sitzungen ausfallen, weil er hin- und hergerissen ist, ob er sich wirklich verändern möchte. Diese Ambivalenz ist normal, aber wenn Sie nichts tun, um den Kontakt wiederherzustellen, kann es sein, daß sich der Klient für eine passive Vermeidung entscheidet. Ambivalenz hätte somit zum Behandlungsabbruch geführt.

Eine weitere Ursache für den Therapieabbruch von Klienten ist, daß sie das Gefühl haben, genug von dem bekommen zu haben, was sie benötigen. Klienten, die Behandlungsabsprachen (z.B. Selbstbeobachtungsbögen auszufüllen oder ein Selbsthilfebuch zu lesen) nicht mehr einhalten, verhalten sich tatsächlich manchmal genauso wie diejenigen, die kontinuierlich den Behandlungsempfehlungen nachkommen (Miller 1978; Miller & Taylor 1980). Ein Abbruch ist also nicht immer negativ zu bewerten. In Kapitel 3 wurden verschiedene Studien besprochen, die gezeigt haben, daß für viele Klienten eine kurze Behandlung ausreicht, um eine Veränderung anzustoßen.

Es ist bislang unmöglich, Therapieabbrüche gänzlich zu verhindern, und es ist unrealistisch anzunehmen, daß dies irgendwann gelingen könnte. Sie können aber auf Terminversäumnisse in einer Art reagieren, die den Veränderungsprozeß fördert: Warten Sie nicht einfach ab, bis der Klient irgendwann einmal wiederkommt. Wie in Kapitel 6 schon besprochen, kann in einem solchen Fall eine persönliche Kurznotiz oder ein Telefonanruf die Wahrscheinlichkeit, daß der Klient wiederkommt, mehr als verdoppeln.

Das Drama der Veränderung

Widerstand wird zum Schlüssel erfolgreicher Behandlung, wenn Sie ihn als das erkennen, was er ist: eine Chance. Indem der Klient Widerstand ausdrückt, wiederholt er wahrscheinlich ein Verhaltensmuster, das er schon oft praktiziert hat. Von Ihnen erwartet er, dabei eine bestimmte Rolle einzunehmen – eine, die in der Vergangenheit von anderen übernommen wurde. Ihre Rolle ist vorhersagbar. Wenn Sie den gleichen Text sprechen wie Ihre Vorgänger, wird das Stück zum selben Ende kommen wie alle früheren.

Sie können jedoch Ihre Rolle auch neu schreiben. Ihr Part muß nicht der sein, das auszusprechen, was Ihr Klient erwartet. Therapie ist in gewissem Sinne Improvisationstheater. Wenn ein „Spieler" die Rolle verändert, wird das Drehbuch umgeschrieben und die Handlung in eine andere Richtung gelenkt. Mit den Worten von Ebenezer Scrooge: „Wenn man vom Kurs abweicht, ändert sich das Ziel."
Widerstand bringt Leben ins Spiel. Er ist der Schwung, welcher der Handlung Dramatik und Aufregung verleiht. Ihn als Charakterstörung zu betrachten, ist ein bedauerlicher Fehler. Widerstand gehört zum Kern jeder Interaktion. Er entstammt den Motiven und entsteht im Spiel der Akteure. Er deutet an, zu welchem Ende das Spiel kommt, zu welchem es nicht kommt. Die wahre Kunst der Therapie offenbart sich im Erkennen und im Umgang mit Widerstand. Genau an diesem Punkt entfaltet sich das Drama der Veränderung.

9. Phase II: Die Selbstverpflichtung zur Veränderung stärken

Die Bereitschaft zur Veränderung erkennen

In der Anfangsphase motivierender Gesprächsführung geht es um den Aufbau von Veränderungsbereitschaft. Dies beansprucht bei dem einen Klienten weniger, beim anderen mehr Zeit. Im Sinne des Veränderungsmodells von Prochaska und DiClemente befinden sich manche Klienten im Stadium der Absichtslosigkeit, andere in einem Frühstadium der Absichtsbildung. Wiederum andere haben bei Behandlungsaufnahme die Entscheidung zu einer Veränderung bereits getroffen und bedürfen lediglich eines kleinen Motivationsschubs.
Wenn die Beratung/Behandlung von der Motivationsbildung (Phase I) zur Herstellung von Verbindlichkeit und Selbstverpflichtung (Phase II) übergeht, müssen die Strategien verändert werden. Der Klient ist veränderungsbereit, hat sich aber noch nicht festgelegt, auch etwas zu tun. Verkäufer kennen einen vergleichbaren Moment: Wenn ein Kunde sich entschieden hat, einen Kauf zu tätigen, wechseln sie die Strategie, um das Geschäft zum Abschluß zu bringen. Dies kann die kritischste Phase sein. Die Hauptaufgabe besteht darin, dem Kunden zu helfen, den einmal gefaßten Entschluß zu festigen. Das Erkennen des Moments, in dem die Strategie geändert werden muß, unterscheidet den erfolgreichen vom erfolglosen Verkäufer. Auch wenn Sie in der Küche Speisen zubereiten, gibt es viele kritische Momente, bei denen es darauf ankommt, den richtigen Zeitpunkt nicht zu verpassen.
Aber lassen Sie sich von dieser Diskussion um den idealen Augenblick nicht beunruhigen. Das Stadium der Absichtsbildung scheint ein längerer Zeitraum zu sein, in dem sich die Veränderungsbereitschaft langsam aufbaut. Im Übergang zum Stadium der Vorbereitung öffnet sich ein „Zeitfenster", in dem der Wechsel zu anderen Strategien stattfinden kann. Wie lange dieses Zeitfenster geöffnet ist, das variiert sehr stark, aber die Wahrnehmung einer wesentlichen Diskrepanz ist zu unbequem, als daß dieser Zustand unbegrenzt anhält. Wenn die Veränderung noch nicht begonnen wurde, wird die betreffende Person möglicherweise Abwehrstrategien einsetzen, um ihr Unwohlsein zu verringern (Rationalisieren, Herunterspielen, Bagatellisieren, Verleugnen, Vergessen, Projizieren etc.). Es gilt zu erkennen, wann das Fenster sich öffnet, so daß Sie dem Klienten dabei helfen können, hindurchzusteigen.

Woran erkennt man ein solches offenes Fenster? Diese Frage bedarf noch weiterer Forschung. Zur Zeit können wir einige markante Punkte beschreiben, die den Übergang von Phase I zu Phase II anzeigen (s. Tab. 8). Sie sind als mögliche Anzeichen einer Bereitschaft zur Veränderung zu verstehen. Sind derartige Indikatoren einmal vorhanden, sollten Sie auf das neue Ziel umschwenken: die Stärkung der Selbstverpflichtung des Klienten. Das kann auch dann nützlich sein, wenn ein Klient schon bei Behandlungsbeginn offensichtlich den Entschluß gefaßt hat, sich zu verändern.

In diesem Kapitel werden wir Strategien präsentieren, die einer Stärkung der Selbstverpflichtung dienen. Sie kommen bei Klienten zum Einsatz, die einem Spätstadium der Absichtsbildung zuzuordnen sind und den Eindruck vermitteln, daß sie für einen Übergang in die Vorbereitungs- und Handlungsstadien genügend motiviert sind. Dies kann ein genüßlicher Teil des Veränderungsprozesses sein. Während Phase I oft langwierige und harte Arbeit bedeutet – vergleichbar einer mühsamen Bergbesteigung in Schneeschuhen – kann sich Phase II viel einfacher darstellen – als Abfahrt auf Skiern. Auf dem Weg nach unten gibt es allerdings auch Risiken, und wir werden zunächst einige von ihnen erläutern. Trotzdem schreitet der Prozeß nun schneller voran. Man stellt häufig eine Art Kameradschaft mit dem Klienten fest, ein Gefühl, neben diesem Menschen zu sitzen und den richtigen Weg herauszufinden, um ihn dann gemeinsam zu gehen. Auf dem Gipfel besteht die Hauptaufgabe darin, den Klienten dafür zu gewinnen, mit Ihnen die andere Seite des Berges herunterzufahren und nicht oben auszuharren, um dann den gleichen Weg wieder zurückzukehren, den Sie gekommen sind. Haben Sie erst einmal Phase II erreicht, ist die schwierigste Arbeit motivierender Gesprächsführung geleistet. Es ist nun Sache des Klienten, die Skier anzuschnallen, eine geeignete Piste zu suchen, die Entscheidung zum Losfahren zu treffen und die Abfahrt zu genießen, ohne gegen Felsen zu fahren oder in Schluchten zu fallen. Als Therapeut können Sie während dieses Prozesses der Bergführer sein.

Risiken in Phase II

Die Ambivalenz unterschätzen

Hat der Klient einmal Veränderungsbereitschaft signalisiert, ist man als Therapeut mitunter zu schnell geneigt anzunehmen, daß er sich entschieden habe und es nun leicht vorangehe. Die meisten Veränderungsentschlüsse werden jedoch nicht plötzlich und ein für allemal gefällt.

Tabelle 8: Anzeichen für Veränderungsbereitschaft

(1) Nachlassender Widerstand. Die Klienten beenden das Argumentieren, Unterbrechen oder Verleugnen. *(2) Weniger Fragen zur Problematik.* Die Klienten haben anscheinend genügend Informationen zu ihren Problemen und stellen keine Fragen mehr. *(3) Entschluß.* Die Klienten haben offensichtlich einen Entschluß gefaßt und wirken ruhiger, friedvoller, entspannter und/oder entlasteter. Diese Entwicklung tritt manchmal dann ein, wenn sie gerade eine Phase der Trauer und des Schmerzes durchlebt haben. *(4) Selbstmotivierende Äußerungen.* Die Klienten erkennen ein Problem („Ich schätze, das ist ernst."), sind offen für Veränderungen („Ich müßte etwas tun."), sind besorgt („Das beunruhigt mich.") oder voller Optimismus („Ich werde das schaffen!"). *(5) Häufige Fragen zur Veränderung.* Die Klienten fragen, was sie gegen dieses Problem tun könnten, oder was andere Menschen dagegen tun. *(6) Zukunftsphantasien, Ausblicke.* Die Klienten sprechen darüber, wie das Leben nach einer Veränderung aussehen könnte, welche Schwierigkeiten auf sie zukommen könnten oder welche Vorteile eine Veränderung hätte. *(7) Experimente.* Wenn die Klienten zwischen den Beratungssitzungen Zeit haben, machen sie erste Versuche mit Veränderungen, gehen z.B. zu Treffen von Selbsthilfegruppen, trinken einige Tage gar nichts oder lesen ein Selbsthilfebuch o.ä.

Häufig treten Klienten in das Stadium der Handlung ausgesprochen ambivalent ein: Sie wagen ihren ersten vorsichtigen Schritt, während sie noch weitgehend im Unklaren darüber sind, welchen Weg sie danach einschlagen wollen. Manchmal scheint es, als hätten sie gute Fortschritte gemacht, dann drehen sie plötzlich um und machen kehrt. Es besteht für Therapeuten also die Gefahr, daß sie bei den ersten Anzeichen von Veränderungsbereitschaft übereifrig werden. In unserem alpinen Vergleich bedeutet dies, daß es dem Klienten in dieser Situation vielleicht wie dem zögernden Anfänger geht, der endlich den Mut aufgebracht hat, bis zum Gipfel zu gehen, von seinem Lehrer aber ausgerechnet zur steilsten und gefährlichsten Abfahrt geführt wird. Sie sollten während Phase II und während des gesamten weiteren Beratungs- und Therapieprozesses die gleiche Sorgfalt und die gleiche Grundhaltung beherzigen, die auch Phase I charakterisieren. Ambivalenz verschwindet nicht schon deshalb, weil ein Veränderungsprozeß begonnen wurde.

Unangemessene Verordnung

Eine zweite Gefahr in Phase II besteht in der Verordnung eines für den Klienten inakzeptablen Plans: „Jetzt, da Sie zur Veränderung bereit sind, ist folgendes zu tun ...". Das verstößt gegen die klientenzentrierte Grundhaltung motivierender Gesprächsführung und setzt den bis dahin erreichten Fortschritt aufs Spiel. Selbst ein scheinbar einfacher Vorschlag kann manchmal Schwierigkeiten bereiten. „Ja, aber das wird nicht gehen, weil ...." mag der Klient antworten und nimmt damit die passive Rolle eines Menschen ein, der auf die Lösungsvorschläge des Experten wartet. Auch in Phase II sollten Eigenverantwortung und Entscheidungsfreiheit der Klienten den Fortgang bestimmen.

Mangelnde Lenkung

Eine unzureichende Lenkung des Klienten birgt ebenfalls Gefahren. Die Frage „Was kann ich tun?" sollte besser mit der Darstellung konkreter Handlungsalternativen beantwortet werden als mit aktivem Zuhören. Wenn die Beratung in Phase II nur nichtdirektiv geprägt ist („Also Sie fragen sich, was Sie tun können."), wird der Klient möglicherweise verunsichert. Die nachfolgend beschriebenen Strategien sollen dazu dienen, einen Mittelweg zwischen den Extremen der rigiden Verordnung einerseits und der unzureichenden Lenkung andererseits zu finden. Es geht darum, die Motivation des Klienten in einen realistischen Veränderungsplan einmünden zu lassen und seine Selbstverpflichtung zu stärken, diesen Plan auch auszuführen.

Zusammenfassung

Die Zusammenfassung der aktuellen Situation des Klienten, wie sie sich nach den bis dahin geführten Gesprächen darstellt, bildet einen ersten Schritt beim Übergang zu Phase II. Die Ausführlichkeit Ihrer Zusammenfassung hängt von der Komplexität der Situation des Klienten ab. Kündigen Sie Ihre Zusammenfassung an. Sie sollte möglichst viele der nachfolgend genannten Aspekte enthalten:

- Eine Zusammenfassung der selbstmotivierenden Äußerungen des Klienten, die sich auf das Problembewußtsein beziehen.
- Eine Auflistung der Ambivalenzen des Klienten, einschließlich der Aspekte, die das problematische Verhalten positiv oder attraktiv erscheinen lassen.

- Eine Zusammenfassung der objektiven Befunde zu Risiken und Problemen.
- Ein Resümee aller Hinweise auf Veränderungswunsch, -absicht oder -planung.
- Ihre eigene Einschätzung der Situation des Klienten unter Hervorhebung derjenigen Aspekte, in denen sie mit den Sorgen des Klienten übereinstimmt.

Der Zweck dieser Zusammenfassung besteht darin, möglichst viele Gründe für eine Veränderung zusammenzutragen, während gleichzeitig Zögern oder Ambivalenz anerkannt wird. Die Zusammenfassung wird als abschließende Vorbereitung für den Übergang zur Stärkung der Selbstverpflichtung eingesetzt und leitet uns direkt zu den sogenannten Schlüsselfragen.

Schlüsselfragen

Auch jetzt wird dem Klienten nicht gesagt, was er zu tun hat. Es wird eher gefragt, was er tun *will*. Diese Fragen sollten zu einem Zeitpunkt gestellt werden, wenn das Problembewußtsein des Klienten am stärksten ist.
Schlüsselfragen sind offene Fragen, die nicht einfach mit „Ja“ oder „Nein“ beantwortet werden können. Sie verlangen vom Klienten, über Veränderung nachzudenken oder darüber zu sprechen. Das zentrale Thema von Schlüsselfragen ist „der nächste Schritt“. Normalerweise werden sie direkt im Anschluß an die Zusammenfassung gestellt, sie können allerdings auch während der gesamten Phase II eingesetzt werden. Beispiele für Schlüsselfragen finden Sie in Tabelle 9.
Den Antworten des Klienten auf Schlüsselfragen begegnet man mit aktivem Zuhören. Es geht vor allem darum, die Gedanken des Klienten zu ordnen und ihn zu weiterer Exploration zu ermutigen. Auch sollten selbstmotivierende Äußerungen mit Hilfe aktiven Zuhörens verstärkt werden. Achten Sie in dieser Phase darauf, die Eigenverantwortung und Entscheidungsfreiheit des Klienten nicht einzuschränken und nicht so zu tun, als könnten Sie die Probleme für den Klienten lösen.

Information und Ratschlag

In dieser Phase fragen Klienten oft nach Informationen oder Anregungen. Es hat sich bewährt, den Rat zu erteilen, der Ihnen selbst am geeignetsten erscheint. Achten Sie jedoch darauf, nicht in die „Ja, ... aber“-

Falle zu geraten (eine Variation der Konfrontations-Verleugnungs-Falle). Dabei gibt der Berater eine Information, und der Klient sagt, warum sie für ihn nicht relevant ist. Oder der Berater macht einen Vorschlag, und der Klient erklärt, warum er ihm ungeeignet erscheint. Dieser Mechanismus kann sich schon nach wenigen Sitzungen einschleifen.

Tabelle 9: Mögliche Schlüsselfragen

- Was glauben Sie, werden Sie tun?
- Was bedeutet das für Ihr Trinkverhalten?
- Das alles zu sehen, muß für Sie jetzt unangenehm sein. Was ist der nächste Schritt?
- Was meinen Sie, muß sich ändern?
- Was könnten Sie tun? Welche Möglichkeiten sehen Sie?
- Das klingt so, als könnte es nicht so bleiben wie bisher. Was werden Sie tun?
- Welche von den Themen, die ich erwähnt habe, begründen Ihrer Meinung nach am ehesten eine Veränderung? Wie wollen Sie das anstellen?
- Was wird nun geschehen? Wohin soll es nun gehen?
- Was sollte sich Ihrer Ansicht nach idealerweise verändern?
- Was macht Ihnen Angst, wenn Sie an eine Veränderung Ihres Drogenkonsums denken?
- Welche Vorteile hätte eine Veränderung?

Dagegen kann man sich allerdings schützen. Geben Sie z.B. nicht zu oft einen Ratschlag. Warten Sie auf eine entsprechende Aufforderung oder Bitte um Information. Vermitteln Sie das Gefühl, daß es etwas Besonderes ist, Informationen oder Ratschläge zu bekommen, um so den Klienten dazu zu bewegen, sich für einen Rat zu bemühen und eine zusätzliche Aufforderung auszusprechen.

T: Ich freue mich, Ihnen einige Anregungen geben zu können, aber ich möchte Ihre eigenen kreativen Gedanken nicht behindern; Sie sind Ihr eigener Experte.

T: Ich bin mir nicht sicher, ob Sie wirklich einen Rat von mir wollen. Vielleicht haben Sie ja auch eigene Ideen, was zu tun ist.

T: Sicherlich kann ich Ihnen sagen, was ich denke, wenn Sie das wirklich wissen wollen. Aber ich möchte nicht, daß es Ihnen so vorkommt, als ob ich Ihnen vorschreiben würde, was Sie tun sollen. Wäre meine Meinung wirklich wichtig für Sie?

Schränken Sie die Aussagekraft Ihrer Vorschläge ein. Es kann vorteilhaft sein, einen Ratschlag in einer neutralen Weise einzubringen, die es dem Klienten überläßt zu beurteilen, ob er in seiner Situation hilfreich ist. Dazu einige einleitende Kommentare:

T: Ich weiß nicht, ob das bei Ihnen funktioniert, aber ich kann Ihnen schildern, was bei anderen Menschen, die in einer vergleichbaren Situation waren, funktioniert hat.

T: Vielleicht erscheint es Ihnen sinnvoll, vielleicht auch nicht, aber es wäre eine Möglichkeit. Sie müssen selbst beurteilen, ob es zu Ihnen paßt.

T: Ich kann Ihnen einen Vorschlag machen, aber ich glaube, Sie müssen es selbst ausprobieren, um zu beurteilen, ob es für Sie etwas bringt.

T: Ich kann Ihnen lediglich meine Meinung dazu sagen. Sie müssen selbst herausfinden, was bei Ihnen funktioniert.

T: Einige Leute haben ..... [Veränderungsschritte erläutern]. Ich frage mich, ob das für Sie vielleicht auch angemessen ist.

Eine weitere Möglichkeit besteht darin, eine Reihe von Alternativen in die Überlegungen einzubeziehen. Wenn Menschen einen Veränderungsweg aus mehreren Alternativen auswählen können, dann ist die Wahrscheinlichkeit größer, daß sie damit Erfolg haben (Miller 1985b). Darüber hinaus wird durch die Bereitstellung von Alternativen das „Ja, ... aber"-Muster vermieden, mit dem der Klient jeden einzelnen Vorschlag zurückweisen kann.

T: Es gibt keinen universellen Weg, der für jeden in Frage kommt. Ich kann Ihnen Schritte nennen, die bei anderen zum Erfolg führten, und Sie können sehen, welcher davon für Sie am ehesten in Frage kommt.

T: Lassen Sie mich einige Möglichkeiten aufzählen, und Sie sagen mir, welche Ihnen am sinnvollsten erscheint.

Sie können beim Klienten den Wunsch nach Information und Rat auch aktiv anstoßen. Dies kann z.B. in Phase II nach der abschließenden Zusammenfassung geschehen:

T: Wir haben über viele wichtige Dinge gesprochen, und Sie machen den Eindruck, als hätten Sie über vieles nachgedacht. Vielleicht gibt es noch etwas, wonach Sie mich fragen möchten oder worüber Sie sich Gedanken machen.

Dies weckt vielleicht den Wunsch nach weiterer Information über Themen, die in Phase I zur Sprache gekommen sind, oder über zusätzliche Veränderungsalternativen. Wenn Sie etwas gefragt werden, worauf Sie keine Antwort wissen, nehmen Sie sich die Freiheit, das einzugestehen. Erklären Sie aber, daß Sie es für den Klienten herausfinden wollen.

Aus den Antworten des Klienten auf Schlüsselfragen sowie aus Ihren Informationen und Ratschlägen kristallisiert sich dann vielleicht ein Veränderungsplan heraus. Einen solchen Plan zu entwickeln, ist ein Prozeß des Aushandelns, bei dem es darum geht, (1) Ziele festzulegen, (2) Alternativen zu überlegen und schließlich (3) einen Veränderungsplan zu erstellen.

(1) Ziele festlegen

Motivation wird vorangetrieben durch die Diskrepanz zwischen den Zielen einer Person und ihrer aktuellen Situation. Deshalb besteht der erste Schritt darin, klare Ziele zu definieren. Schlüsselfragen könnten hier sein:

- T: Was genau soll sich denn verändern?
- T: Wie wollen Sie das anstellen?
- T: Wenn Sie alles das erreichen würden, was Sie sich im Moment wünschen, was hätte sich dann verändert?
- T: Lassen Sie uns Schritt für Schritt vorgehen. Was denken Sie, ist der erste Schritt?

Hier müssen wir darauf hinweisen, daß die Ziele des Klienten möglicherweise nicht mit Ihren übereinstimmen. Z.B. könnten Sie es für das Beste halten, wenn eine bestimmte Klientin für den Rest ihres Lebens gänzlich auf Alkohol und andere psychoaktive Substanzen verzichtet, während ihr selbst vielmehr daran gelegen ist, ihre Ehe zu retten und den Alkoholkonsum auf ein moderateres Maß zu senken. Wie können Sie mit einer solchen Situation umgehen? Tatsache ist, daß Sie ihre eigenen Ziele dem Klienten nicht aufdrängen können. Sie können die besten Vorschläge machen, letztlich entscheidet der Klient, ob er sie annimmt oder nicht. Noch einmal: Es ist wenig sinnvoll, in Phase I die Prinzipien motivierender Gesprächsführung anzuwenden, um dann in Phase II auf einen rigiden, verordnenden Beratungsstil umzuschalten. Sie sollten das Arbeitsbündnis mit dem Klienten beizubehalten suchen und mit den Zielen beginnen, die für ihn die höchste Priorität haben. Sollten diese Ziele unrealistisch sein, wird er dies schon früh genug merken.

Ein Thema, in dem Behandelnde und Klienten oft nicht übereinstimmen, ist die Abstinenz: Für gewöhnlich wollen Behandelnde sofort die totale Abstinenz, und Klienten weigern oder widersetzen sich. In

diesem Fall sollten Sie Ziele aushandeln, die Fortschritte in Richtung Heilung bedeuten, aber nicht das von Ihnen gewünschte Ausmaß erreichen. Miller und Page (1991) haben drei Alternativen zur sofortigen Abstinenz beschrieben:
(1) ein abgesprochener Zeitraum versuchsweiser Abstinenz,
(2) ein schrittweiser auf Abstinenz zulaufender Prozeß und
(3) ein Zeitraum der versuchsweisen Reduktion.

Bei weniger schweren Störungen kann z.B. die Reduktion der Trinkmengen ein angemessenes Ausgangsziel darstellen (Miller 1987), obgleich sich viele dieser Klienten auf Dauer für Abstinenz entscheiden. Es geht darum, im Kontakt mit dem Klienten zu bleiben und akzeptable und realistische Veränderungsziele zu entwickeln.
Bei Zieldiskussionen sollten Sie einen vorausschauenden Blick behalten, der über kurzfristige Ziele hinausgeht. Das Wissen um langfristige, umfassende Ziele kann für die Motivationsentwicklung hilfreich sein. Manchmal ist es auch wichtig, zusätzliche Ziele vorzuschlagen, die aus Ihrer Sicht für das weitere Wohlergehen des Klienten von Bedeutung sind (z.B. Arbeit suchen, Spritzen tauschen).
Eine Möglichkeit, die Angemessenheit eines gewählten Ziels zu überprüfen, ist, den Klienten zu bitten, sich die praktischen Konsequenzen dieses spezifischen Weges vorzustellen. Vielleicht entdeckt der Klient dabei Schwierigkeiten, auf die er bislang noch nicht gekommen ist. Folgende Fragen könnten Sie dazu stellen:

T: Wie würde sich Ihr Leben verändern, wenn Sie diesen Weg verfolgen und den Konsum völlig beenden würden?

T: Sie sagten, daß Sie gerne weniger konsumieren würden. Lassen Sie uns einen Moment darüber sprechen. Wie könnte das Ihrer Meinung nach funktionieren?

T: Das ist also Ihr Ziel. Was glauben Sie, könnte an diesem Plan schiefgehen?

T: Wenn Sie dieses Ziel erreichen würden, was würde außerdem noch passieren? Was würde sich gut entwickeln, was nicht so gut?

Dies führt häufig zu einer Einschätzung, wie kompetent der Klient ist, das Ziel auch zu erreichen. Erfolg ist nicht einfach eine Frage des Wollens. Es gibt normalerweise einige praktische Dinge, die die Wahrscheinlichkeit des Erfolges erhöhen. Bevor Sie aber weitergehen, versichern Sie sich, daß das gesetzte Ziel das richtige ist. Wenn der Klient ernste Bedenken äußert, ob das Ziel überhaupt wünschenswert oder erreichbar ist, sollten Sie noch einige Zeit darauf verwenden, das rechte Ziel zu finden.

(2) Veränderungsalternativen abwägen

Wenn ein klares Ziel definiert ist, geht es im nächsten Schritt darum, mögliche Schritte abzuwägen, wie dieses Ziel erreicht werden kann. Eine umfassende Darstellung alternativer Behandlungsansätze überschreitet den Rahmen dieses Buches (vgl. Cox 1987; Garfield & Bergin 1986; Hester & Miller 1989). Drei allgemeine Punkte sollen aber genannt werden: Erstens, die Literatur über Behandlungsergebnisse bietet für zahlreiche Störungen eine Vielfalt an geeigneten Hilfen. Nur selten gibt es eine einzige Behandlungsmethode der Wahl, insbesondere nicht im Bereich der Suchterkrankungen. Im Gegenteil: wir sind mit einer ganzen Reihe von Alternativen gesegnet, die sich in kontrollierten Studien als effektive Verfahren für bestimmte Populationen erwiesen haben (Holder u.a. 1991;[1] Miller & Hester 1986a). Das bedeutet, daß Sie mit Ihrem Klienten guten Gewissens verschiedene Strategien besprechen können. Das hat den zusätzlichen Vorteil, daß die Motivation des Klienten durch die persönliche Auswahl gefördert wird. Die Idee des „Menüs aus Optionen" (Ewing 1977) läßt sich gut mit den Prinzipien motivierender Gesprächsführung vereinen.
Zweitens stehen wir einer zunehmenden Anzahl von Veröffentlichungen gegenüber, die sich damit auseinandersetzen, wie die optimale Behandlungsstrategie für jeden Patienten gefunden werden kann (Finney & Moos 1979; Gottheil u.a. 1981; Hester & Miller 1989; Miller & Hester 1986b; McLellan u.a. 1983).[2] Diese Literatur zu kennen, ist sicherlich von Vorteil, um Klienten zu helfen, auf Anhieb die richtige Methode zu wählen. Die Entscheidung für eine unangemessene Strategie kann zu Fehlschlägen und Enttäuschungen führen. Auch wenn sich der Klient später nicht dazu entscheidet, Ihrem Rat zu folgen, sollten Sie ihn nach dem aktuellen Stand der Forschung beraten haben.
Drittens kann es sein, daß der Klient trotz aller Bemühungen beim ersten Versuch falsch liegt und scheitert. Es ist wichtig, Klienten auf diese Möglichkeit vorzubereiten. Der Rückfall ist ein normaler Bestandteil

---

[1] In deutscher Sprache nachzulesen in Hodgson 1994; vgl. auch Finney & Monahan 1996 (Anm. d. Hrsg.).

[2] Mittlerweile wurde zu dieser Frage in den USA ein bedeutendes multizentrisches Forschungsprojekt durchgeführt. Die Ergebnisse können nachgelesen werden in: Project MATCH research group 1997a und 1997b. Beim *National Institute on Alcohol Abuse and Alcoholism* können kostenlos Informationen zu allen in diesem Projekt verwandten Behandlungsverfahren angefordert werden (NIAAA, P. O. Box 10686, Rockville, MD 10849-0686) (Anm. d. Hrsg.).

des Genesungsprozesses (Marlatt & Gordon 1985). Hier einige Vorschläge, wie diese Fragen angesprochen werden können:

T: Tatsache ist, daß es keine Methode gibt, die für alle die beste ist. Was für einige gut ist, ist für andere inakzeptabel oder nicht effektiv genug. Aber es ist ermutigend zu wissen, daß es eine ganze Reihe vielversprechender Wege gibt. Die Frage ist nun, welche davon für Sie am besten wären. Wenn Sie wollen, können wir über einige Alternativen sprechen, und ich könnte versuchen, Ihnen zu helfen, gleich beim ersten Mal den richtigen Weg zu finden. Aber seien Sie nicht entmutigt, wenn Sie einen Weg eingeschlagen haben und er dann doch nicht zu taugen scheint. Es bedeutet nichts anderes, als daß dies nicht die richtige Methode für Sie ist. Bei so vielen Möglichkeiten kann man mit Sicherheit davon ausgehen, daß Sie etwas Passendes finden, und ich werde Sie bei dieser Suche begleiten. Wollen sie nun einige Alternativen kennenlernen?

Bei der Beschreibung alternativer Ziele oder Methoden sollten Sie Fachbegriffe vermeiden. Die Alternativen sollten in einer für den Klienten verständlichen, auf seine aktuelle Situation bezogenen Sprache dargestellt werden. Klären Sie den Klienten darüber auf, was eine bestimmte Strategie bezweckt, was sie beinhaltet, wie sie funktioniert und welche Konsequenzen man erwarten kann. Fragen Sie den Klienten, ob er zusätzliche Informationen zu irgendeiner Alternative benötigt, und bitten Sie ihn, mit Entscheidungen zu warten, bis Sie alle Möglichkeiten vorgestellt haben.

Sobald verschiedene Handlungsalternativen besprochen worden sind, bitten Sie den Klienten, so genau wie möglich einzuschätzen, was bei jeder der Alternativen geschehen wird. Beziehen Sie in die Reihe der Alternativen auch ein, daß der Klient *nichts* verändert, und fragen Sie ihn auch hier nach den konkreten Konsequenzen. Zu Beginn des Veränderungsprozesses sollte man sich nur auf Wege und Ziele einigen, von denen der Klient überzeugt ist. Diese Angemessenheit von Veränderungsalternativen kann durch Fragen ermittelt werden, die etwa folgendermaßen lauten:

T: Sie sagen, Sie hätten es wirklich nötig zu lernen, „Nein“ zu sagen, wenn Ihnen jemand ein Getränk anbietet. Was meinen Sie, würde passieren, wenn Sie das täten?

T: Sie würden gern etwas dagegen tun, daß Sie sich nachts allein fühlen, so daß Sie nicht dasitzen und darüber nachdenken müssen, Drogen zu nehmen, um sich wohl zu fühlen. Was könnten Sie statt dessen unternehmen? Wie, glauben Sie, würden sich die Dinge entwickeln?

(3) Einen Veränderungsplan erstellen

Eine solche Diskussion mündet häufig in die Entwicklung eines konkreten Veränderungsplans. Zu diesem Zweck kann es sinnvoll sein, ein Arbeitsblatt für oder mit dem Klienten auszufüllen, in dem Antworten des Klienten zu folgenden Punkten zusammengefaßt werden:

- Die wichtigsten Gründe, weswegen ich etwas verändern will, sind ...
- Meine Hauptziele, die ich durch eine Veränderung erreichen möchte, sind ...
- Ich plane, die folgenden Dinge zu tun, um meine Ziele zu erreichen: [Handlungsschritte und jeweiliger Zeitpunkt]
- Die ersten Schritte, die ich in Richtung Veränderung zu tun gedenke, sind ...
- Andere Menschen könnten mir bei Veränderungen auf diesen Wegen behilflich sein: [Personen und jeweilige Art der Unterstützung]
- Ich hoffe, daß mein Plan die folgenden positiven Ergebnisse bringen wird: ...

Fassen Sie als Berater abschließend zusammen:

„Lassen Sie mich sehen, ob ich zusammenfassen kann, wo Sie im Moment stehen. Sie wollten verschiedene Methoden kennenlernen, mit denen Menschen ihr Trinkverhalten ändern können, und wir haben über eine Reihe von Alternativen gesprochen. Sie glauben, daß Sie auf lange Sicht hin vollständig auf Alkohol verzichten müssen, aber Sie wollen es erst einmal mit einer Verringerung der Trinkmenge versuchen. Sie haben verschiedene Möglichkeiten überdacht und dann entschieden, daß Sie mit einem Selbstkontrollprogramm arbeiten möchten. Wir sollten nach sechs bis acht Wochen sagen können, ob es funktioniert. Auch wenn Sie dann entscheiden sollten, ganz aufzuhören, so ist die Reduzierung ein sinnvoller Schritt in die richtige Richtung. Sie wollen sich jetzt daran machen, das zu lesen, was ich Ihnen gegeben habe, und mit dem Führen eines Trinktagebuches anfangen. Sie waren damit einverstanden, daß wir uns nächsten Dienstag wiedersehen und daß Sie Ihren Mann zu dieser Sitzung mitbringen. Sie fanden, daß dies eine gute Idee sei. Ich habe den Eindruck, daß Sie im Hinblick auf die nächsten Schritte ein wenig unruhig sind, aber Sie haben für sich eingesehen, daß es notwendig ist, etwas zu ändern, und das, was Sie vorhaben, ist eine deutliche Veränderung. Habe ich etwas vergessen?"

FINALE

Selbstverpflichtung herstellen

Die Zusammenfassung führt Sie direkt zur Frage der Selbstverpflichtung, was bedeutet, daß der Klient dem Plan zustimmt und sich für so-

fortige Maßnahmen entscheidet. Die Zustimmung können Sie durch eine einfache Frage („Ist es das, was Sie tun wollen?") einholen. Es kann sinnvoll sein herauszufinden, welche Widerstände der Klient möglicherweise noch gegen diesen Plan hegt. Hier sollte man auf entsprechende Strategien aus Phase I zurückgreifen, um mögliche Ambivalenzen aufzulösen.
Die Selbstverpflichtung im Hinblick auf einen bestimmten Plan kann gestärkt werden, indem man ihn publik macht. Nimmt ein Ehepartner oder eine andere wichtige Bezugsperson an der Sitzung teil, wird die Selbstverpflichtung im Wissen und mit der Zustimmung dieser Person eingegangen. Sie können den Klienten bitten, andere Verwandte, Freunde oder Bekannte zu besuchen, ihnen zu schreiben oder sie anzurufen, um sie von der Entscheidung in Kenntnis zu setzen und sie gegebenenfalls um Hilfe zu bitten. Solch ein Telefonanruf könnte auch während der Beratungssitzung erfolgen. Wenn der Klient im stationären Setting Kontakt zu anderen Patienten hatte, können sie ihn um Erlaubnis fragen, diesen seinen Plan mitzuteilen oder sie sogar als „Vertraute" an der Sitzung teilnehmen zu lassen. Je deutlicher der Klient diesen Plan vor anderen äußert, um so höher ist die Verbindlichkeit. Darüber hinaus kann diese „Öffentlichkeit" dazu führen, daß andere Menschen den Klienten auf seinem Weg unterstützen. Wenn eine solche Öffnung gegenüber anderen Menschen dem Klienten schwierig oder riskant erscheint, bereiten Sie dies mit dem Klienten im Rollenspiel vor.

Übergang zum Stadium der Handlung

Selbstverpflichtung spiegelt sich auch in Taten wider. Es kann sinnvoll sein, umgehend Schritte zur Umsetzung festzulegen. Wenn ein Klient z.B. zustimmt, Disulfiram[3] einzunehmen (Fuller 1989), sollte er das Rezept schnell bekommen. Einige Kliniken sind so gut organisiert, daß eine sofortige medizinische Untersuchung möglich ist. Rezepte werden bereitgehalten, so daß der Klient seine erste Tablette einnehmen kann, bevor er die Klinik verläßt. Auch eine kleine finanzielle Investition in den Plan (z.B. ein Buch kaufen, Rezeptgebühr bezahlen) kann der Selbstverpflichtung dienlich sein. Nimmt der Partner an den Sitzungen teil, kann dessen Rolle genau festgelegt werden (Sisson & Azrin 1989). Das leitet zum Stadium der Handlung über, in dem konkrete Schritte zur Umsetzung einer Veränderung vorgenommen werden. Die Forschung hat gezeigt, daß es in der Regel keine scharfe Grenze zwischen dem Sta-

---

[3] Entspricht Antabus, ein Medikament, das heftige vegetative Reaktionen nach Alkoholkonsum erzeugt (Anm. d. Hrsg.).

dium der Absichtsbildung und dem der Handlung gibt. Im Spätstadium der Absichtsbildung experimentieren Menschen mit ersten kleinen Veränderungsschritten, und während des beginnenden Handlungsstadiums sind sie für gewöhnlich noch etwas ambivalent und nachdenklich (DiClemente & Hughes 1990). Deshalb sollten Sie die Strategien motivierender Gesprächsführung nicht aufgeben, wenn das Handlungsstadium erreicht ist.

Wenn ein Klient nicht in der Lage ist, eine verbindliche Entscheidung zu treffen, sollten Sie ihn nicht drängen. Besser ist es, sein Zögern ernstzunehmen und zu sagen: „Wenn Sie noch nicht dazu bereit sind, dann möchte ich auch nicht, daß Sie sich verbindlich äußern. Dies ist viel zu wichtig, als daß es übers Knie gebrochen werden sollte. Gehen Sie nach Hause und denken Sie noch einmal in Ruhe nach, so daß wir beim nächsten Mal weiter darüber reden können". Auf diese Weise halten Sie den Kontakt mit dem Klienten. An einem solchen Punkt kann eine aktive Therapeutenrolle (z.B. eine Kurznotiz oder ein Telephonanruf) die Wahrscheinlichkeit senken, daß der Klient aus dem Veränderungsprozeß aussteigt.

10. Typische und schwierige Situationen

Dieses und das nächste Kapitel sollen Ihnen helfen, die motivierende Gesprächsführung in Ihren Arbeitsalltag zu integrieren. In Kapitel 11 stellen wir ein praktisches Fallbeispiel vor, das anhand eines fiktiven Klienten in idealtypischer Weise die Inhalte der Kapitel 5 bis 9 zusammenfügt. Zunächst aber werden wir in diesem Kapitel einige Situationen aus der Praxis motivierender Gesprächsführung vorstellen, die Beratern häufig Schwierigkeiten bereiten.

Mit Ehepartnern arbeiten

Viele Praktiker sind unterschiedlicher Auffassung darüber, ob und wieweit die Partner der Klienten in die motivierende Gesprächsführung einzubeziehen sind. Besonders dann, wenn der Partner den Klienten gedrängt hat, Hilfe anzunehmen, kann es zunächst sinnvoll sein, sich mit dem Klienten allein zu treffen, um eine Atmosphäre des Vertrauens und der Unterstützung zu schaffen. Ein konfrontierender Partner kann ebenso Widerstand erzeugen und eine motivierende Gesprächsführung behindern (z.B. das Anregen selbstmotivierender Aussagen beim Klienten) wie ein konfrontierender Berater. Aus diesem und anderen Gründen ziehen es einige Berater vor, nur mit dem Klienten zu arbeiten. Andererseits kann der Partner eine wichtige Quelle von Information, Motivation und Unterstützung für Veränderung sein (Sisson & Azrin 1986). Zudem kann ein konfrontierender Partner auch außerhalb der Sitzungen Widerstand gegenüber einer Veränderung provozieren. Wenn der Partner an der Behandlung teilnimmt, hat der Therapeut die Möglichkeit, destruktive Kommunikationsmuster zu beobachten und gegebenenfalls zu verändern. Strategien motivierender Gesprächsführung können selbstverständlich auch dazu dienen, die Veränderungsmotivation des Partners zu fördern und seine eigene Verbindlichkeit zu erhöhen. Ein kompetenter Therapeut kann den Partner auf unterschiedliche Weise einbeziehen, um so die Motivation des Klienten zu steigern. Erforderlich sind dazu die gleichen Fähigkeiten wie für eine Paartherapie (O'Farrel & Cowles 1989). In Kapitel 14 wird dieses Thema ausführlicher behandelt.

Wichtige andere Bezugspersonen

Die Prinzipien, die bei der Einbeziehung des Partners zu berücksichtigen sind, gelten auch für die Gespräche mit anderen wichtigen Bezugspersonen. Der Klient kann z.B. einen nahestehenden Freund, ein Elternteil, einen Arbeitskollegen oder ein anderes Familienmitglied mitbringen, die allesamt eine ebenso unterstützende Rolle übernehmen können. Im Idealfall handelt es sich um eine Person, die sich um den Klienten bemüht, dessen Probleme kennt, gewillt und einfallsreich genug ist, um zu helfen, und häufigen Kontakt zum Klienten unterhält.

Einzelberatung von Bezugspersonen

Vor dem Klienten selbst sucht häufig zunächst der besorgte Partner oder ein anderes Familienmitglied den Berater auf. In diesem Fall kann ein motivierendes Gespräch mit dieser Bezugsperson allein geführt werden, um so den Weg für eine künftige Beratung des Betroffenen zu ebnen. Sisson und Azrin (1986) untersuchten die Effektivität eines Beratungsansatzes, der darauf abzielte, die Veränderungsmotivation der Bezugspersonen zu stärken und ihnen konkrete Handlungsstrategien zu vermitteln. Der Erfolg des Beratungsansatzes wurde anhand zweier Kriterien gemessen: (1) dem Trinkverhalten des abhängigen Partners und (2) der Aufnahme einer Behandlung durch diesen. Nach ungefähr sieben Sitzungen hatten die meisten abhängigen Partner mit der Behandlung begonnen und ihre Trinkmenge zur Hälfte reduziert, bevor sie mit der Behandlung begonnen hatten. Strategien der motivierenden Gesprächsführung können demnach bei Bezugspersonen eingesetzt werden, um eine Behandlung der Partner, Verwandten oder Freunde vorzubereiten.

Der Zwangsklient

Eine besondere Herausforderung für Therapeuten stellen Personen dar, die gezwungenermaßen in Behandlung kommen – z.B. wegen einer gerichtlichen Therapieauflage oder drohenden Verlusts des Arbeitsplatzes. Der Zwang kann den gesamten Behandlungsprozeß belasten. Was passiert, wenn Sie versuchen, bei diesen Klienten motivierende Gesprächsführung zu praktizieren?
Ein wichtige Frage ist, ob Sie der Institution angehören, die den Zwang zu verantworten hat. Falls nicht, ist es relativ einfach voranzukommen, indem Sie sich von diesem Zwang zur Therapie distanzieren. Vielleicht kommt der Klient zur ersten Sitzung mit Gefühlen wie Ärger und Zorn und verleugnet, überhaupt ein Problem zu haben. Wenn Sie den Widerwillen des Klienten herausfordern oder ihn zu überzeugen versuchen, daß er wirklich ein Problem hat und sich ändern muß, werden Sie direkt

in die Konfrontations-Verleugnungs-Falle geraten (s. Kap. 6). Betonen Sie statt dessen ganz im Sinne der motivierenden Gesprächsführung seine Entscheidungsfreiheit. Machen Sie ihm klar, daß Sie es nicht als Ihre Aufgabe betrachten, ihn zu einer Behandlung zu überreden. Wenn Sie in dieser Weise die Selbstverantwortung in den Vordergrund stellen, ist es wichtig, nicht defensiv oder herablassend zu sein. Beschränken Sie sich auf die Tatsachen und erklären Sie Ihre Bereitschaft zu helfen, wenn der Klient das wünscht. Dazu ein Beispiel:

Berater: Sie und ich, wir wissen beide, daß das Gericht Sie aufgefordert hat, hierher zu kommen. Wäre ich an Ihrer Stelle, würde ich mich wahrscheinlich ärgern und wäre nur widerwillig hier. Das ist ein ganz normales Gefühl und sehr verständlich. Ich will Ihnen aber auch mitteilen, daß ich nicht bei diesem Gericht angestellt bin. Mein Beruf ist es, anderen Menschen zu helfen, etwas zu verändern. Ich will Sie nicht dazu bringen, etwas zuzugeben oder etwas zu verändern. Das könnte ich selbst dann nicht, wenn ich es wollte – es ist allein Ihre Entscheidung, was Sie tun werden. Außerdem möchte ich betonen, daß Sie nicht hier sein müssen. Wenn ich Sie richtig verstanden habe, hat das Gericht Sie dazu aufgefordert, sich irgendeiner Form von Therapie zu unterziehen. Tun Sie das nicht, gehen Sie ins Gefängnis. Das heißt aber nicht, daß Sie hier sein müssen. Sie haben weitere Möglichkeiten, und wenn Sie etwas anderes tun oder mit jemand anderem sprechen möchten, dann helfe ich Ihnen, Alternativen zu finden. Meine Aufgabe liegt darin, Menschen zu helfen, ihre Situation zu überprüfen und über eine Veränderung nachzudenken. Wie hört sich das für Sie an?

Die Zwangssituation ruft insbesondere in der Anfangsphase der Beratung viele Widerstände hervor und erfordert deshalb viel Zeit für Strategien der Phase I (s. Kap. 6) und viel Sorgfalt im Umgang mit den Widerständen (s. Kap. 8). Eine breit angelegte Befunderhebung kann als Basis für weitere Gespräche genutzt werden. Das Einbeziehen des Partners oder einer anderen Bezugsperson kann ebenfalls hilfreich sein. Wichtig ist die Betonung der persönlichen Entscheidungsfähigkeit und Selbstverantwortung des Klienten innerhalb der vom Gericht festgesetzten Grenzen. Sind Sie nicht dem Gericht unterstellt, können Sie sich zumindest teilweise von diesem Zwangsrahmen lösen. Sie sollten sich über Ihre Rolle in einem gerichtlichen Verfahren im Klaren sein. Das Ausmaß und die Grenzen Ihrer möglichen Beteiligung sollten genau abgesprochen sein, ebenso die möglichen Auswirkungen auf das Vertrauensverhältnis zum Klienten.
Wenn Sie jedoch direkt mit der verordnenden Instanz zusammenarbeiten (z.B. um dem Gericht über Art und Umfang der Problematik inkl. des Behandlungsbedarfs zu berichten), kann die Kommunikation

mit dem Klienten erheblich belastet werden. Bewährungshelfer treffen oft auf dieses Problem, wenn Sie versuchen, mit ihren Klienten persönliche Probleme anzusprechen. Dabei verfällt man nur zu leicht in konfrontative Verhaltensmuster, die oftmals die Grundlage einer für diese Berufsgruppe typischen fehlgeschlagenen Interaktion mit dem Klienten bilden.

Viele Menschen, die im Zusammenhang mit der Justiz arbeiten, sind es gewohnt, direkte Fragen zu stellen, auf die sie klare Antworten erwarten. Motivierende Gesprächsführung erfordert in diesem Kontext einen grundsätzlichen Wechsel der Ausrichtung und der Atmosphäre eines Gesprächs. Der Berater sollte dies durch Umbenennungen bzw. neue Akzentuierungen ausdrücken (s. Kap. 8). Das funktioniert allerdings nur, wenn es bereits gelungen ist, eine offene und vertrauensvolle Beziehung zum Klienten aufzubauen:

B: Ein Teil meiner Arbeit besteht darin, dafür zu sorgen, daß Leute nicht in Schwierigkeiten geraten, doch gibt es noch einen anderen, ebenso wichtigen Teil meiner Arbeit: die Beratung. Ich finde es wichtig, daß Sie merken, daß Sie mit mir auch über andere persönliche Dinge sprechen können, egal welcher Art. Dieser Teil meiner Tätigkeit bedeutet nicht, Menschen „abzuchecken", sondern besteht einfach darin, ihnen zu helfen, ihre Probleme zu lösen und unabhängiger zu werden.

Auch wenn dieses Vorgehen erfolgreich ist, muß man noch mit Widerständen rechnen, z.B. in Form einer gewissen Zurückhaltung, Probleme offen zu diskutieren, oder in Form eines Gefühls der Hoffnungslosigkeit. Umbenennungen sind auch hier hilfreich, um die Autonomie des Klienten zu bekräftigen und die Notwendigkeit vor Augen zu führen, statt der äußeren innere Kontrollmechanismen aufzubauen:

B: Ich verstehe, daß Sie sich in einer schwierigen Situation befinden. Wieviel Zeit ist in den letzten Wochen für Dinge verwandt worden, die etwas mit Kontrolle über Sie zu tun hatten – Polizei, Gefängnis und dann noch der Besuch bei mir. Wir sollten das möglichst verändern und zusehen, daß Sie die Dinge wieder selbst kontrollieren, so daß Sie das Gefühl bekommen, Ihr Leben selbst in die Hand zu nehmen.

Das Problem ansprechen

Wie soll ein Problem angesprochen werden, wenn das Problembewußtsein fehlt (Stadium der Absichtslosigkeit) oder die Abwehr, in Richtung einer Veränderung zu denken, zu groß ist (Stadium der [frühen] Absichtsbildung)? Diese Situation ergibt sich häufig für den Arzt,

Bewährungshelfer, Geistlichen, Psychologen, Psychiater oder einen anderen Mitarbeiter im Gesundheitssystem. Das größte Hindernis einer hilfreichen Diskussion besteht darin, das Problem überhaupt anzusprechen und einen konstruktiven Dialog zu initiieren.
Wir sind der Überzeugung, daß motivierende Gesprächsführung besonders an dieser Stelle von größtem Nutzen ist. Offene Fragen z.B. bieten sich an, wenn Klienten von sich aus nur wenig preisgeben:

Geschlossene Fragen, die oft Widerstand wecken:

B: Sie trinken ziemlich viel, nicht wahr?

B: Es hat den Anschein, daß Sie ein Problem mit dem Spielen haben, oder?

B: Denken Sie nicht auch, daß Ihr Kokain-Konsum an allem schuld ist?

Offene Fragen, die ein Gespräch eröffnen:

B: Erzählen Sie mal von Ihrem Trinken in einer typischen Woche.

B: Was gefällt Ihnen am Spielen?

B: Was hat der Kokain-Konsum damit zu tun?

Die Fragen sollten sachlich formuliert werden. Versuchen Sie, das Thema als eines unter vielen aufkommen zu lassen. Vermeiden Sie nonverbale „Fingerzeige", die das Thema besonders hervorheben oder eigenes Unbehagen ausdrücken (z.B. den Blick senken, die Körperhaltung verändern). Ihre Stimme sollte normal und entspannt sein. Oft bietet es sich an, zunächst die aktuellen Probleme und Sorgen des Klienten zu besprechen und erst dann die Beziehung zwischen diesen Problemen und dem „eigentlichen Thema". Ebenso wichtig ist Ihre Reaktion auf die ersten Antworten des Klienten. Aktives Zuhören, Bestätigen und Zusammenfassen sind hier angezeigt und bilden eine stabile Basis für den weiteren Gesprächsverlauf.

Zeitmangel

Für viele Berater und Therapeuten ist Zeitmangel ein ständiges Problem. Sie sollten sich allerdings daran erinnern, daß es manchmal nur einer relativ kurzen Intervention bedarf, um Verhaltensänderungen anzustoßen (vgl. Kap. 3). Manchmal reichen einige sorgfältig gewählte, prägnante Fragen mit anschließendem aktiven Zuhören aus. In anderen Fällen braucht es mehr Zeit. Die Herausforderung besteht darin, den zur Verfügung stehenden Zeitrahmen optimal zu nutzen.

Zeitdruck kann ein Hindernis sein, das Sie überwinden müssen. Gedanken wie: „Dafür habe ich keine Zeit!" verstärken oft einen konfrontativen und verordnenden Beratungs- bzw. Behandlungsstil. Dieser wiederum führt – ob Sie nun viel oder wenig Zeit haben – immer zu demselben Ergebnis: Widerstand. Ihr erstes Ziel sollte darin bestehen, keinen Schaden anzurichten. Wenn Sie also unter Zeitdruck stehen, versuchen Sie zunächst, keinen Widerstand hervorzurufen und den Klienten nicht zu entmutigen.
Motivierende Gesprächsführung in einem engen Zeitrahmen (z.B. einer einzigen Sitzung) bedeutet eine komprimierte Anwendung von Strategien der Phasen I und II. Dies beginnt mit einfühlsamen Fragen und Reflexionen (Phase I), um beim Klienten selbstmotivierende Äußerungen und Argumente für eine Veränderung hervorzurufen. Diesem Prozeß des Motivationsaufbaus folgen einige Schlüsselfragen, die darauf abzielen, Problemlösestrategien zu ermitteln und die Selbstverpflichtung zur Veränderung zu stärken (vgl. Kap.13).

Über Gefühle sprechen

Gespräche über persönliche Anliegen, Probleme und Ambivalenzen wecken häufig intensive Emotionen. Nicht selten kommt es im Zusammenhang mit motivierender Gesprächsführung zu quälenden Gefühlen und Tränen. Berater fühlen sich in solchen Situationen oft bedrückt; sie sind unsicher, ob sie sich richtig verhalten haben, und wissen nicht, welchen Schritt sie als nächsten tun sollen.
Wie wichtig ist es, Gefühle zu zeigen? Und wie kann man mit ihnen umgehen? Die Vorstellung, in der motivierenden Gesprächsführung sei kein Platz für Gefühle, ist falsch. Wenn Niedergeschlagenheit, Frustration, Angstgefühle oder Ärger in Beziehung zu einem Problem des Klienten stehen, dann sind diese Gefühle selbstverständlich ein Teil der Beratung. Allerdings ist der Ausdruck von Gefühlen nicht das einzige und nicht das vorrangige Ziel motivierender Gesprächsführung. Bisher gibt es auch keine empirischen Befunde, die darauf hinweisen, daß starke Gefühlsausbrüche eine Voraussetzung für Verhaltensänderungen sind.
Die entscheidende Frage ist, ob das Sprechen über emotionale Erlebnisinhalte dazu beiträgt, die Veränderungsmotivation zu fördern. Manchmal mag es sinnvoll sein, starken Gefühlen nachzugehen, manchmal auch nicht. Dies ist eine Frage der Einschätzung und zeitlichen Abstimmung durch den Therapeuten. Stellen wir uns z.B. einen Mann vor, der sich häufig darüber ärgert, daß seine Ehefrau sich über sein Verhalten

beschwert. Er wird keinen Nutzen aus der Exploration seines Ärgers ziehen, insbesondere dann nicht, wenn sie zur „Schuldfalle“ (Kap. 6) führt. Andererseits kann eine Person, die aus Trauer über den Verlust eines Menschen trinkt oder Tranquilizer nimmt, von einer frühen Konfrontation und Beschäftigung mit diesen Gefühlen profitieren (Miller & Pechacek 1987).

Bei der Exploration von Emotionen sollten Sie das Ziel der Behandlung nicht aus den Augen verlieren. Erinnern Sie sich daran, daß motivierende Gesprächsführung kein nicht-direktives Verfahren ist, in dem der Berater seinem Klienten überall hin folgt. Es ist vielmehr Ihr Auftrag, die Richtung eines Gesprächs zu kontrollieren und zu versuchen, es so zu lenken, daß Veränderungsmotivation aufgebaut wird. Wenn Sie den Klienten einfühlsam beobachten, werden Sie spüren, wann der Zeitpunkt gekommen ist, einen Richtungswechsel vorzunehmen. Der Klient sollte an diesem Punkt behutsam aus seinem unmittelbaren Gefühlserleben herausgehoben werden, und der Therapeut sollte ihm helfen, dieses in den Veränderungsprozeß zu integrieren. Aktives Zuhören, Bestätigen, Zusammenfassen und Hervorrufen selbstmotivierender Äußerungen sind hier die Strategien der Wahl. Im folgenden ein Ausschnitt aus der zweiten Sitzung mit einem 54jährigen Mann:

Therapeut: Es hört sich so an, als sei Ihnen in den letzten Monaten viel zugestoßen.

Klient: (sichtbar bestürzt) Ja, das stimmt. Als der Arzt mir mitteilte, daß ich niemals mehr arbeiten könnte, war ich sehr niedergeschlagen. Das ist das Schrecklichste, das einem Mann wie mir passieren kann. Als er mir dann auch noch sagte, daß ich ernsthaft krank sei, war ich schockiert. Jemand wie ich kann nicht herumsitzen und nichts tun. Ich halte das nicht aus (weint).

T: Sie sehen die Dinge jetzt sehr schwarz.

(Der Klient weint weiterhin; der Therapeut wartet schweigend ungefähr eine Minute.)

K: Entschuldigen Sie bitte. Es ist das erste Mal, daß ich in Gegenwart eines anderen geweint habe.

T: Das ist völlig in Ordnung. Sie haben auch eine sehr schwierige Zeit zu durchstehen. Ich bin hier, um Ihnen zu helfen.

K: Ich fühle mich nur so schlecht. Meine Frau weiß nichts mehr mit mir anzufangen und putzt den ganzen Tag im Haus herum. Sie sagt, daß ich jemanden wie Sie aufsuchen solle.

T: Ich bin froh, daß sie das getan haben. Wie fühlen Sie sich jetzt?

K: (wischt sich die Augen und hört auf zu weinen) Es tut gut, mit jemandem zu reden. Nur meine Frau weiß, was ich durchmache. Ich habe meiner Familie oder meinen Freunden noch gar nicht gesagt, daß ich nie wieder arbeiten werde. Die denken, daß ich nur für einen kurzen Zeitraum krank geschrieben bin.

T: Dann haben Sie diese Last die meiste Zeit über allein getragen.

K: Ja, das stimmt. Manchmal denke ich, ich kann nicht mehr.

T: Also, ich meine, es ist gut, daß Sie sich selbst erlaubt haben, so zu mir zu sprechen. Sie schleppen diese Last schon seit Monaten mit sich herum, und ich kann verstehen, wie bestürzt Sie über all das sind. Ich kann jetzt auch besser erkennen, an welcher Stelle Ihr Trinkverhalten in das Bild paßt, und warum es in wenigen Monaten so zugenommen hat. Ich stelle mir das so vor, daß das Trinken für Sie oft der einzige Trost ist.

K: Ja, genau. Manchmal habe ich das Gefühl, ich stecke in einer Falle. Hätte ich nicht den Alkohol und die paar Stunden in der Kneipe, ich wüßte nicht, was ich tun sollte.

T: Also ist der Alkohol für Sie auf der einen Seite eine Entlastung, auf der anderen Seite so etwas wie eine Falle. Worin genau besteht diese Falle? Was macht Ihnen an Ihrem Trinkverhalten am meisten Sorgen?

K: Wissen Sie, ich bin ein stolzer Mann, und ich arbeite gern hart. Ich kann es nicht ausstehen, nichts zu tun, und ich kann nicht die ganze Zeit herumsitzen und trinken ...

Dieses Beispiel zeigt, wie man jemanden unter Verwendung von Strategien der Phase I über eine emotionale Erfahrung zu einem konstruktiven Explorations- und Veränderungsprozeß hin begleiten kann. Der einfühlsame Umgang mit Situationen wie dieser kann die Arbeitsbeziehung zwischen Berater und Klient enorm stabilisieren.
Zusammengefaßt: Gefühle zu erleben, ist ein natürlicher Teil der Motivation. Wir glauben nicht, daß es zur Veränderung unbedingt nötig ist, Gefühle auszudrücken. Es kann den Veränderungsprozeß allerdings unterstützen, wenn man Gefühle gegenüber einem problematischen Lebensaspekt in die Exploration mit einbezieht.

Leben im Chaos

Bei einem Klienten, dessen gesamtes Leben chaotisch zu verlaufen scheint, ist es schwierig, in einem speziellen Bereich Veränderung erwirken zu wollen. Versuche, ein als Kernproblem identifiziertes Thema zu bearbeiten, enden oft damit, daß der Klient mit unterschiedlichen

Versionen der Botschaft „Sie verstehen mich nicht!“ reagiert. Aus der Sicht des Klienten heißt das soviel wie: „Kein Teil des Puzzles (z.B. Trinken) kann diese deprimierende Situation auflösen.“ Alles ist falsch. Es kann natürlich sein, daß Sie das Gesamtbild wirklich noch nicht erfaßt haben. Die Botschaft des Klienten ist eine Aufforderung, ihm weiter aktiv zuzuhören und keinen Druck auszuüben. In der motivierenden Gesprächsführung beeinflussen wir den Gesprächsverlauf nicht durch abrupte, sondern durch allmähliche, graduelle Richtungswechsel. Eine erste Reaktion auf eine solche Situation besteht also darin, dem Klienten aktiv zuzuhören und ihm zu ermöglichen, seine komplexe Lebenssituation zu verdeutlichen.

Möglicherweise gelangen Sie irgendwann an einen Punkt, wo Sie das Gefühl haben, der einzige Weg aus dem Chaos heraus sei die isolierte Betrachtung eines einzelnen Aspekts des Ganzen. Die Frage ist, wie Ihnen diese Fokussierung gelingt, ohne beim Klienten Widerstand hervorzurufen. Grundsätzlich sollten Sie jetzt eine kurze Zusammenfassung anbieten, welche die Komplexität der Situation (und der Gefühle) des Klienten anerkennt und diese in geeignete Begriffe umformuliert. Daran anschließend können Sie durch Schlüsselfragen die Aufmerksamkeit in die gewünschte Richtung lenken.

Dies wollen wir exemplarisch darstellen am Beispiel einer 35jährigen Frau mit vielfältigen Lebensproblemen (gescheiterte Ehe; ein verhaltensauffälliges zweijähriges Kind; ein Chef, der sie ständig kritisiert; Panikattacken; eine sich verstärkende Agoraphobie). Ihr Arzt, der wegen der zunehmenden Einnahme von Tranquilizern besorgt war, hatte als Bedingung für weitere Verschreibungen des genannten Medikamentes eine suchtspezifische Beratung verordnet. Anfängliche Versuche, ihren Tranquilizergebrauch zu besprechen, riefen lediglich Proteste hervor, daß „dies meine geringste Sorge“ sei und es sich dabei um eine Folge ihrer sonstigen Probleme handle. Der Berater verwandte eine ganze Sitzung auf die Exploration der wichtigsten Problemfelder und reagierte vorwiegend mit aktivem Zuhören. Dieser Prozeß füllte auch die ganze zweite Sitzung, bis zum Schluß, an dem der Berater dann die folgende Überleitung wählte:

B: Ich kann verstehen, daß Sie sich durch Ihre Situation vollständig überlastet gefühlt haben. Ihr Ehemann scheint Sie nicht zu verstehen, und er hat Ihnen kaum geholfen, für Ihr Kind zu sorgen, das Ihnen eine Menge Liebe und Aufmerksamkeit abverlangt. Am Arbeitsplatz wird ständig an Ihnen herumgenörgelt, und mit Ihrer Leistung scheint es abwärts zu gehen. Man kann vermuten, daß dies zum Teil in Bezug steht zu Ihrem schlechten Befinden am Morgen und dem häufigen Gefühl, ausgebrannt zu sein, als würde Ihnen der Kraftstoff ausgehen. Obendrein haben Sie noch diese schrecklichen Angstattacken, bei denen Sie sich fühlen, als müßten Sie sterben, und sie ängstigen sich mittlerweile sogar schon, wenn Sie Haus und Kind verlassen. Man kann verstehen, daß Sie, solange Sie noch keinen Weg gefunden haben, mit all diesem fertig zu werden und Ihren Streß zu senken, verzweifelt nach allem greifen, das ein wenig Ruhe und Friede zu bringen scheint. Und Sie befürchten, daß trotz Ihrer Bemühungen alles nur noch schlimmer wird und weiter aus der Kontrolle gerät. Ich glaube, Sie müssen sehr stark gewesen sein, daß Sie das alles bisher so gut verkraftet haben. Welche Rolle, meinen Sie, spielen dabei die Tranquilizer?

Diese Zusammenfassung deutet die Beruhigungsmittel als Teil eines sich verschlimmernden Problems um, das eigentlich anderer Lösungen bedarf. Anstatt der Klientin zu sagen, daß die Medikamente das Problem verursachen oder dazu beitragen, bittet der Berater sie zu untersuchen, wie diese ins Gesamtbild passen. Ein solches Vorgehen ermöglicht die Exploration von Ambivalenzen und trägt dazu bei, selbstmotivierende Äußerungen hervorzurufen. Es geht darum, die Einschätzung der Klientin nicht außer acht zu lassen, sondern sie zunächst anzuerkennen, um dann aber die Aufmerksamkeit auf konstruktive Schritte in Richtung Veränderung zu lenken.

Ablenken

Es kann passieren, daß ein Klient sich in einem Thema verfängt, das der Therapeut für unproduktiv hält. Der Klient assoziiert frei oder konzentriert sich ausschließlich auf eine für ihn angenehme bzw. wichtige Frage. Liegt der zuletzt genannte Fall vor, ist es sinnvoll, eine anerkennende Zusammenfassung seiner Ausführungen zu liefern, um das Gespräch danach wieder in Richtung des eigentlichen Themas zu lenken. Dies macht natürlich nur dann Sinn, wenn man sich vorher auf ein gemeinsames Thema geeinigt hat. Andernfalls muß mit Hilfe der oben genannten Strategien zunächst das „eigentliche Thema" ermittelt werden. Nicht jedes Ablenken ist auf Widerstand zurückzuführen. Manche Menschen erzählen einfach gern und mit Liebe für Details, andere denken sehr weitschweifig oder sind leicht ablenkbar. Motivierende Gesprächsführung ist kein ausschließlich nicht-direktives Verfahren, und es ist nicht erforderlich, daß der Therapeut dem Klienten folgt, wohin auch immer dieser ihn lenkt. Manchmal genügt eine kleine Richtungskorrektur („Ich glaube, daß Sie diese Geschichte als ein Beispiel für Ihre Sorgen bezüglich des Trinkens erzählt haben. Was haben Sie sonst noch bemerkt?"). Es kann aber auch notwendig werden, einen ausgedehnten Monolog höflich zu unterbrechen („Das klingt wie eine lange Geschichte, und ich möchte sicherstellen, daß uns noch genügend Zeit bleibt, um das in den Mittelpunkt zu stellen, weswegen Sie um Hilfe baten. Lassen Sie uns an den Punkt zurückkehren, wo ..."). Wie auch immer, es geht darum, den Klienten wieder auf die richtige Spur zu bringen und den Prozeß mit einer offenen Frage fortzusetzen. Sollte dieser Vorgang Widerstand provozieren, wenden Sie die in Kapitel 8 genannten Strategien an.

Entgiftung

Als wir die motivierende Gesprächsführung entwickelten, stellte sich uns die Frage, wie dieses Verfahren während einer Drogen- oder Alkoholentzugsbehandlung funktionieren würde. Zwei Bedenken entstanden in diesem Zusammenhang: (1) Wie gut ist ein Klient während eines akuten Entzuges in der Lage, auf motivierende Gesprächsführung einzugehen? (2) An welcher Stelle im Entzug sollte man am besten damit beginnen? Beides sind empirische Fragestellungen, die intensiver Forschung bedürfen. Wir wollen dazu nur einige Anmerkungen machen.
Während eines akuten Entzugs sind Patienten oft kognitiv beeinträchtigt, aber schon in den ersten Wochen der Abstinenz verbessern sich ihre Fähigkeiten wieder. Symptomatisch für solche Beeinträchtigungen sind Lern- und Selbstregulationsstörungen (Wilkinson 1991; Wilkinson & Sanchez-Craig 1981). Deshalb treten einige Therapeuten dafür ein, Behandlungsinterventionen, die komplexe kognitive Prozesse voraussetzen, in die Zeit nach dem Entzug zu verschieben. Einerseits teilen wir die Ansicht, daß Motivation und Selbstverpflichtung zur Veränderung, die in den ersten Wochen der Entzugsbehandlung entstanden sind, oft nicht lange anhalten. Andererseits ist jedoch zu bedenken, daß während der Entzugsphase – wenn Gefühle von Unwohlsein sehr ausgeprägt sind – eine Veränderung besonders attraktiv erscheint. Das Maß an kognitiver Beeinträchtigung in der Entgiftungsphase ist individuell sehr unterschiedlich, und einige können von einer früheren Intervention durchaus profitieren. Des weiteren ist zu erwarten, daß bei einer zeitlichen Trennung zwischen (körperlichem) Entzug und (motivierender) Behandlung nur wenige Patienten ausreichend „motiviert" sind, den Schritt vom Entzug zur weiterführenden Behandlung zu gehen. Dies spricht dagegen, mit motivierender Gesprächsführung bis zum Ende der Entzugsbehandlung zu warten. Wir raten dazu, so früh wie möglich damit zu beginnen. Begnügen Sie sich nicht mit einem einmaligen Versuch; der Prozeß motivierender Gesprächsführung kann wäh-

rend der Entzugsbehandlung schrittweise intensiviert werden. Ein wichtiger Zeitpunkt ist die Schlußphase der Entgiftung, wenn Unwohlsein und negative Empfindungen beim Patienten abgeklungen sind. Wenn Entgiftung und (motivierende) Behandlung getrennt sind, sollten spezifische Strategien eingesetzt werden, um die Wahrscheinlichkeit der Aufnahme einer weiterführenden Behandlung zu erhöhen (Kogan 1957; Sisson & Azrin 1986; Sisson & Mallams 1981).[1]

[1] Vgl. dazu auch die deutschsprachigen Veröffentlichungen: John u.a. 1996, Kremer u.a. 1999 (Anm. d. Hrsg.)

11. Ein praktisches Fallbeispiel

Die Praxis der motivierenden Gesprächsführung ist vor allem dadurch geprägt, daß die Prinzipien und Strategien in kreativer Art und Weise verbunden werden. Wie beim Schach gibt es allerdings keinen festgelegten Spielablauf. Jeder Fall ist einzigartig und bedeutet eine neue Herausforderung.

Deshalb haben wir lange gezögert, einen „exemplarischen Fall" von Anfang bis Ende darzustellen. Der Lerneffekt einer einzelnen Schachpartie bzw. eines einzelnen klinischen Beispiels ist begrenzt. Der einzelne Fall kann weder die Vielfalt der Situationen und Probleme abbilden, mit denen man konfrontiert werden kann, noch die ebenso vielfältigen Möglichkeiten, diesen Herausforderungen zu begegnen. Dennoch sind wir schließlich zu der Überzeugung gelangt, daß es hilfreich sein könnte, anhand eines konkreten Fallbeispiels zu demonstrieren, wie motivierende Gesprächsführung vorgeht. Die konkreten Schritte mögen bei anderen Individuen unangemessen sein, aber sie illustrieren, wie die Strategien der motivierenden Gesprächsführung in der Praxis miteinander verwoben sind.

Es handelt sich um einen 38jährigen Fotografen, der wegen seines Trinkens zu einem Beratungsgespräch kam. Er hatte niemals zuvor wegen seiner Alkoholprobleme Hilfe gesucht und war von seiner Veränderungsbereitschaft her einem frühen Stadium der Absichtsbildung zuzuordnen. Er war sich überhaupt nicht sicher, ob er Hilfe brauchte oder sich verändern müsse. Zwei Ereignisse waren seinem Besuch vorausgegangen. Das erste war ein Gesundheits-Check-up bei seinem Arzt, den er wegen Magenschmerzen konsultiert hatte. Aufgrund der umfassenden Diagnostik hatte ihm der Arzt mitgeteilt, daß sowohl seine Beschwerden als auch die Blackouts der letzten Zeit darauf hinwiesen, daß er zuviel trinke. Der Arzt empfahl ihm deshalb, zu einem Spezialisten zu gehen. Das zweite Ereignis war das darauf folgende Gespräch mit seiner Frau, die ihm voller Sorge mitteilte, sie habe das Gefühl, daß ihm das Trinken allmählich aus der Kontrolle gerate. Beide Reaktionen – die des Arztes und die seiner Frau – ermutigten ihn schließlich, eine professionelle Beratung aufzusuchen.

Therapeut: Guten Morgen. Bitte setzen Sie sich. Ich nehme an, Sie wollen über die Sorgen sprechen, die Sie sich wegen Ihres Trinkens machen. Wir haben heute etwa 45 Minuten Zeit, und ich möchte vor allem etwas über Ihre Situation und Ihre Sorgen hören. Später dann brauche ich einige spezielle Informationen von Ihnen. Aber vielleicht können Sie erst einmal damit beginnen, von Ihren Sorgen hinsichtlich des Trinkens zu erzählen.

Der Therapeut beginnt mit einem kurzen strukturierenden Statement und einer offenen Frage.

Klient: Gut, ich bin nicht sicher, ob das überhaupt ein Problem ist. Meine Frau scheint zu denken, ich trinke zuviel. Mein Arzt hat einige Bluttests gemacht und mir gesagt, die Werte deuteten darauf hin, daß ich zuviel trinke. Wahrscheinlich, sagte er, aber seitdem ich meiner Frau davon erzählt habe, macht sie sich nur noch Sorgen wegen meines Trinkens. Darum habe ich ihr dann gesagt, daß ich hierher käme. Aber ich weiß gar nicht, ob das wirklich nötig ist.

Der Klient zeigt unverzüglich Ambivalenz und eine gewisse Verteidigungshaltung.

T: Zumindest zwei andere Menschen, Ihre Frau und Ihr Arzt, befürchten also, daß der Alkohol Ihnen schadet. Aber ich frage mich: Wie ist es mit Ihnen? Haben Sie in den letzten Jahren irgend etwas an Ihren Trinkgewohnheiten beobachtet, das Anlaß zur Sorge geben könnte? Erzählen Sie mir doch einmal von Ihren Trinkgewohnheiten.

Einfache Reflexion. An dieser Stelle wäre es leicht, in die Frage-Antwort-Falle zu tappen, indem man z.B. eine Reihe von spezififschen Fragen stellt. Statt dessen stellt der Therapeut offene Fragen.

K: Möglicherweise trinke ich mehr als früher. Meine Frau sagt, ich trinke in den letzten Jahren zunehmend mehr.

T: Eine Sache also, die Sie festgestellt haben, ist, daß Sie mehr trinken als früher. Was noch?

Reflexion und „Was noch?“

K: Mir fällt eigentlich gar nichts anderes ein. Es beschäftigt mich wirklich nicht sehr viel. Ich bin eigentlich nicht sehr oft betrunken.

T: Obwohl Sie sehen, daß Sie in den letzten Jahren zunehmend mehr trinken, scheint es Sie eigentlich nicht mehr zu beschäftigen.

Reflexion.

K: Genau. Ich kann jeden Abend trinken und werde nicht besoffen. Andere Kumpels können da nicht mithalten.

T: Das ist interessant. Wie schaffen Sie das?
K: Ich denke, das liegt in der Familie. Mein Vater war genauso. Er konnte fast alle Kumpels unter den Tisch trinken, und es schien ihm nie etwas auszumachen.
T: Er war genauso. Oder lebt er noch?
K: Nein, er starb vor ein paar Jahren an einem Herzanfall. Aber das passierte, nachdem er aufgehört hatte zu trinken.
T: Warum hatte er aufgehört?
K: Meine Mutter wollte es. Sie erzählte gewöhnlich anderen Leuten, daß er mit Rücksicht auf seine Gesundheit aufgehört hätte zu trinken, daß er abnehmen wollte, und Bier hätte ja eine Menge Kalorien.

Nützliche Information, aber Vorsicht: Risiko zu vieler spezifischer Fragen!

T: Also, Sie denken, daß Sie in den letzten Jahren zunehmend mehr trinken, Sie haben festgestellt, daß Alkohol Ihnen anscheinend weniger ausmacht als anderen Menschen, und Sie denken, daß das wahrscheinlich in der Familie liegt.
K: Ist das möglich?

Eine Zusammenfassung der bis hierhin geäußerten selbstmotivierenden Äußerungen mit Betonung eines möglichen Motivationsthemas: das Trinken des Vaters.

T: Ja, und es ist möglicherweise wichtig. Gibt es irgend etwas anderes, was Ihnen aufgefallen ist, etwas an Ihrem Umgang mit Alkohol, das Sie an das Trinken Ihres Vaters erinnert?

Es ist noch zu früh, ausführliche Informationen zu geben. Der Therapeut konzentriert sich lieber wieder darauf, selbstmotivierende Äußerungen hervorzurufen.

K: Es ist kürzlich ein paar Mal vorgekommen, daß ich mich an Ereignisse nicht mehr erinnern konnte. Ich hatte auf einer Party getrunken, und am nächsten Morgen wußte ich nicht mehr, wie ich nach Hause gekommen war. Es ist kein Vergnügen, aufzuwachen und nicht zu wissen, wo man das Auto gelassen hat.

T: Das kann beschämend sein, besonders bei den ersten Malen, wo es passiert. Erzählen Sie mir doch mal ein Beispiel.

Reflexion eines Gefühls. Frage nach einem Beispiel, um weitere selbstmotivierende Äußerungen hervorzurufen.

K: Ungefähr vor zwei Wochen, ich war unterwegs mit Bob, und ich habe wahrscheinlich ein bißchen mehr getrunken als sonst. Wir spielten Billard, wer verlor, mußte eine Runde schmeißen. Als ich am nächsten Morgen aufwachte, konnte ich mich nicht mehr erinnern, wo mein Wagen war. Ich wußte zwar noch, daß wir dieses Spiel begonnen hatten, wußte aber nicht mehr, wie es endete. Ich schaute aus dem Fenster, mein Wagen stand mitten auf der Fahrbahn, und ich schätze, ich habe ihn da stehen lassen. Ich fühlte mich entsetzlich.

T: Inwiefern?

Weitere Frage nach Exploration.

K: Ich habe mich gefragt, ob ich irgend etwas Verrücktes getan hätte. Ich dachte, ich hätte ja auch im Knast aufwachen können.

T: Wegen Fahrens im alkoholisierten Zustand, meinen Sie?

K: Ich werde gewöhnlich nicht so betrunken, aber wahrscheinlich war ich es zu dem Zeitpunkt.

T: Was hat Sie noch beschäftigt an diesem Morgen?

K: Ich weiß, daß es meinem Vater genauso gegangen ist. Er hat es mir erzählt.

T: Es beunruhigt Sie, daß Ihnen dasselbe passiert ist. Was meinen Sie, hat das zu bedeuten?

Reflexion und Aufforderung zur weiteren Exploration.

K: Ich weiß nicht. Ich habe bisher noch nicht wirklich darüber nachgedacht. Ich erinnere mich, daß er morgens aufstand, ziemlich zitterig aussah und einen Drink brauchte.

T: Ihnen geht es manchmal ähnlich.

K: Nein, ich glaube nicht, daß ich das Gefühl hatte, einen Drink zu brauchen. Aber ziemlich schlecht gefühlt habe ich mich häufiger morgens. Trotzdem trinke ich nicht morgens.

T: Eine Regel, die Sie sich selbst auferlegt haben.

K: Ja, außer bei seltenen Gelegenheiten. Ich glaube nicht, daß es gut ist, morgens zu trinken.
T: Warum nicht ?
K: Ich habe gemerkt, daß ich mich besser fühle. Man wird den Kater los. Das könnte eine schlechte Angewohnheit werden. Normalerweise kotze ich es aus, und dann geht's weg.
T: Wenn Sie einmal rekapitulieren, dann gibt es einige Dinge, die Ihnen aufgefallen sind. Ihr Trinken scheint in den letzten Jahren zugenommen zu haben, und Sie wissen, daß Sie einige Male Auto gefahren sind, obwohl Sie zuviel getrunken hatten. Ihre Frau macht sich Sorgen um Sie, genau wie Ihre Mutter um Ihren Vater, und Ihr Arzt hat Ihnen gesagt, daß der Alkoholkonsum Ihre Gesundheit gefährdet. Sie haben festgestellt, daß Sie – genau wie Ihr Vater – einiges vertragen können, ohne sich betrunken zu fühlen, und dann haben Sie die Probleme mit dem Gedächtnis. Sie hatten einige schlimme Kater, und Sie haben gemerkt, daß Sie sich dann mit ein paar Drinks besser fühlen. Was beschäftigt Sie davon am meisten?

Eine weitere Zusammenfassung der selbstmotivierenden Äußerungen.

K: Meine Gesundheit, glaube ich.
T: Also wenn Sie das Gefühl hätten, daß Sie Ihre Gesundheit schädigen würden, das würde Sie beunruhigen. Was beschäftigt Sie noch?
K: Ich mag es nicht, wenn ich mich an Dinge nicht erinnern kann.
T: Das scheint Ihnen nicht normal zu sein.
K: Nein. Aber ich glaube nicht, daß ich ein Alkoholiker bin. Ich habe einige Alkoholiker kennengelernt, und wie die bin ich nicht.

Die Etikettierungs-Falle öffnet sich.

T: Sie denken, so dreckig geht es Ihnen nicht.

Einfache Reflexion.

K: Nein, überhaupt nicht. Ich habe einmal für mehrere Wochen mit dem Trinken aufgehört, ohne Probleme zu bekommen. Ich kann ein paar Gläser trinken und es dabei belassen. Ich habe eine gute Arbeit und eine gute Familie. Wie könnte ich ein Alkoholiker sein?

T: So wie Sie das sagen, muß es für Sie verwirrend sein. Einerseits sehen Sie einige Warnsignale, daß Sie zuviel trinken, und sind darüber beunruhigt. Andererseits scheinen Sie nicht in Ihr Bild eines Alkoholikers zu passen.

Reflexion eines Gefühls.
Reflexion der Ambivalenz.

K: Genau. Ich meine, ich habe ein paar Probleme, aber ich bin kein Säufer.

Der Klient antwortet mit einer Anerkennung beider Seiten der Ambivalenz.

T: Und so gab es bis heute auch keinen Grund, irgend etwas in dieser Richtung zu unternehmen. Aber jetzt sind Sie hier. Warum jetzt?

K: Weil ich glaube, daß ich mit jemandem sprechen sollte. Ich möchte das nicht ignorieren. Ich habe gesehen, was mit meinem Vater passiert ist, und ich möchte nicht, daß mir und meiner Familie dasselbe passiert.

T: Ihre Familie ist Ihnen wirklich wichtig.

Verstärken eines wichtigen persönlichen Ziels.

K: Ich liebe meine Frau und meinen Sohn.

T: Und es hört sich an, als würden die beiden Sie auch lieben. Ihre Frau macht sich so große Sorgen und hat Ihnen gesagt, wie beunruhigt sie über Ihr Trinken ist. Und obwohl Sie sich nicht als Alkoholiker ansehen, sind Sie selbst auch ein wenig beunruhigt.

K: Ja, sieht so aus.

T: Die Entscheidung, hierher zu kommen, muß für Sie schwierig gewesen sein. Sie müssen sich Gedanken machen über sich selbst und Ihre Familie, und ich respektiere Ihre Offenheit. Es ist nicht leicht, was Sie da tun.

Bestätigung.

K: Es war hart. Ich wollte erst gar nicht kommen. Aber denken Sie, daß ich ein Alkoholiker bin?

Erneut die Etikettierungsfalle! Eine Zustimmung hätte hier zu einer Debatte und zu einer Verstärkung geführt. Statt dessen beleuchtet der Therapeut das Thema anders und richtet die Aufmerksamkeit auf das Trinken und seine Wirkungen.

T: Das ist ein Begriff, der für viele Menschen unterschiedliche Bedeutungen haben kann. Ich möchte nicht, daß Sie sich damit aufhalten, in welche Schublade Sie sich selbst stecken sollen. Wichtig ist, daß wir uns sorgfältig anschauen, wie es hier weitergehen kann. Ich sehe, warum Sie besorgt sind, und ich würde Ihnen gerne dabei helfen, herauszufinden, welchen Risiken Sie sich aussetzen und was Sie dagegen tun könnten.

K: Was denken Sie denn, was ich tun sollte?

Kommentar: Hier haben wir ein Beispiel für den Prozeß des Hervorrufens selbstmotivierender Äußerungen, einer der Strategien zur Motivationsbildung in Phase I. Die meisten der bisherigen Interventionen des Therapeuten waren Fragen in Richtung selbstmotivierender Äußerungen oder Reflexionen, um diese zu verstärken. An vielen Punkten, an denen man auch hätte konfrontieren können, entschied sich der Therapeut für eine grundsätzlich empathische Haltung und vermied es, dem Klienten zu widersprechen. Klienten sind darüber oft überrascht und fühlen sich erleichtert; anstatt Widerstand zu entwickeln, fahren sie fort im Prozeß der Selbstexploration. Selbstmotivierende Äußerungen werden verstärkt durch Reflexion und regelmäßiges Zusammenfassen.
Am Ende des Gesprächsausschnitts stellte der Klient eine wichtige Frage: „Was denken Sie denn, was ich tun sollte?" Der Therapeut mußte hier eine Entscheidung treffen: War das Ausmaß der Motivation stark genug, um über Veränderungsstrategien zu diskutieren? Wenn dasselbe Gespräch in einer Arztpraxis geführt worden wäre, wo die Zeit knapp ist, wäre es unter Umständen das beste, die bis hierher geäußerte Veränderungsbereitschaft zu verstärken und einen konkreten Plan zu vereinbaren (Phase II). Das Risiko läge jedoch darin, daß die Phase I noch nicht abgeschlossen wäre und der Arzt in die Rolle geraten würde, Vorschläge zu machen, die der Patient dann leicht ablehnen könnte (Experten-Falle). In diesem Fall aber hatte der Klient einen Spezialisten aufgesucht, und es war deshalb möglich, ihn für einen längeren Beratungsprozeß zu gewinnen. Eine Möglichkeit war, das Gespräch mit Strategien der Phase I fortzusetzen und weitere selbstmotivierende Äußerungen zusammenzutragen, die geeignet erschienen, Diskrepanzen zu entwickeln. Eine andere Möglichkeit war, das bisher Gesagte als Arbeitsgrundlage für eine detaillierte Befunderhebung zu nutzen (vgl. Kap. 7), was wiederum mehr Material für weitere Gespräche zu Tage fördern würde. Der Therapeut entschied sich für Letzteres.

K: Was denken Sie denn, was ich tun sollte?
T: Es gibt tatsächlich einige Möglichkeiten, und – sofern Sie das wollen – könnte ich Ihnen jetzt helfen, über Alternativen nachzudenken. Wenn Sie meine Meinung hören wollen, ich denke, daß wir als erstes ein besseres Bild Ihrer gegenwärtigen Situation erhalten sollten. Was Sie mir bisher erzählt haben, hat einige Sorgen deutlich gemacht, aber wir wissen noch nicht genug, um wirklich tragfähige Entscheidungen treffen zu können. Ich würde deshalb vorschlagen, daß

wir einige Zeit auf eine gründliche Bestandsaufnahme verwenden sollten. Es gibt da einige Fragebögen, die Sie beantworten könnten, und ich würde zusätzlich einige weitere wichtige Informationen erheben wollen. Wenn wir dann ein klareres Bild haben, was in Ihrem Leben geschieht, können wir uns auf verschiedene Alternativen konzentrieren. Was halten Sie davon? Wären Sie bereit, zwei oder drei Stunden zu investieren, um mehr über sich selbst zu erfahren?

Der Klient füllte bis zur nächsten Sitzung drei Fragebögen aus: das „Alcohol Use Inventory" (Horn u.a. 1987) sowie zwei Instrumente zur Messung der Veränderungsbereitschaft: das „University of Rhode Island Change Assessment URICA" und die „Stages of Change Readiness and Treatment Eagerness Scale SOCRATES" (vgl. Kap. 7). Der Therapeut führte das „Brief Drinker Profile Interview" (Miller & Marlatt 1984) durch und unterzog den Klienten einigen kurzen neuropsychologischen Tests. Zusätzlich wurde eine Blutprobe entnommen und umfassend serologisch analysiert.
Natürlich kann man auch eine weniger aufwendige Diagnostik durchführen. Entscheidend ist, daß man dem Klienten eine strukturierte und detaillierte Rückmeldung gibt, die genügend Raum für eine individuelle Interpretation läßt (vgl. Kap. 7). Im folgenden nun ein Teil des anschließenden Gesprächs, in dem diese Rückmeldung gegeben wurde. Dem Klienten lag ein schriftlicher Bericht vor, der Therapeut erläuterte die Ergebnisse.

T: Ich weiß es zu schätzen, daß Sie sich so viel Zeit und Mühe mit diesen Fragebögen und Tests genommen haben. Heute möchte ich gerne mit Ihnen die Ergebnisse durchgehen. Zunächst hatten wir uns eine typische Woche angeschaut und Ihre Trinkmenge errechnet. Wir kamen dabei auf ungefähr 53 Standardgetränke die Woche, wenn ein Standardgetränk als kleines Glas Bier (0,2 l), kleines Glas Wein (0,1 l) oder einfacher Schnaps (25 ml.) definiert wird. Wenn Sie das einmal mit dem gesellschaftlichen Durchschnitt vergleichen, dann trinken Sie mehr als 95 Prozent aller Erwachsenen. Was halten Sie davon?
K: Scheint viel zu sein. Ich habe das bisher nie zusammengezählt, aber ich glaube nicht, daß ich ein starker Trinker bin.

Typisch für die Haltung, in der Ergebnisse präsentiert werden, ist, daß ein Vergleich zu Norm-Ergebnissen hergestellt wird. Anstatt dann den Klienten vorzuschreiben, wie sie sich bei solchen Resultaten fühlen sollen, werden sie zu ihrer Reaktion befragt. Diese Reaktionen werden dann reflektiert.

T: Sie sind überrascht.

Anstatt zu konfrontieren, reflektiert der Therapeut.

K: Ja! Ich weiß, daß es sich ziemlich viel anhörte, als Sie mich fragten, wieviel ich normalerweise trinke. Aber ich trinke ungefähr genauso viel wie meine Freunde.
T: Das muß verwirrend für Sie sein. Auf der einen Seite können Sie sehen, daß Sie eine Menge trinken, mehr als 95 Prozent aller Erwachsenen. Dennoch scheint es unter Ihren Freunden normal zu sein. Wie paßt das zusammen?

Reflexion der Ambivalenz.

K: Ich schätze, ich bin im Trinken unter den Top 5 Prozent.
T: Ihre Freunde sind tatsächlich starke Trinker.

Der Therapeut hätte diese Reflexion besser nicht gemacht.

K: Ich weiß nicht, was „stark" heißt. Ich denke, wir trinken mehr als unsere Mitmenschen.
T: Wir haben außerdem ein Computerprogramm, das auf der Basis der Aussagen zum Trinkverhalten den Alkoholgehalt im Blut schätzt. Die meisten moderaten Trinker liegen auf dieser Skala zwischen 20 und 50. 50 reicht

aus, um Ihre Fahrtüchtigkeit einzuschränken. Unsere Schätzung hat für Sie einen Wert von 179 Einheiten im Verlauf einer typischen Trinkwoche ergeben. Das ist mehr als dreimal soviel wie die Höchstgrenze für die meisten Trinker und schränkt nach dem Gesetz ihre Fahrtüchtigkeit ein.

K: Sie meinen jede Woche?

T: Nach allem, was Sie mir erzählt haben, ja. Ich glaube, es gibt drei Abende pro Woche, an denen Sie diese Werte erreichen.

K: Das kann nicht hinkommen. Ich fühle mich doch überhaupt nie besoffen. Ich fahre immer mit meinem Auto nach Hause und hatte dabei noch nie ein Problem.

Widerstand: Herausforderung.

T: Ihrer Meinung nach muß der Computer sich irren.

Überzogene Reflexion.

K: Das nun nicht, aber ich fühle mich nie so betrunken.

T: Und Sie können nicht verstehen, wie Sie so viel Alkohol in Ihrem Körper haben können, ohne was davon zu spüren?

K: Ist denn das möglich?

T: Nicht nur das, es ist sogar die Regel bei starken Trinkern. Man nennt es „Toleranz", obwohl die meisten Menschen es „viel vertragen" nennen. Wir haben darüber schon bei unserem ersten Treffen gesprochen.

K: Das heißt, ich kann sehr viel trinken, ohne es zu spüren.

T: Genau. Sie können einen ziemlich hohen Blutalkoholspiegel haben – genug etwa, um Ihre Fahrtüchtigkeit zu beeinflussen und Ihre inneren Organe zu schädigen –, ohne das Gefühl zu haben, betrunken zu sein.

K: Das heißt, dreimal die Woche fahre ich durch die Gegend und bin nach dem Gesetz betrunken?

T: So sieht's aus. Was denken Sie darüber?

K: Schätze, ich habe bisher Glück gehabt.

T: Der nächste Wert bezieht sich auf die Tage, an denen Sie viel trinken. An einem solchen

Tag, so schätzen wir, erreichen Sie einen Wert von 220 Einheiten. Das kann gut hinkommen, weil das auch der Wert ist, bei dem manchmal Erinnerungslücken, sog. „black-outs", auftreten.

K: Wow!

T: Das kommt Ihnen viel vor.

K: Ja, Ich ... ich habe noch nie darüber nachgedacht.

T: Darum tun wir es ja jetzt. Und ich habe hohen Respekt davor, wie ehrlich Sie die Fragen beantwortet haben, was sicher nicht leicht für Sie ist. Ich habe ähnliches schon mit vielen Menschen besprochen, und es ist unangenehm, sich selbst derart im Spiegel zu betrachten. Möchten Sie weitermachen?

Bestätigung.

K: Okay.

T: Als nächstes haben wir hier ein ungefähres Maß für die Auswirkungen des Alkoholtrinkens auf Ihr Leben, die Anzahl der Fälle, in denen es Probleme verursacht hat. Ihr Wert von 18 liegt im Bereich dessen, was wir „Bedeutsame Probleme" nennen – nicht unbedingt schwerwiegende, aber auch keine geringfügigen oder mäßigen Konsequenzen.

Der Wert, der hier präsentiert wird, resultiert aus dem „Michigan Alcoholism Screening Test" (Selzer 1971), einem Instrument aus dem „Drinker Profile" (Miller & Marlatt 1984).

K: Puuh.

T: Ergibt das für Sie einen Sinn?

K: Könnte hinkommen, schätze ich.

T: Okay. Ich weiß nicht, was Sie mit dem nächsten Ergebnis machen werden. Es gibt den Grad Ihrer Alkoholabhängigkeit an bzw. den Grad, wie sehr Sie abhängig geworden sind. Ihr Wert befindet sich am unteren Rand des Bereichs, den wir „Definitive und bedeutsame Symptome der Abhängigkeit" nennen. Das bedeutet ungefähr, daß Sie im Begriff sind, einige allgemeine Zeichen der Alkoholabhängigkeit zu zeigen, aber noch über Strategien verfügen, die Sie vor größeren Problemen bewahren.

K: Sie meinen, ich bin süchtig?

T: Es ist nicht nur einfach die Frage, ob Sie süchtig sind oder nicht. Abhängigkeit entwikkelt sich graduell bzw. in einzelnen Schritten. Dieser Wert sagt Ihnen, wie weit Sie auf diesem Weg gegangen sind. Er zeigt, daß hier definitiv etwas passiert ist, daß Sie im Begriff stehen, frühe Anzeichen einer Alkoholabhängigkeit zu entwickeln.
K: Das gefällt mir alles nicht.
T: Die Vorstellung, abhängig zu sein, gefällt Ihnen nicht.
K: Überhaupt nicht!
T: Sie möchten selbst für sich verantwortlich sein, sich unter Kontrolle haben.
K: Ja.
T: Nun, wir sprechen noch nicht über schwerwiegende Probleme. Abhängigkeit entwickelt sich über Jahre, manchmal sehr schnell, manchmal eher langsam. Sie befinden sich momentan im mittleren Bereich. Aber es sieht so aus, als hätte Sie jemand ziemlich hart getroffen.

Hier wählt der Therapeut einen leicht paradoxen Ton, indem er die „Vielleicht ist doch alles gar nicht so schlecht"-Seite der Ambivalenz des Klienten anspricht und dann mit einer Widerspiegelung endet.

K: (Einige Zeit Ruhe) Lassen Sie uns weitermachen.
T: Ich frage mich, ob ich etwas zu schnell für Sie vorgehe. Es ist sicher schwierig, Ich möchte Ihnen nicht zuviel auf einmal zumuten. Brauchen Sie mehr Zeit, um das alles aufzunehmen oder darüber zu sprechen?
K: Nein, es ist schon in Ordnung so. Machen Sie weiter, bitte.

Der Therapeut setzt die Auswertung der Fragebögen und der Blutanalyse fort. Letztere zeigte einen mäßigen Anstieg der Leberenzyme. Schließlich wurden die Ergebnisse der neuropsychologischen Untersuchung erläutert. Hier zeigten sich einige für starke Trinker typische Beeinträchtigungsmuster.

Ein solcher Rückmeldungsprozeß kann für Klienten sehr anstrengend sein, und Therapeuten müssen während des ganzen Prozesses eine empathische Haltung einnehmen. Tränen und Verzweiflung sind keine Seltenheit. Rückmeldungen dieser Art tragen viel zur Entwicklung von Diskrepanz bei und verstärken die Überzeugung, daß eine Veränderung nötig ist. Für gewöhnlich stößt man bei einigen Ergebnissen auf Widerstand, diesem sollte man mit Einfühlung begegnen (vgl. Kap. 8). Gegen Ende sollte der Therapeut den Klienten ermutigen, nachzufragen oder die Befunde zu kommentieren; schließlich sollte er die Rückmeldungen sowie die Anmerkungen des Klienten zusammenfassen. Diese Zusammenfassung dient vor allem dazu, zu den Schlüsselfragen (vgl. Kap. 9) überzuleiten.

T: Wir haben nun ein weites Feld bearbeitet. Gibt es etwas, das Sie mich fragen möchten – irgend etwas, das Sie erstaunt hat, oder etwas, das Sie gerne wissen möchten?

Eine Aufforderung, Informationen und Ratschläge einzuholen.

K: Ja. Könnte es sein, daß ich das von meinem Vater geerbt habe?

T: Es scheint einiges dafür zu sprechen, daß Menschen eine Anfälligkeit für die Entwicklung eines Alkoholproblems erben können. Es ist sicherlich nicht so einfach, daß man sagen könnte, der „Alkoholismus“ würde vererbt. Es ist eher wie das vererbte Risiko für Bluthochdruck oder Herzerkrankungen. Ihr Blutdruck ist teilweise abhängig von genetischen Faktoren, er wird allerdings genauso beeinflußt durch Eßgewohnheiten, körperliche Betätigung, Streßpegel, Verwendung von Salz usw. Mit dem Trinken verhält es sich genauso. Männer, unter deren biologischen Verwandten jemand Alkoholprobleme hatte oder hat, scheinen ein höheres Risiko zu haben, ähnliche Probleme zu bekommen. Toleranz ist ein weiterer Risikofaktor.

K: Dann habe ich also ein höheres Risiko.

T: Genauso ist es. Sie haben mehr Grund als die meisten anderen Menschen, mit Ihrem Trinken vorsichtig umzugehen. Gibt es irgend etwas anderes, das Sie erstaunt hat?

K: Ich glaube nicht.

Ausführliche Zusammenfassung.

T: Dann will ich einmal zusammenfassen, wo wir im Moment stehen, und Sie sagen mir, ob ich etwas ausgelassen habe. Sie kamen hierher zum Teil auf Bitten Ihrer Frau, zum Teil auf Anraten Ihres Arztes und nicht zuletzt auch, weil Sie selbst besorgt über Ihr Trinken sind, bis dahin jedoch noch nie sehr viel darüber nachgedacht hatten. Sie waren sich bewußt, daß Ihr Trinken in den letzten Jahren zugenommen hat, und z. Zt. sind es mehr als 50 Standardgetränke die Woche. Sie waren sich ebenso im Klaren darüber, daß Sie mehr trinken als andere Menschen, und anscheinend haben Sie eine deutliche Toleranz für Alkohol entwickelt. Sie können sehr viel trinken, ohne sich betrunken zu fühlen, obwohl – wir haben heute darüber gesprochen – genügend Alkohol in Ihrem Blut sein muß, um Sie zu beeinträchtigen und einigen Schaden anzurichten. Sie wollen schonend mit sich umgehen und sind besorgt über Ihre Gesundheit. Die von uns durchgeführten Blutanalysen zeigen, daß Ihr Körper durch das Trinken Schaden genommen hat – das hat Ihnen ja auch schon Ihr Arzt gesagt. Sie haben bereits einige Probleme aufgezählt, die mit dem Alkohol zusammenhängen, und es gibt einige Anzeichen, daß Sie im Begriff stehen, eine Abhängigkeit zu entwickeln. Gleichzeitig halten Sie sich nicht für einen Alkoholiker, und früher haben Sie gedacht, solange Sie kein Alkoholiker sind, brauchen Sie sich auch um nichts, was mit dem Trinken zusammenhängt, Sorgen zu machen. Sie hatten einige schlimme Kater, Sie sind besorgt wegen des Einflusses des Alkohols auf Ihr Erinnerungsvermögen, und Ihre Testergebnisse zeigen, daß Ihre Sorgen berechtigt sind. Ihre Werte ähneln denen starker Trinker, in auffallendem Kontrast zu Ihrer ansonsten hohen Intelligenz. Ich weiß, daß Sie sich darüber Gedanken gemacht haben, inwiefern Ihr Trinken dem Ihres Vaters gleicht, und das ist beunruhigend. Wir sprachen über Ihre Famili-

engeschichte, und daß Sie wahrscheinlich einem höheren Risiko als die meisten anderen Menschen ausgesetzt sind, durch Alkohol geschädigt zu werden. Sie wollen vor allem sichergehen, daß Ihr Trinken Ihrer Familie nicht schadet, denn Sie wissen, was das bedeutet. Ist das eine gute Zusammenfassung?
K: Ja, außer daß ich, bevor ich hierher kam, nicht wirklich gedacht habe, ich würde mehr als andere Menschen trinken.
T: Es hatte für Sie den Anschein, daß Ihr Trinken völlig normal wäre.

Überzogene Reflexion.

K: Gut, vielleicht nicht normal, aber auch nicht ungewöhnlich. Ich hatte einfach noch nicht darüber nachgedacht.
T: Aber nun denken Sie darüber nach. Ich habe Ihnen eine Menge Informationen gegeben, und ein paar davon sind ziemlich hart. Was machen Sie nun damit?

Schlüsselfrage.

K: Es ist schon irgendwie deprimierend. Ich habe wirklich nicht gedacht, daß ich ein Problem hätte, und schon gar nicht ein so großes.
T: Sie hatten etwas anderes erwartet, und ich sehe, daß Sie das umhaut. Lassen Sie mich dennoch auf die Perspektiven zu sprechen kommen. Bei all diesen Werten befinden Sie sich in einer Art Grauzone, einem Grenzgebiet. Die gute Nachricht ist, daß Ihnen Ihre Situation klar geworden ist, bevor irgendeines dieser Probleme wirklich schwerwiegend wurde. Menschen, die Ihr Trinkverhalten verändern, wenn sie es denn rechtzeitig tun, zeigen gewöhnlich eine leichte Verbesserung, und ihre Testwerte gehen oft auf einen Normalwert zurück. Andere Menschen warten solange, bis die Schäden so schwerwiegend sind, daß sie nicht wieder rückgängig zu machen sind. Sie haben nicht gewartet. Es ist wie bei vielen anderen Problemen: Je eher man sie angeht, desto besser sind die Chancen, den Lauf der Dinge umzukehren und gesund zu bleiben.

Widerspiegelung.

Umformulieren und anders beleuchten.

Selbstwirksamkeitsüberzeugung stärken.

K: Was soll ich denn am Wochenende tun, wenn ich auf den Alkohol verzichte? (Lächelt) — *Denkt über Perspektiven nach.*

T: Sie können sich noch gar nicht so richtig vorstellen, wie sich Ihr Leben verändern würde.

An diesem Punkt gab es verschiedene Möglichkeiten fortzufahren: der Therapeut hatte zu entscheiden, ob er den Klienten drängen sollte, sich Ziele zu setzen, einen Veränderungsplan aufzustellen und ihn verbindlich anzugehen. Es wäre möglich gewesen, mit Strategien aus Phase I fortzufahren, vielleicht unter Zuhilfenahme der Waage mit den Vorteilen und Nachteilen einer Veränderung. Die Frage war: Wie bereit war dieser Klient für eine Veränderung? Verschiedene Anzeichen, die in Tabelle 8 (Kap. 9, S. 128) aufgeführt sind, waren sichtbar geworden: So hatte der Klient nur wenig Widerstand gezeigt; er hatte einige Fragen zum Problem gestellt und eine Reihe von selbstmotivierenden Äußerungen formuliert. Deshalb hätte der Therapeut versuchen können, mehr solcher Äußerungen herauszuarbeiten (z.B. „Was glauben Sie, welches sind die wichtigsten Gründe, sich hier Sorgen zu machen? Wenn Sie an die Dinge denken, über die wir gesprochen haben, welches sind die wichtigsten Gründe, etwas zu verändern? Was glauben Sie wird passieren, wenn Sie an Ihren Trinkgewohnheiten nichts verändern?“). Der Klient hatte sich jedoch auch gefragt, wie sein Leben ohne Alkohol aussehen könnte. Er hatte dabei traurig und resigniert gewirkt. Der Therapeut entschied sich in Anbetracht dieser Gefühlsäußerung für eine Schlüsselfrage zu einer Verhaltensänderung, um die Situation auszuloten.

T: Was bedeutet das in bezug auf Ihren Alkoholkonsum? Was geschieht nun? — *Schlüsselfrage.*

K: Nun gut, ich möchte etwas tun. Ich möchte nicht, daß es einfach so weitergeht.

T: Was denken Sie, was dieses „etwas" ist? Was ist der nächste Schritt? — *Schlüsselfrage.*

K: Ich glaube, daß ich etwas bezüglich meines Trinkens unternehmen muß – entweder weniger trinken oder aufhören. — *Der Klient eröffnet den Prozeß der Zielfindung.*

T: Das sind zwei Möglichkeiten.

K: Ich kann so nicht weitermachen! Wenn ich so weiter trinke, wird alles schlimmer.

T: Wahrscheinlich.

K: Also muß sich was ändern. Entweder ich trinke weniger, oder ich höre ganz auf.

T: Wie denken Sie über diese beiden Möglichkeiten?
K: Wenn ich wählen könnte, würde ich mich für's Weniger-Trinken entscheiden. Ich trinke nämlich manchmal ganz gerne.
T: Trinken ist wichtig für Sie.
K: Nein, nicht wichtig. Es ist nur so, daß ich gerne ein Bier trinke, und ich würde mir komisch vorkommen, mit einer Cola dazusitzen, während alle anderen Alkohol trinken.

Denkt über die Zukunft nach.

T: Das wäre Ihnen unangenehm, Sie fühlten sich dann fehl am Platze.
K: Ja. Es ist aber nicht so wichtig, glaube ich. – Na ja, wenn ich nicht müßte, würde ich es lieber nicht aufgeben.
T: Aber wenn für Sie klar wäre, daß Sie es ganz aufgeben müßten, dann könnten Sie es auch.
K: Sicherlich. Wenn ich wüßte, daß ich es muß.

Selbstwirksamkeitsüberzeugung stärken.

T: Wie können Sie das herausfinden?
K: Ich denke, ich werde es ausprobieren und sehen, ob es funktioniert.
T: Wieviel Hilfe brauchen Sie dabei?
K: Wie, was meinen Sie mit Hilfe?
T: Ich meine Hilfe von anderen – Unterstützung, Beratung, Ideen, etwas in der Art. Wie weit schaffen Sie es allein, und wo benötigen Sie Hilfe?
K: Weiß ich nicht. Ich habe es ja noch nie versucht. Normalerweise regle ich so was alleine, und ich denke, ich schaffe das auch. – Aber vielleicht würde es ja helfen, zusätzlich mit jemandem darüber zu reden.
T: Dann würden Sie also Unterstützung annehmen, wenn Sie sich entschieden, Ihr Trinken zu verändern.
K: Ich denke ja.
T: Was denken Sie, werden Sie tun?
K: Sie sind der Experte. Was kann ich denn tun?
T: Ich kann Ihnen Wege aufzeigen, die andere mit Erfolg gegangen sind, aber Sie sind Ihr eigener Experte. Ich kann Ihnen Alternativen aufzeigen, einige werden für Sie sinnvoll sein, an-

Die Idee alternativer Veränderungswege wird eingeführt.

dere nicht. Sie sind derjenige, der entscheidet, was Sie tun wollen. – Möchten Sie einige Vorschläge hören?
K: Ja.
T: Am Anfang stünde Ihre Entscheidung, Ihren Konsum zu reduzieren oder ganz aufzuhören. Es gibt Menschen, die können ihr Trinken soweit reduzieren, daß sie damit keine weiteren Probleme bekommen. Andere finden es wichtiger und einfacher, ganz aufzuhören und abstinent zu bleiben. – Sie wissen aber nicht, welchen Weg Sie gehen sollen.
K: Nein. Was denken Sie denn?
T: Das muß Ihre Entscheidung sein. Ich kann dies nicht für Sie übernehmen. Möchten Sie denn wirklich, daß ich Ihnen meinen Rat gebe?

Betonung der Eigenverantwortung.

K: Bitte. Ich muß ihn ja nicht annehmen, nur weil Sie ihn mir gegeben haben.
T: Gut. Ich glaube, wenn ich an Ihrer Stelle wäre, würde ich mir über einiges Sorgen machen, was wir besprochen haben. Da wären die Auswirkungen auf Ihre Leber und Ihr Gehirn. Der sicherste Weg, damit sich Ihre Leberwerte normalisieren und keine „black-outs" mehr auftreten, wäre eine gewisse Zeit der Abstinenz. Wie schätzen Sie das ein, können Sie das?

Persönliche Herausforderung.

K: Ich glaube, ich kann das gut schaffen. Wie lange müßte ich denn durchhalten?
T: Das ist schwer zu sagen. Mindestens so lange, bis sich Ihre Werte normalisiert haben und sich Ihr Körper erholt hat. Ich denke, drei Monate wären ein guter Anfang. Danach sollten wir dic Untersuchungen wiederholen, um zu sehen, wie es Ihnen geht.
K: Und wenn ich weiter trinke, dann wird es mir nicht besser gehen?
T: Ich kann dies nicht mit letzter Sicherheit sagen, Sie können es ja versuchen. Aber der sicherste und schnellste Weg, wie sich Ihr Körper wieder erholen kann, wäre eine alkoholfreie Zeit. Das ist meine Auffassung, ich weiß nicht, wie sich das für Sie anhört.

K: Und wenn sich mein Körper dann erholt hat, kann ich wieder anfangen, Alkohol zu trinken, wenn ich möchte?

T: Tatsache ist, daß Sie jederzeit anfangen können zu trinken, wenn Sie das möchten. Niemand kann Sie daran hindern. Es geht nicht um die Frage, ob Sie können, sondern die eigentliche Frage lautet: Was passiert dann? Wie ich Ihnen schon erzählte, können einige Menschen Ihren Alkoholkonsum gut kontrollieren. Die Gefahr liegt allerdings darin, daß man in alte Gewohnheiten zurückfällt und wieder anfängt, zuviel zu trinken. – Aber versuchen Sie nicht, diese Entscheidung jetzt zu treffen. Sie können dies immer noch entscheiden, wenn sie einige Zeit abstinent gewesen sind. Vielleicht gefällt es Ihnen ja sogar, nicht zu trinken!

Betonung der Eigenverantwortung.

Entscheidung aufschieben.

K: Und ab sofort soll ich erstmal ganz aufhören zu trinken?

T: Sie haben mich gefragt, was ich denke. Ich habe nicht gesagt, daß Sie müssen, nur daß ich dies für den sichersten Weg halte. Was Sie letztlich tun, ist Ihre Sache. Was glauben Sie denn, was Sie tun werden?

K: Aufhören klingt ja schon gut.

T: Dann erlauben Sie mir noch diese Frage: Was hindert Sie, Ihre Entscheidung umzusetzen? Falls Sie sich entschlossen haben, mit dem Trinken für einige Zeit aufzuhören, was macht es so schwierig?

K: Meine Freunde. Wir verbringen viel gemeinsame Zeit mit Trinken, und ich weiß nicht, wie ich mich da verhalten soll.

T: Was könnten Sie tun?

K: Vielleicht sollte ich dann mehr Zeit mit den Freunden verbringen, die nicht trinken. Oder ich gehe nicht mehr in Kneipen und treffe meine Freunde, wenn sie nicht trinken.

T: Glauben Sie, daß Sie das könnten?

Persönliche Herausforderung.

K: Ich denke schon.

T: Was wäre außerdem noch schwierig für Sie?

K: Ich trinke gerne Alkohol. Aber ich glaube, das wäre kein so großes Problem. Ich müßte mich nur immer wieder selber daran erinnern, daß es wichtig ist, nicht zu trinken.

T: Erlauben Sie mir noch eine Frage. Was denken Sie, würde passieren, wenn Sie Ihr Trinken nicht veränderten?

Der Therapeut geht davon aus, daß der Klient nach wie vor ambivalent ist, und versucht, die Motivation zu verstärken.

K: Ich glaube, all das, worüber wir gesprochen haben, könnte schlimmer werden – meine Leber, mein Gehirn, mein Gedächtnis. Und ich denke, meine Familie hätte es sehr schwer – ich möchte gar nicht daran denken, daß ich sie verlieren könnte. Oder ich würde meinen Job verlieren, wenn es ganz schlimm käme. Es ist nicht sehr angenehm, darüber nachzudenken.

T: Wie wäre es für Sie, jetzt in diesem Moment zu trinken?

K: Die Vorstellung ist nicht sehr reizvoll.

T: Noch eins. Normalerweise ist das Trinken selbst nur ein Teil des Gesamtbildes. Was sollte sich sonst noch ändern?

K: Ich möchte mich besser mit meiner Frau verstehen.

T: Es könnte möglicherweise gut für Sie beide sein, wenn Sie gemeinsam mit jemandem sprechen, um an Ihrer Beziehung zu arbeiten. Würden Sie beide das wollen?

K: Ich denke schon.

Kommentar: An diesem Punkt entschied der Therapeut, daß es an der Zeit sei, mit dem Klienten einige realistische Alternativen abzuwägen, die ihm helfen könnten, seine Pläne umzusetzen. Diese Alternativen hängen ab von den spezifischen Angeboten am Wohnort des Klienten. Eine Reihe von Optionen wurden dem Klienten vorgestellt, darunter abstinenzorientierte Selbsthilfegruppen, Behandlung mit Disulfiram, Selbstsicherheits-Training (vor allem, um in Gesellschaft Alkohol abzulehnen), schrittweise Einschränkung des Konsums oder sofortige Abstinenz, Paarberatung. Der Klient äußerte den Wunsch, „es allein zu versuchen", zeigte aber ein gewisses Interesse, zusammen mit seiner Frau zu weiteren Beratungssitzungen zu kommen. Der Therapeut fuhr mit einer Zusammenfassung fort.

T: Lassen Sie mich sehen, ob ich verstanden habe, was Sie für sich tun wollen. Sie haben sich entschieden, den Alkohol für mindestens drei Monate nicht anzurühren und dies zu Hause mit Ihrer Frau zu besprechen. Sie halten es für eine gute Idee, zusammen mit Ihrer Frau hierher zu kommen und Ihre Beziehung näher anzuschauen. Ihnen sagt es eher zu, die Probleme mit dem Trinken selbst zu bewältigen, deswegen wünschen Sie im Moment keine weitere Unterstützung, etwa die medikamentöse Behandlung, über die wir gesprochen haben, oder eine Selbsthilfegruppe. Dennoch haben Sie gesagt, daß wir für den Fall, daß Sie innerhalb der nächsten drei Monate wieder anfangen zu trinken, noch einmal über zusätzliche Unterstützung reden würden. Sie wollen nächsten Donnerstag mit Ihrer Frau wiederkommen, dann können wir diese Planung auch mit ihr besprechen und entscheiden, welches die konkreten weiteren Schritte sein sollen. Ist es das, was Sie tun wollen?
K: Ja, ich glaube schon.
T: Sie klingen noch ein wenig zurückhaltend, und ich denke, das ist verständlich. Sie haben eine große Veränderung vor. Was macht Ihnen an dieser Planung Angst? Habe ich etwas vergessen?

Reflexion der Ambivalenz.

K: Ich habe nicht richtige Angst davor. Nein, ist schon okay. Ich habe nur gerade über die schönen Zeiten nachgedacht, die ich manchmal hatte.
T: Und es ist hart, weil Sie diese gegen Ihre Gesundheit und Ihre Familie aufwiegen und gegen gute Zeiten, die vielleicht irgendwann einmal kommen werden. Es ist schwer, sich zu verabschieden.

Umformulieren und anders beleuchten.

K: Aber es ist genau das, was ich tun muß.

T: Nein, Sie müssen nicht. Es funktioniert nur das, was Sie wollen. Was Sie wirklich wollen! Ist es das, was Sie wollen?

Betonung der Eigenverantwortung.

K: Ja.

T: Dann sehe ich Sie und Ihre Frau am Donnerstag.

Dies ist lediglich ein Beispiel, wie motivierende Gesprächsführung in der Praxis funktionieren kann. Es gibt eine Menge unterschiedlicher Möglichkeiten, wie die Grundprinzipien und Strategien umgesetzt werden können. Dieser Fall zeigt sehr anschaulich einzelne Schlüsselsituationen und mögliche Vorgehensweisen eines erfahrenen Therapeuten. Für alle Praktiker bedeutet es eine Herausforderung ihrer Kreativität, motivierende Gesprächsführung individuell angemessen anzuwenden.

12. Motivierende Gesprächsführung lehren

Motivierende Gesprächsführung verlangt die Integration komplexer klinischer Fertigkeiten und stellt eine besondere Herausforderung für Trainer und Supervisoren dar. Sie kann nicht durch Lesen oder das Anhören von Vorträgen erlernt werden. Anfänger müssen sich eine Vielzahl therapeutischer Fertigkeiten aneignen und einschätzen lernen, wann und wie sie zu benutzen sind. Erfahrene Berater und Therapeuten müssen möglicherweise ihre vertrauten Muster im Umgang mit Klienten aufgeben.

Dem Feedback kommt bei diesem Lernprozeß eine Schlüsselrolle zu. Obgleich vieles auf den ersten Blick logisch und einfach erscheint, erweist sich die praktische Umsetzung oft als sehr schwierig. Aus diesem Grunde wurde dieses Kapitel mit aufgenommen. Es soll erfahrenen Kollegen dabei helfen, Anfänger in motivierender Gesprächsführung zu unterrichten. Wir bieten Ihnen eine Reihe einander ergänzender Übungen an, die wir in den letzten zehn Jahren entwickelt haben. Rollenspiele nehmen dabei einen großen Raum ein. Obwohl wir selbst Workshops mit mehr als hundert Teilnehmern abgehalten haben, empfehlen wir eine Gruppengröße von 15-20 Personen. Das ermöglicht dem Trainer, in Zweiergruppen zu üben, zwischen den Paaren zu wechseln und bei ganztägigen Workshops jedem Teilnehmer ein individuelles Feedback zu geben. Wieviel Zeit Sie veranschlagen, sollten Sie von den Erfahrungen der Teilnehmer abhängig machen, ein Einführungskurs sollte jedoch nicht weniger als acht bis zwölf Stunden umfassen. Idealerweise sollte sich an diesen Kurs ein angeleitetes Praktikum anschließen, in dem die wesentlichen Fertigkeiten geübt werden können. Eine Folge von fünf oder mehr Trainingseinheiten von je drei Stunden kann ebenfalls effektiv sein, um den Teilnehmern zwischen den Sitzungen Zeit für praktische Übungen einzuräumen.

Die Übungen des vorliegenden Kapitels orientieren sich an den Inhalten der Kapitel 5-9. Die Darstellung ist sehr ausführlich, damit die Ausbilder entsprechend dem Teilnehmerkreis zwischen Alternativen wählen können.

EINIGE ALLGEMEINE HINWEISE

Trainermerkmale

Ein guter Trainer sollte sich selbstverständlich ein hohes Maß an Kompetenzen in motivierender Gesprächsführung angeeignet haben, d.h. er sollte über entsprechende Erfahrungen in der Behandlung unterschiedlicher Klienten und insbesondere über Erfahrungen mit Supervision und Feedback verfügen. Ausbildungskandidaten stellen vielfältige Fragen, die von ihren spezifischen Bedürfnissen und Arbeitsfeldern abhängen. Häufige Fragen sind:

- Wie kann man motivierende Gesprächsführung bei Klienten einsetzen, die nicht freiwillig zur Beratung/Behandlung gekommen sind?
- Ist dies nicht eine Methode ausschließlich für Mittelschichtsklienten? Wie soll dies bei meinen Patienten funktionieren, die in jeder Hinsicht am Ende sind?
- Was tun Sie bei einem Teenager, der einfach nicht reden will?
- Wie gehen Sie mit einer Frau um, die meint, daß Alkohol für sie kein Problem darstellt und die nur über Ihre Depressionen reden will?
- Wie soll das im Umgang mit einem Soldaten oder Polizisten funktionieren, wenn Sie als Arzt gezwungen sind, den Vorgesetzten über seinen Drogenkonsum zu informieren?
- Was soll geschehen, wenn ich mit den Zielen und Veränderungsabsichten des Klienten nicht einverstanden bin?
- Es erscheint so, als sei die motivierende Gesprächsführung besonders geeignet in der Anfangsphase einer Therapie. Kann man sie auch in der Nachsorge sinnvoll nutzen?
- Die meisten meiner Klienten wissen ganz genau, daß sie zuviel trinken. Sie haben soziale Probleme, über die sie stundenlang reden könnten. Wie läßt sich motivierende Gesprächsführung bei diesen Klienten einsetzen?

Ein kompetenter Ausbilder paßt die Strategien motivierender Gesprächsführung dem jeweiligen Kontext an. Er benötigt die gleichen Qualitäten, die auch einen guten Therapeuten auszeichnen. Er sollte gegenüber Differenzen in der Gruppe Respekt aufbringen, bei Meinungsverschiedenheiten tolerant sein, bei Ambivalenz Geduld zeigen und seinem Gegenüber echte Zuwendung und Interesse entgegenbringen. Der Trainer sollte begeisterungsfähig und verbindlich sein, wenn er lehrt, und sich nicht daran stören, daß einmal nicht alle seiner Meinung sind oder sich für andere Beratungskonzepte entscheiden. Motivierende

Gesprächsführung ist nicht für jeden Therapeuten geeignet, und es wird immer Kollegen geben, die dieses Konzept für sich als unpassend empfinden. Eine gute Ausbildung respektiert ebenso wie eine gute Beratung persönliche Entscheidungen entsprechend der Devise „Nimm, was Du gebrauchen kannst, und laß den Rest liegen!“. Die Inhalte und besonderen Vorzüge motivierender Gesprächsführung lassen sich am besten vermitteln, wenn der Trainer den Teilnehmern in einer motivierenden Grundhaltung begegnet.

Rollenspiele

Im Rollenspiel Ungeübte verhalten sich manchmal zunächst sehr reserviert, weil sie es als künstlich bewerten. Sie sträuben sich, in Gegenwart anderer etwas Neues auszuprobieren, oder halten Rollenspiele für Zeitverschwendung. Unserer Erfahrung nach sind Ausbildungskandidaten eher dazu bereit, Rollenspiele durchzuführen, wenn die Übungen sorgfältig geplant und vorgestellt werden. Es ist sinnvoll, die folgenden Grundprinzipien mitzuteilen:

- Rollenspiele sind wichtig, weil komplexe neue Fertigkeiten nur durch praktische Übung erlernt werden können. Die Übungen machen es möglich, motivierende Gesprächsführung mit Ihren eigenen Worten auszuprobieren und hierüber ein Feedback zu bekommen.
- Niemand sollte sich dazu gezwungen fühlen, teilnehmen zu müssen. Jeder kann zu jeder Zeit die Teilnahme am Rollenspiel beenden. Beobachten kann sehr lehrreich sein.
- Rollenspiel ist nicht die Realität, kann aber doch sehr eng mit dieser verknüpft sein: Wenn Sie z.B. lernen, ein Flugzeug zu führen, dann werden Sie zunächst einige grundlegende Informationen und Regeln kennenlernen; im nächsten Schritt werden Sie am Flugsimulator üben; daran schließen sich vielleicht kurze Übungsflüge unter Anleitung und Kontrolle an; erst danach werden Sie in der Lage sein, ein Flugzeug allein zu führen. Genauso verhält es sich mit dem Erlernen motivierender Gesprächsführung.
- Sollten Sie während des Rollenspiels das Gefühl bekommen, daß Sie die Kontrolle verlieren, äußern Sie dies bitte. Das geschieht nicht sehr häufig und ist kein alarmierendes Zeichen – aber es ist dennoch wichtig, es anzusprechen.
- Versuchen Sie, während der Übungen Ihre Rolle nicht zu verlassen, auch nicht um zu kommentieren, was Sie gerade tun. Dazu ist in der Nachbesprechung genug Raum. Nutzen Sie die Zeit für die Übungen und diskutieren Sie später.

Lassen Sie sich nicht durch anfängliche Vorbehalte gegenüber Rollenspielen einschüchtern oder gar davon abbringen. Sie sind normal und lassen sich in der Regel schnell abbauen. Rollenspiele sind unverzichtbar, um praktische Inhalte dieser Komplexität einzuüben. Wenn mehrere Rollenspiele durchgeführt werden, dann ist es sinnvoll, die Zusammensetzung der Gruppen zu wechseln. Dies erhöht die Vielfalt unterschiedlicher Erfahrungen beim Einsatz der Strategien.

Videoaufzeichnungen und Supervision

Nicht unbedingt notwendig, aber in vielen Fällen hilfreich sind Videoaufnahmen der fiktiven Dialoge zwischen Klient und Berater. Sie geben den Teilnehmern die einmalige Gelegenheit, sich so zu sehen, wie sie von anderen gesehen werden. Manchmal verändert das Betrachten einer Videoaufnahme den Beratungsstil deutlicher als eine mehrstündige Supervision. Schlüsselszenen und unterschiedliche Interventionsmöglichkeiten können detailliert besprochen werden, da das Videoband jederzeit angehalten werden kann.
Für Ausbildungskandidaten, die niemals zuvor in Kontakt mit Videofeedback gekommen sind, bietet sich eine „Aufwärm-Übung" an (siehe Übung 2). Denken Sie daran, daß eine Videoaufzeichnung sehr irritierend sein kann. Es ist typisch, daß die Teilnehmer sich selbst gegenüber übermäßig kritisch sind.
Wir empfehlen dringend, einfühlsam zu sein und zu berücksichtigen, wie negativ die eigene erste Videoaufnahme erlebt werden kann. Seien Sie äußerst vorsichtig, wenn Sie problematische Aspekte einer Videoaufnahme ansprechen oder anderen Gruppenmitgliedern erlauben, dies zu tun. Selbst wenn es sich um eine Einzelsupervision handelt, verstärken Sie vor allem die positiven Aspekte. Formulieren Sie Veränderungsvorschläge kurz und präzise und schließen Sie immer mit einem positiven Kommentar. Diese Form von „Feedback-Sandwich" – zuerst die positiven Anmerkungen, dann Veränderungsvorschläge, dann wieder positive Anmerkungen – gilt als effektives Vorgehen in Supervisionszusammenhängen. Bedenken Sie auch, daß Lernen immer in Schritten erfolgt. Greifen Sie in jeder Sitzung oder jedem einzelnen Rollenspiel einen Aspekt heraus, und versuchen Sie nicht, alle Fehler auf einmal zu bearbeiten.

Autodidaktik

Man kann sich motivierende Gesprächsführung gut selbst beibringen, wenn man die grundsätzlichen Prinzipien und Methoden erst einmal

kennt. Wenn Ausbildungskandidaten gelernt haben, worauf sie im Klientenkontakt achten müssen, können sie selbständig, auch ohne direktes Feedback durch einen Supervisor, damit fortfahren. Richtig angewandte Strategien zur Auslösung selbstmotivierender Äußerungen werden selbstmotivierende Äußerungen hervorrufen. Ein fehlerhaftes Vorgehen provoziert und verstärkt Widerstand. Geschicktes aktives Zuhören wird den Klienten zu offener Selbstexploration anregen und diese durch fortgesetztes Feedback immer präziser werden lassen. Kommunikationssperren (s. Kap. 6) hemmen dagegen den Prozeß der Selbstexploration. Ist der Zeitpunkt zum Übergang in Phase II gut gewählt, wird dies zu einer Stärkung der Selbstverpflichtung in Richtung einer Veränderung führen. Fordert man diese Verbindlichkeit jedoch zu früh ein, weckt man Widerstand.
Bei der Vermittlung motivierender Gesprächsführung ist es daher wichtig, die Aufmerksamkeit der Auszubildenden auf Schlüsselsignale zu lenken, auf die sie unbedingt achten sollten. Wenn der Therapeut diese Signale beim Klienten erkennt, kann er dic individuell angemessenen Interventionen auswählen und zugleich die eigenen Fertigkeiten durch praktische Erfahrung verbessern.

Grundlagen schaffen

Wenn die Ausbildungsgruppe noch nicht mit dem theoretischen Hintergrund vertraut ist, sollte dieser in einer Trainingseinheit von 60 bis 90 Minuten vorgestellt werden. Die einzelnen Elemente wurden in den Kapiteln 1 bis 4 dargestellt, weshalb nachfolgend nur einige Kerngedanken aufgegriffen werden:

- Widerstand und Veränderungsbereitschaft des Klienten hängen wesentlich vom Stil des Therapeuten ab (Kap. 1).
- Konfrontation ist ein Ziel, kein Stil (Kap. 1).
- Debatten und Beweisführungen sind ungeeignet, um Veränderungen anzustoßen (Kap. 1).
- Wenn Widerstand erst einmal entstanden ist, wird eine Veränderung unwahrscheinlicher (Kap. 1).
- Die Motivation des Klienten kann durch eine Vielzahl therapeutischer Strategien erhöht werden (Kap. 2).
- Selbst kurze Interventionen können einen wesentlichen Einfluß auf ein Problemverhalten haben (Kap. 3).
- Motivation zur Veränderung erwächst aus der persönlichen Beziehung zwischen Klient und Berater (Kap. 3).

- Ambivalenz ist normal, nicht pathologisch (Kap. 4).
- Ein Schlüssel zur Veränderung besteht darin, Menschen bei der Auflösung von Ambivalenzen zu helfen (Kap. 4).

Die Darstellung dieser Prinzipien dient auch dazu, Grundzüge und Ziele dieses Konzepts zu erläutern und den Unterschied zwischen motivierender Gesprächsführung und anderen Methoden zu verdeutlichen (Kap. 5).
Des weiteren sollten die fünf Basisprinzipien (Kap. 5) sowie mögliche Fallen (Kap. 6) vermittelt werden. Dies alles bildet eine ausreichende Grundlage, um die fünf Anfangsstrategien der Phase I vorzustellen (Kap. 6). Eine schriftliche Darstellung der Prinzipien und Strategien kann bei der Präsentation hilfreich sein.
Eine andere Möglichkeit besteht darin, die Einführung der Grundlagen durch kurze, praktische Beispiele zu illustrieren. Die nachfolgend dargestellte Sequenz nimmt 60 bis 90 Minuten in Anspruch. Ein Overheadprojektor oder eine Tafel werden als Hilfsmittel benötigt.

(1) Schreiben Sie das Wort „Ambivalenz" an die Tafel und demonstrieren Sie anschließend in ca. zwei bis drei Minuten, wie man *nicht* mit dem Phänomen umgehen sollte: Lassen Sie einen Gruppenteilnehmer, der sich aktuell gegenüber einer bestimmten Frage ambivalent fühlt (z.B. Wohnortwechsel), die Rolle des Klienten übernehmen. Argumentieren Sie im anschließenden „Beratungsgespräch" nur zu Gunsten einer Seite. Wenn die Zeit es zuläßt, können die Ausbildungskandidaten dies auch miteinander üben.

(2) Arbeiten Sie gemeinsam mit den übrigen Ausbildungskandidaten heraus, daß, wenn der Berater nur eine Seite mit all ihren Vorteilen darstellt, der Klient automatisch die Vorteile der anderen Seite hervorheben muß. Hätte der Berater dagegen beschlossen, im Sinne der anderen Seite zu argumentieren, hätte der Klient die entgegengesetzte Position vertreten.

(3) Während Sie für das erste Rollenspiel ein eher allgemeines Thema wählen sollten, beginnen Sie jetzt ein zweites Rollenspiel (ebenfalls nach dem Motto: „Wie man es nicht machen sollte"), in dem ein ziemlich widerstrebender „Klient" zum ersten Beratungsgespräch erscheint. Versehen Sie nun in einem etwa vier- bis fünfminütigen Gespräch den Klienten mit einer Diagnose und versuchen Sie, ihn mit allen Mitteln davon zu überzeugen, daß er ein ernstes Problem hat und „der Realität ins Auge sehen muß". Der Klient wird offenkundig ablehnend reagie-

ren. Auch hier können die Ausbildungskandidaten die Übung untereinander fortführen, sofern genug Zeit zur Verfügung steht. Wenn Sie sich für dieses Rollenspiel entscheiden, sollten Sie den Berater gut instruieren, um sicher zu gehen, daß er sich möglichst konfrontierend verhält. Bauen Sie so viele Fallen wie möglich ein.

(4) Erfragen Sie von den Ausbildungskandidaten eine Liste von Fallen, in die der Berater getappt ist, und schreiben Sie diese auf die Overheadfolie oder an die Tafel. Fragen Sie dann nach dem wesentlichen Ziel motivierender Gesprächsführung: dem Herausarbeiten von Gründen zur Besorgnis und Argumenten für eine Veränderung auf Seiten des ambivalenten Klienten. Richten Sie anschließend die Aufmerksamkeit darauf, wie man dies „richtig" macht. Dazu sollten Sie die Grundprinzipien motivierender Gesprächsführung (Kap. 5) sowie eine Liste der fünf Anfangsstrategien (Kap. 6) präsentieren.

(5) Zu diesem Zeitpunkt sollte geklärt werden, daß motivierende Gesprächsführung zum einen auf Strategien der klientenzentrierten Gesprächsführung zurückgreift und nicht-direktiven Charakter hat, zum anderen aber im Prozeß der Förderung selbstmotivierender Aussagen zielgerichtet und direktiv verläuft.

Übungen für die Einstiegsphase

(1) Offene Fragen stellen

Diese erste von fünf Anfangsstrategien läßt sich durch eine Übung eindrucksvoll demonstrieren: Bitten Sie einen Teilnehmer, im Rollenspiel einen Klienten darzustellen, der zur ersten Beratungssitzung kommt. Sie können dazu den fiktiven Klienten genauer charakterisieren (etwa durch einige Angaben zu Alter, Beruf, Aussehen etc.). Kündigen Sie an, daß Sie die ersten Minuten des Gesprächs zweimal spielen wollen, dabei aber unterschiedliche Stile benutzen (alternativ können Sie auch zwei Teilnehmer diese Klientenrolle spielen lassen). Gestalten Sie die ersten Minuten des Interviews so, daß Sie viele geschlossene Fragen stellen, die kurze bzw. Ja-/Nein-Antworten verlangen. Reagieren Sie auf die Antworten des Klienten mit erneuten geschlossenen Fragen (dies dient gleichzeitig zur Illustration der Frage-Antwort-Falle). Nach drei bis fünf Minuten sollten Sie das Gespräch von vorn beginnen (evtl. mit dem zweiten Teilnehmer) und nun ausschließlich offene Fragen stellen. Reagieren Sie auf die Antworten des Klienten mit aktivem Zuhören. Anschließend sollten Sie beide Stile besprechen: Bitten Sie zunächst die „Klienten“, ihre Reaktionen auf beide Beratungsstile zu beschreiben, und lassen Sie dann die Zuhörer ihre Beobachtungen mitteilen.

(2) Aktiv Zuhören

Aktives Zuhören ist eines der wichtigsten und anspruchsvollsten Elemente motivierender Gesprächsführung. Deshalb sollte es entsprechend geübt werden. Ein Therapeut, der nicht aktiv zuhören kann, ist nicht in der Lage, motivierende Gesprächsführungen zu praktizieren. Viele Ausbildungskandidaten betrachten dieses Element zu Recht als grundlegend, glauben aber fälschlicherweise zu häufig, daß sie bereits wissen, wie es funktioniert. Wir haben die Erfahrung gemacht, daß die Mehrzahl der Ausbildungskandidaten nicht über ausreichende Kompetenzen und Erfahrungen verfügt. Der Lernprozeß geht oft langsam vonstatten; die Ausbildungskandidaten greifen immer wieder auf ihren gewohnten Stil zurück, stellen zu viele Fragen und gehen zu direktiv vor. Deswegen sollte genügend Zeit eingeräumt werden, um das aktive Zuhören zu üben. Ist der Workshop nur von kurzer Dauer (z.B. ein Tag), reicht die Zeit nicht, um alle im folgenden aufgelisteten Übungen durchzuführen. In diesem Fall müssen Sie im Vorfeld Übungen auswählen und ausführlich erklären, welche Komponenten aktiven Zuhörens erforderlich sind und welchen Stellenwert sie im Konzept der motivierenden Gesprächsführung einnehmen.
Die Enstiegsübung bezieht sich auf die nonverbale Aufmerksamkeit. Ob Sie diese Übung durchführen lassen oder nicht, hängt von den Ausgangsvoraussetzungen der Ausbildungsgruppe ab.

Übung 1: Nonverbale Aufmerksamkeit

Ziel: Bewußtsein und Kompetenzen erhöhen im Umgang mit nonverbalen Signalen beim aktiven Zuhören.
Zeit: 10 Minuten plus Diskussion.
Form: Lassen Sie die Teilnehmer Paare bilden. Einer der beiden ist zunächst ist Sprecher, der andere Zuhörer. Die Rollen werden im zweiten Schritt gewechselt.
Vorbereitung: Diskutieren Sie die Bedeutung nonverbaler Signale beim Zuhören: „Angenommen, Sie beobachten einen guten Zuhörer auf einer Videoaufnahme ohne Ton, was würden Sie sehen? Welche nonverbalen Mitteilungen zeichnen einen guten, welche einen schlechten Zuhörer aus?" Die Bedeutung von Blickkontakt, Gesichtsausdruck, Körperhaltung

und Vermittlung von Aufmerksamkeit sollten – in der Regel durch die Teilnehmer selbst – herausgearbeitet werden.
Einführung: Bitten Sie alle Teilnehmer, etwa fünf Minuten über ein bestimmtes Thema zu reden. Legen Sie das Thema fest, so daß alle die gleichen Vorgaben haben. Besonders geeignet sind Ausschnitte aus der persönlichen Geschichte, z.B. Kindheitserlebnisse, Beschreibung der Eltern (oder anderer nahestehender Personen), berufliche Entwicklung. Der Sprecher berichtet dem zuhörenden Partner über dieses Thema. Aufgabe des Zuhörers ist es, sorgfältig zuzuhören und nonverbale Signale zu senden, um Interesse und Aufmerksamkeit zu vermitteln, ohne zu sprechen oder irgendwelche Geräusche zu machen (z.B. „hmm-hmm"). Die Teilnehmer sollten ihre Rolle solange beibehalten, bis sie von Ihnen unterbrochen werden. Nach etwa fünf Minuten sollten die Rollen gewechselt werden.
Nachbesprechung: Sind die Teilnehmer wieder als ganze Gruppe zusammen, bitten Sie sie, über ihre Erfahrungen als Sprecher und Zuhörer zu reden. Die Sprecher sollten mitteilen, in welcher Weise ihre Partner ihnen das Gefühl vermittelten zuzuhören. Die Zuhörer sollten überlegen, was sie während des Schweigens hätten sagen wollen. Diese Überlegungen können in der nächsten Übung wieder aufgegriffen werden.

Im nächsten Schritt soll deutlich werden, was empathisches Zuhören nicht bedeutet. Hilfreich ist dazu die Diskussion von Gordons „Zwölf Kommunikationssperren" (Kap. 6). Teilen Sie zu diesem Zweck Karteikarten mit sechs bis zehn verschiedenen Äußerungen aus, wobei auf jeder Karteikarte nur eine Äußerung stehen sollte, die von einem Klienten oder einem Freund stammen könnte, der über persönliche Dinge spricht. Bitten Sie die Ausbildungskandidaten aufzuschreiben, was sie auf diese Äußerungen am ehesten erwidern würden. Die Antworten sollen sich auf ein oder zwei Sätze beschränken. Wurde diese Übung schon einmal durchgeführt, können die Ausbildungskandidaten auch zusammentragen, welche der Kommunikationssperren sie selbst am meisten benutzen. Die nachfolgende Übung ist dazu geeignet, sich auf humorvolle Art die Wirkung dieser Hindernisse bewußt zu machen.

Übung 2: Hindernisse beim Zuhören

Ziel: Das Bewußtsein des Therapeuten für Reaktionen wecken, die nichts mit aktivem Zuhören zu tun haben und die Selbstexploration des Gegenübers blockieren.
Zeit: 15 Minuten plus Diskussion
Form: Paare
Vorbereitung:
(1) Sofern es die Zeit erlaubt, sollten Sie die gerade beschriebene Vorbereitung mittels Karteikarten durchführen. Die Teilnehmer können ihre eigenen Reaktionen mit den zwölf Kommunikationssperren vergleichen, um zu überprüfen, welche sie selbst am ehesten benutzen würden.
(2) Stellen Sie Gordons „Zwölf Kommunikationssperren aktiven Zuhörens" vor (Kapitel 6, Gordon 1972). Geben Sie eine Äußerung vor, die ein Klient oder Freund zu Ihnen sagen könnte, und lassen Sie die Teilnehmer 12 mögliche Antworten im Sinne der Kommunikationssperren finden. Erwähnen Sie unbedingt, daß diese zwölf Reaktionsmöglichkeiten nicht „falsch" sein müssen. Jede einzelne kann zur rechten Zeit und am rechten Ort Sinn machen. Entscheidend ist lediglich, daß sich diese Reaktionen vom aktiven Zuhören unterscheiden und dieses blockieren.
(3) Jeder Teilnehmer sollte auf ein fünf- bis siebenminütiges Gespräch über das Thema „Eine Angelegenheit, in der ich mich zwiespältig erlebe" vorbereitet sein. Bitten Sie die Sprecher, ein einigermaßen komplexes Thema auszuwählen, das sie auch persönlich betrifft.
Dies ist eine heitere Übung, die oft von Lachen begleitet ist. Sie verdeutlicht sehr gut, wie der Kommunikationsfluß blockiert werden kann.
Einführung:
(1) Jedes Paar bestimmt den ersten Sprecher und den ersten Zuhörer.
(2) Die Aufgabe des Sprechers besteht darin, über das genannte Thema zu sprechen, wobei er versuchen soll, dem Zuhörer seine Ambivalenz zu erklären.
(3) Die Aufgabe des Zuhörers stellt eine größere Herausforderung dar: Innerhalb eines kurzes Zeitraumes soll er so viele Kommunikationssperren wie möglich einbauen. Eine vorbereitete Liste mit den zwölf Hindernissen kann hilfreich sein, um genügend Variation in die Antworten zu bringen.
(4) Die Paare sollten ihre Rolle so lange spielen, bis sie von dem Gruppenleiter unterbrochen werden (nach ca. fünf bis sieben Minuten). Danach sollten sie ihre Rollen tauschen.
Nachbesprechung: In der Großgruppe beschreiben die Zuhörer ihre Erfahrungen. Was geschah? Wie haben sie reagiert? Achten Sie darauf, daß auch über die Gefühle, die durch Kommunikationssperren ausgelöst wurden, und die dadurch vermittelten unterschwelligen Botschaften (z.B.. „Hören Sie mir zu, ich weiß es am besten!") gesprochen wird.

Am Ende dieser Übung fragen sich die Teilnehmer manchmal: „Wenn keine meiner (gewohnten) Reaktionen meinem Gegenüber signalisiert, daß ich ihm aufmerksam zuhöre, was kann ich denn eigentlich tun?". Dies leitet über zum aktiven Zuhören und zu den nächsten Übungen.

Übung 3: Hypothesenbildung

Ziel: Das Bewußtsein des Beraters für den fortlaufenden Prozeß von Hypothesenbildung und -prüfung während des aktiven Zuhörens wecken.
Zeit: 20 Minuten plus Diskussion
Form: Dreiergruppen
Vorbereitung:
(1) Besprechen Sie, wie eine ursprüngliche Bedeutung einer Information durch den Kodierungs- und Dekodierungsprozeß verlorengehen kann. Ein Schaubild und ein Gespräch über diesen Prozeß kann zum besseren Verständnis beitragen (Gordon 1972, Miller & Jackson 1985). Aktives Zuhören ist ein Prozeß, in dem die vom Zuhörer wahrgenommene bzw. verstandene Bedeutung mit der vom Sprecher intendierten Bedeutung verglichen wird.
(2) Lassen Sie die Teilnehmer mindestens drei verschiedene Vervollständigungen des Satzes: „Was ich an mir besonders mag, ist ... !" vornehmen. Die Äußerungen sollten relativ abstrakte Persönlichkeitsmerkmale hervorheben (die ihrerseits mehrdeutig sind und zur Diskussion anregen). Vermieden werden sollten zu konkrete Attribute (z.B.: „Was ich an mir mag, ist, daß ich groß bin.").
Kommentar: Diese Übung ist als Annäherung an aktives Zuhören gedacht und verdeutlicht, wieviele Hypothesen ein Zuhörer aufgrund einer vom Sprecher geäußerten Mitteilung bilden kann.
Einführung:
(1) Die einzelnen Mitglieder jeder Dreiergruppe sollen abwechselnd ihren jeweiligen Partnern einen der vervollständigten Sätze sagen.
(2) Die beiden anderen stellen daraufhin Fragen folgender Art: „Meinen Sie damit, daß Sie ... ?".
(3) Der Sprecher reagiert auf derartige Fragen nur mit „Ja" oder „Nein". Zusätzliche Ergänzungen sind nicht erlaubt.
(4) Demonstrieren Sie das Vorgehen vorab im Plenum an einem Beispiel:

Kursleiter: Was ich an mir gut finde, ist, daß ich organisiert bin.
Ausbildungskandidat: Meinen Sie damit, daß Sie Ihren Schreibtisch ordentlich halten?
K: Nein!
A: Meinen Sie damit, daß Sie Ihre Zeit gut einteilen können?
K: Ja!
A: Meinen Sie damit, daß Sie immer wissen, wo Sie Ihre Sachen wiederfinden?

K: Nein!
A: Meinen Sie damit, daß Sie viele Dinge geregelt bekommen?
K: Ja!
A: Meinen Sie damit, daß Sie gut planen können?
K: Ja!
A: Meinen Sie damit, daß es schwierig ist, mit Ihnen zusammenzuleben?
K: Ja!

(5) Instruieren Sie die Dreiergruppen, bei diesem Rollenspiel zu jedem geäußerten Satz mindestens fünf verschiedene „Meinen Sie damit, daß ..." –Fragen zu stellen. Sobald die Fragen zu einer Äußerung erschöpft sind, ist der Nächste an der Reihe, und die übrigen hören zu und fragen. Bitten Sie die Gruppen, diese Übungen nicht durch Diskussionen zu unterbrechen. Während der Übung sollten Sie zwischen den Gruppen pendeln, um zu unterstützen, zu klären, weitere Beispiele zu nennen und Vorschläge für Hypothesen zu machen.

Nachbesprechung: Bitten Sie in der Großgruppe um Rückmeldung zu dieser Übung. Was haben die Teilnehmer gelernt? Welche Überraschungen gab es? Wie war es, der Sprecher zu sein? Häufig wird an dieser Stelle geäußert, daß der Sprecher unbedingt weiter ausholen und Erklärungen geben sollte, wodurch recht gut veranschaulicht werden kann, wie sehr aktives Zuhören selbst in dieser reduzierten Form die Selbstexploration fördern kann. Auf welche Probleme stießen die Teilnehmer? Stellen Sie heraus, wie viele unterschiedliche Bedeutungen eine scheinbar einfache Aussage haben kann und wie viele der Hypothesen falsch sein können. Betonen Sie, daß auf jede Hypothese sofort eine Rückmeldung erfolgte („Ja" oder „Nein"), und daß dies ein hervorstechendes Merkmal gelungenen aktiven Zuhörens ist.

Nachdem nun deutlich geworden ist, wie Hypothesen über die Bedeutung von Aussagen gebildet werden können, geht es im nächsten Schritt darum zu zeigen, wie dies im Sinne aktiven Zuhörens umgesetzt werden kann.

Übung 4: Reflexionen gestalten

Ziel: Den Ausbildungskandidaten vermitteln, wie man sich im Sinne aktiven Zuhörens äußert.
Zeit: 20 Minuten plus Diskussion
Form: Dreiergruppen

Vorbereitung:
(1) Erklären Sie, daß Äußerungen im Sinne aktiven Zuhörens den "Meinen Sie damit, daß ..."- Fragen sehr ähneln und sich dennoch von ihnen unterscheiden. Sie transportieren eine Hypothese über das vom Sprecher Gesagte, doch wird diese Hypothese beim aktiven Zuhören eher in Form einer Aussage als in Frageform geäußert. Schlagen Sie einige Probeübungen mit Satzanfängen vor, die für den Beginn einer Äußerung im Sinne aktiven Zuhörens verwandt werden können:

- Es klingt so, als wenn Sie ...
- Sie haben das Gefühl, daß ...
- Es macht auf Sie den Eindruck, als ob ...
- Sie ... (sind, haben, wollen, können etc.) also ...

Das Vorgehen ist das gleiche wie in Übung 3: Der Zuhörer gibt eine Einschätzung dessen ab, was seiner Meinung nach der Sprecher mitteilen wollte.
(2) Jeder Teilnehmer sollte sich drei verschiedene persönliche Äußerungen zum Thema: „Eine Sache, die ich gerne an mir verändern würde..." überlegen. Vermeiden Sie auch diesmal konkrete Merkmale wie z.B. „Meine Haarfarbe".
Kommentar: Der Schritt von den Fragen aus Übung 3 hin zu Aussagen im Sinne aktiven Zuhörens ist zwar gering, die Auszubildenden empfinden ihn dennoch häufig als schwierig und brauchen dabei Unterstützung. Pendeln Sie zwischen den Gruppen, verstärken Sie gelungene Äußerungen und schlagen Sie selbst welche vor, wenn eine Gruppe nicht weiterzukommen scheint. Achten Sie auf das Absenken der Stimme zum Ende der Äußerungen (Aussagecharakter) und betonen Sie den Unterschied zum Anheben der Stimme (Frageform).
Einführung: (1) Die Teilnehmer sollen sich in Dreiergruppen zusammenfinden und die Rollen untereinander tauschen. Nacheinander sagt jeder einen „Was ich an mir verändern möchte, ist ..."-Satz zu den jeweiligen Partnern.
(2) Die anderen beiden dienen als Zuhörer und reagieren im Sinne aktiven Zuhörens.
(3) Der Sprecher erwidert jede dieser Äußerungen mit einer sorgfältigen Ausführung, die möglicherweise „Ja" oder „Nein" mit einschließt, aber nicht darauf begrenzt ist. Die nächste Äußerung aktiven Zuhörens berücksichtigt diese neue Information und erweitert so die Komplexität.
(4) Veranschaulichen Sie vorab durch ein Beispiel, was gemeint ist:

- Ausbildungskandidat: Eine Sache, die ich gern an mir verändern würde, ist meine Launenhaftigkeit.
- Kursleiter: Sie wissen nie so recht, ob es mit Ihnen auf oder ab geht.
- A: Nein, das meine ich nicht. Es ist nur, daß ich zu Überreaktionen neige.
- K: Selbst Kleinigkeiten können Sie aufregen.

A: Manchmal ja. Aber vor allem glaube ich, daß ich mich zuviel ärgere.
K: Sie sitzen da und ärgern sich viel zu oft wegen irgendwelcher Dinge.
A: Genau. Manchmal gibt es nichts, was ich dagegen tun kann, statt dessen denke ich pausenlos daran und grüble.
K: Und das schlägt Ihnen auf die Stimmung.
A: Ja ich rege mich so auf, daß ich nicht schlafen kann.
K: Selbst in der Nacht machen Sie sich Gedanken.
A: Ja, genau. Ich wünschte, ich könnte das ändern.

(5) Lassen Sie die Dreiergruppen beginnen. Die beiden Zuhörer dürfen nur im Sinne aktiven Zuhörens antworten, und der Sprecher reagiert darauf mit weiteren Erläuterungen. Sobald seine Aussage auf diese Weise ausreichend geklärt worden ist, werden die Rollen in der Gruppe getauscht. Auch diese Übung sollte nicht durch Diskussionen unterbrochen werden. Wie bei den vorangegangenen Übungen sollten Sie auch hier die jeweiligen Gruppen aufsuchen, um zu klären, Vorschläge zu machen und Hilfestellung zu geben. Stellen Sie für diese Übung ca. 20 Minuten zur Verfügung. Verlängern bzw. verkürzen Sie den Zeitraum je nach Verlauf.
Nachbesprechung: Besprechen Sie die Übung aus der Sicht der Sprecher und der Zuhörer. Wie haben sich die Sprecher im Vergleich zu Übung 3 gefühlt? Wie schwer war es, Antworten im Sinne aktiven Zuhörens zu finden? Welche Schwierigkeiten tauchten auf?

Einzelne Aussagen im Sinne aktiven Zuhörens zu formulieren, ist oft einfacher, als diese Form der Kommunikation über ein ganzes Gespräch hinweg aufrechtzuerhalten. Die Herausforderung besteht in der kontinuierlichen Einbeziehung neuer Informationen, die sich aus der Selbstexploration ergeben. Weil das schwierig ist, fallen Ausbildungskandidaten zu leicht in die gewöhnliche Art des Zuhörens zurück und stellen Fragen.

Übung 5: Anhaltendes aktives Zuhören

Ziel: Jeder Ausbildungskandidat soll ein Zweiergespräch im Sinne aktiven Zuhörens führen.
Zeit: 20 Minuten
Form: Paare
Vorbereitung: Einige wichtige Merkmale aktiven Zuhörens können vorab besprochen werden. Dies beinhaltet:
(1) Wiederholen: Die einfachste Reflexion ist die Wiederholung eines Teils dessen, was der Sprecher gesagt hat.

(2) Neuphrasieren: Hierbei hält sich der Zuhörer an das vom Sprecher Gesagte, verwendet aber Synonyme oder verändert leicht, was geäußert wurde.
(3) Paraphrasieren: Das ist eine umfassende Neuformulierung, bei welcher der Zuhörer der Bedeutung des Gesagten folgt, sie aber durch neue Formulierungen erweitert.
(4) Reflexion der Gefühle: Wird häufig als die eindringlichste Form aktiven Zuhörens betrachtet und meint eine Umschreibung und Hervorhebung der emotionalen Seite des Geäußerten durch direkte Widerspiegelung von Gefühlen, Metaphern o.ä..
In der Regel werden die einfacheren Formen (1 und 2) am Anfang eines Gesprächs benutzt, während die beiden anderen erst dann eingesetzt werden, wenn man ein umfassenderes Verständnis vom Klienten bekommen hat. Beachten Sie, daß vorschnelles Deuten des Gesagten zur Kommunikationssperre werden kann. Sie können an dieser Stelle auch einige Variationen (z.B. die Reflexion der Ambivalenz aus Kap. 8) besprechen. Wie in Übung 2 sollten sich die Teilnehmer darauf vorbereiten, über etwas zu sprechen, was sie ambivalent erleben.
Kommentar: Ausbildungskandidaten, für die aktives Zuhören neu ist, empfinden diese Übung häufig als schwierig und brauchen Unterstützung. Hier ist ein individuell gestaltetes Training angemessen. Andere Ausbildungskandidaten kommen dagegen an dieser Stelle gut zurecht und benötigen keine zusätzlichen praktischen Übungen. Idealerweise sollten Ausbildungskandidaten zunächst eine gewisse Routine im aktiven Zuhören erwerben, bevor sie sich an komplexere Interventionen heranwagen. Das ist innerhalb eines individuellen Kleingruppen-Trainings eher zu erreichen als in größeren Workshops.
Einführung:
(1) Jedes Paar wählt den ersten Sprecher, der dann mit seinem Zuhörer über das ausgewählte Thema redet.
(2) Der Zuhörer soll ausschließlich im Sinne aktiven Zuhörens reagieren. Auch wenn es naheläge, andere Äußerungen einzustreuen (z.B. Fragen), soll der Zuhörer darauf verzichten. Ohne diese Vorgabe würden die Ausbildungskandidaten rasch wieder auf alte Gewohnheiten zurückgreifen. Der Sprecher antwortet auf die Äußerungen seines Zuhörers mit zusätzlichen Ausführungen.
(3) Die Auszubildenden sollen das Rollenspiel solange fortsetzen, bis Sie es unterbrechen. Fordern Sie die Teilnehmer nach etwa 10 Minuten zum Rollentausch auf.
(4) Demonstrieren Sie vorab einen idealen Gesprächsverlauf. Bitten Sie einen Gruppenteilnehmer, Ihnen ein mit Ambivalenzen behaftetes Thema vorzustellen und zeigen Sie dann, wie man durchweg mit aktivem Zuhören reagiert.

Nachbesprechung: Bitten Sie die Teilnehmer im Plenum, ihre Erfahrungen als Sprecher und Zuhörer mitzuteilen. Haben die Sprecher und Zuhörer ihre Rollen als natürlich empfunden? Vergleichen Sie die Erfahrungen der Sprecher mit denen aus Übung 2, in der die gleiche Aufgabe gestellt war. Wie schwierig war die Aufgabe für den Zuhörer jetzt? Äußert ein Zuhörer Probleme mit der Aufgabe, fragen Sie den Partner (Sprecher) nach seinen Erfahrungen im Rollenspiel. Häufig haben die Sprecher das Rollenspiel positiver erlebt als die Zuhörer. Nutzen Sie die Erfahrungen des Sprechers, um zu verdeutlichen, wie Klienten auf aktives Zuhören reagieren.

Bevor Sie auf die motivierende Gesprächsführung zurückkommen, ist es möglicherweise nützlich, den Ausbildungskandidaten Gelegenheit zu geben, aktives Zuhören mit anderen hilfreichen Strategien zu verbinden. Sollte die Trainingseinheit zu kurz sein, stellen Sie diese Übung zurück.

Übung 6: Aktives Zuhören integrieren

Ziel: Die Ausbildungskandidaten sollen lernen, aktives Zuhören mit anderen Beratungsstrategien zu verbinden.
Zeit: 30 Minuten
Form: Paare
Vorbereitung: Die Übungen 1 – 5. Jeder Teilnehmer sollte sich darauf vorbereiten, über ein Thema zu sprechen, das komplex genug ist, um ein Gespräch von mindestens 15 Minuten zu füllen. Ein interessantes Beispiel wäre: „Beschreiben Sie eine Erfahrung, die Sie gemacht haben, von der Sie glauben, daß sie für andere ziemlich schwer zu verstehen ist."
Kommentar: Es handelt sich hier um eine zusätzliche Übung, deren Wert darin besteht, daß sie die Ausbildungskandidaten erfahren läßt, wie aktives Zuhören in andere Beratungselemente eingebaut werden kann (z.B. Fragen, Bestätigungen etc.) Ein Minimum von 15 Minuten sollte pro Sprecher zur Verfügung gestellt werden, mit Rollentausch also insgesamt mindestens 30 Minuten. Wir empfehlen, die Paare während der Übung nicht aufzusuchen, da dies den Konversationsfluß unterbricht.
Einführung:
(1) Lassen Sie jedes Paar entscheiden, wer zuerst sprechen möchte.
(2) Aufgabe des Zuhörers ist es, (a) non-verbale Mitteilungen zu machen und verschiedene Formen aktiven Zuhörens zu benutzen, sowie (b) die Erfahrungen, die der Sprecher beschreibt, zu verstehen. Andere Strategien

können ausprobiert werden, wenn sie dem Zuhörer angemessen erscheinen, aber etwa 90 Prozent der Reaktionen sollten Äußerungen aktiven Zuhörens sein.
(3) Bitten Sie die Teilnehmer, das Rollenspiel nicht zu unterbrechen oder die Erfahrungen zu besprechen, bevor Sie sie dazu auffordern. Rollentausch nach frühestens 15 Minuten.
Nachbesprechung: Bitten Sie die Teilnehmer, ihre Erfahrungen zu beschreiben. Fragen Sie nach spezifischen Reaktionen oder Unklarheiten, die durch diese Übung entstanden sind.

(3) Bestätigen

Bestätigen als dritte der fünf frühen Strategien ist einfach zu erklären, wird aber zu häufig von Beratern vernachlässigt. Betonen Sie, wie wichtig es ist, ehrliche Anerkennung, Verständnis, Unterstützung und Bewunderung für den Klienten auszudrücken. Die Bedeutung positiver Verstärkung kann nicht hoch genug veranschlagt werden.

(4) Zusammenfassen

Erklären Sie, wie zusammenfassende Äußerungen im Verlauf und am Ende einer Beratungssitzung eingesetzt werden können. Betonen Sie die Funktion des Zusammenfassens in Bezug auf
(1) selbstmotivierende Aussagen,
(2) ambivalente Gedanken, Gefühle und Verhaltensweisen und
(3) die zur Verfügung stehenden Informationen (z.B.. aus der Diagnostik, von anderen Personen, gerichtliche Mitteilungen etc.).

Zusammenzufassen ist eine weitere Möglichkeit für die Ausbildungskandidaten, nochmals zu hören, was sie gesagt haben und es selbst zusammenzufügen. Zeigen Sie, daß das Zusammenfassen in gewisser Hinsicht eine umfassende Reflexion dessen ist, was bis dahin kommuniziert wurde.

(5) Selbstmotivierende Äußerungen hervorrufen

Erläutern Sie bei der Einführung der fünften Strategie das Konzept selbstmotivierender Aussagen und nennen Sie Beispiele für die vier verschiedenen Typen (Kap. 6). Unterstreichen Sie die Bedeutung dieser

Strategie und weisen Sie darauf hin, daß selbstmotivierende Äußerungen ein Indikator dafür sind, daß motivierende Gesprächsführung richtig angewandt wurde. Bringen Sie Beispiele für angemessene offene Fragen (Tab. 6) und besprechen Sie zusätzliche Fragestrategien (z.B. Fragen nach Extremen, Fragen nach Beispielen). Auch hier können schriftliche Informationen von Nutzen sein. Außerdem wäre jetzt der geeignete Zeitpunkt, das Konzept der Entscheidungswaage (Kap. 2, 4 und 7) zu besprechen. Verdeutlichen Sie, wie aktives Zuhören und Bestätigen dazu dienen können, selbstmotivierende Äußerungen zu verstärken. Heben Sie die Bedeutung selbstmotivierender Äußerungen im Rahmen von Zusammenfassungen hervor.
Schließlich ist es sinnvoll, die fünf Eröffnungsstrategien miteinander zu verknüpfen, was z.B. durch eine modellhafte Darstellung erreicht werden kann. Sie können Ausschnitte eines Gesprächseinstiegs mit einem Klienten im Rollenspiel darstellen und dabei zeigen, wie die fünf frühen Strategien eingeflochten werden können. Genauso ist es möglich zu demonstrieren, was motivierende Gesprächsführung nicht ist (z.B. geschlossene Fragen, konfrontierende Beweisführung, Etikettieren, frühzeitige Ratschläge, Belehren und Überreden). Als Klient kann ein Gruppenmitglied fungieren, das vielleicht schon vorher bestimmt worden ist. In jedem Falle sollten Sie als Trainer darauf achten, daß dem Klienten das Rollenskript von Beginn an klar ist. Es sollte ein Klient sein, der erstens unsicher ist, ob er wirklich ein Problem hat, und zweitens nicht genau weiß, ob Beratung/Therapie die beste Lösung für ihn ist. Halten Sie zusätzliche Informationen bereit, die auf den Klienten, das Setting und das Problem zugeschnitten sind und den Interessen der Ausbildungskandidaten entsprechen. Als Alternative kann auch eine Video-Aufzeichnung eingesetzt werden.
Es gibt mindestens zwei Möglichkeiten, um den Ausbildungskandidaten dabei zu helfen, die fünf frühen Strategien in der Praxis miteinander zu verknüpfen: zum einen die „Fish-Bowl-Methode“, in der ein Team von Beratern unter der Leitung eines Trainers mit einem Klienten arbeitet (wird weiter unten in diesem Kapitel dargestellt); zum anderen die in der folgenden Übung illustrierte Methode, in der die Auszubildenden auf kleine Gruppen verteilt werden.

Ziel: Die Ausbildungskandidaten sollen Erfahrungen mit der Integration der fünf frühen Strategien sammeln: Offene Fragen stellen, Selbstmotivierende Aussagen hervorrufen, Aktives Zuhören, Bestätigen und Zusammenfassen.
Zeit: 15 Minuten plus Diskussion
Form: Dreiergruppen, wobei die Rollen eines Klienten, eines Beraters und eines Beobachters zu vergeben sind. Sollte die Gruppengröße es erforderlich machen, kann auch eine Vierergruppe mit einem zusätzlichen Beobachter gebildet werden.
Vorbereitung: Einführung in die Prinzipien motivierender Gesprächsführung (Kapitel 5; Übungen 1 bis 6).
Einführung:
(1) Lassen Sie die Gruppen die drei Rollen untereinander verteilen. Geben Sie den „Klienten" eine grobe Beschreibung der darzustellenden Rolle, ohne die Berater und Beobachter einzuweihen. Hierzu ein Beispiel:

> Herr P. ist Angestellter im Verwaltungsdienst. Er ist seit acht Jahren verheiratet und hat eine sechsjährige Tochter. Herr P. wurde zur Begutachtung geschickt, nachdem ein Vorgesetzter an seinem Arbeitsplatz etwas Marihuana gefunden hatte. Tatsächlich raucht er nur gelegentlich Marihuana, trinkt aber seit etwa zehn Jahren übermäßig Alkohol. Mit regelmäßigen Trinkexzessen am Wochenende während seines Studiums fing es an, seitdem hat er den Alkoholkonsum kontinuierlich gesteigert. Zur Zeit trinkt er sechs Flaschen Bier am Abend (gewöhnlich mit Freunden nach der Arbeit), wobei er am Wochenende zu Hause noch mehr trinkt. Sein Alkoholkonsum führte mittlerweile zu Eheproblemen, und er macht sich Sorgen, ob sein Trinkverhalten negative Einflüsse auf seine Tochter hat. Dennoch weist er vehement jeden Hinweis darauf, daß er Alkohol mißbrauche oder sogar abhängig sein könnte, weit von sich: „Mehr als meine Freunde trinke ich auch nicht. Manche von ihnen trinken noch viel mehr als ich und sind auch keine Alkoholiker." Herr P. steht der vom Arbeitgeber angeordneten Begutachtung ablehnend gegenüber. Seine Eltern lehnen Alkohol aus religiösen Motiven ab, mit denen sich der Patient nicht identifizieren kann. Sein einziger Bruder, 32 Jahre, war mehrmals wegen Trunkenheit am Steuer und wegen Marihuanabesitz inhaftiert. Bei seinem Bruder, dessen Ehe u.a. wegen des Alkoholproblems geschieden wurde, sieht der Patient das Problem, das er in Bezug auf sich selbst nicht akzeptieren kann. Der Großvater mütterlicherseits starb noch vor der Geburt seines Enkels an einer Leberzirrhose. Insgeheim hat er sich schon sehr viele Gedanken darüber gemacht, daß er zuviel trinkt. Einige Male hat es ihn auch beunruhigt, daß er nicht mehr in der Lage war, sich an Dinge zu erinnern, die passiert sind, während er getrunken hat. Da er vor sexuellem Kontakt mit

seiner Frau ebenfalls gern trinkt, kommt es immer wieder zu erheblichen ehelichen Streitigkeiten. Einem Freund gegenüber, der gleichzeitig Trinkkumpane ist, hat er sich einmal, halb im Spaß, über das Trinken geäußert: „Vielleicht übertreibe ich ja manchmal. Aber ich mag es eben, und wenn ich schlecht gelaunt bin, liebe ich es zu trinken, um mich aufzuheitern." Der Freund hat ihm zugestimmt, daß sein Trinken ganz normal ist und daß man das Recht habe zu trinken, wenn einem danach zumute ist.

(2) Geben Sie den Beratern umfassende Instruktionen. Betonen Sie die Bedeutung offener Fragen zu Beginn des Gespächs, damit der Klient zu selbstmotivierenden Äußerungen veranlaßt wird. Auf aktives Zuhören, Bestätigen und Zusammenfassen sollte ebenfalls Wert gelegt werden. Geben Sie diese Anweisungen nicht an die „Klienten" oder Beobachter weiter.

Nachfolgend ein Beispiel, wie Sie die Berater instruieren können:

Kursleiter: Sie haben Ihre erste Sitzung mit einem 29jährigen Verwaltungsangestellten, der sich zur Begutachtung vorstellt, weil an seinem Arbeitsplatz Marihuana-Zigaretten entdeckt wurden. Sein Vorgesetzter, der ihn hierher geschickt hat, erwähnte, daß er dafür bekannt sei, daß er regelmäßig nach der Arbeit mit Kollegen ein Bier trinken geht und vermutlich auch übermäßig trinkt. Am Telefon war Herr P. offensichtlich verärgert darüber, daß er gezwungen wurde, in der Klinik vorstellig zu werden.

Setzen Sie die Basisstrategien motivierender Gesprächsführung ein:

- Leiten Sie mit einem kurzen strukturierenden Satz das Gespräch ein.
- Beginnen Sie mit offenen Fragen.
- Rufen Sie selbstmotivierende Äußerungen hervor.
- Reagieren Sie mit aktivem Zuhören.
- Bestätigen und unterstützen Sie so oft wie möglich.
- Fassen Sie regelmäßig zusammen.

Folgende Ziele sollten Sie dabei verfolgen:

(1) Das Problembewußtsein des Patienten erhöhen und seinen Wunsch nach Veränderung verstärken.

(2) Die Einwilligung des Patienten zu einer diagnostischen Klärung und anschließenden Rückmeldung erreichen.

Beobachten Sie seine Reaktionen auf Ihre unterschiedlichen Strategien. Gelegentlich sollten Sie, um weitere Erfahrungen zu machen, statt der Strategien motivierender Gesprächsführung andere Interventionen einstreuen:

- Versuchen Sie, den Patienten mit Argumenten zu überzeugen.
- Weisen Sie ihn darauf hin, daß er ein Problem hat.

- Konfrontieren Sie ihn im Falle von Verleugnung oder Widerstand auf direkte Weise.
- Sagen Sie ihm, daß er sich verändern muß.

Beobachten Sie seine Reaktionen auf diese Interventionen im Vergleich zu den Strategien, die auf motivierender Gesprächsführung basieren. Geben Sie acht, daß Sie in erster Linie die motivierende Gesprächsführung anwenden und weichen Sie wirklich nur gelegentlich von diesem Konzept ab, um neue Erfahrungen zu machen. Beenden Sie das Gespräch mit einer Zusammenfassung.

(3) Bitten Sie die Teilnehmer, das Rollenspiel nicht durch Diskussionen zu unterbrechen und ihre Rolle erst zu verlassen, wenn Sie ein entsprechendes Signal geben.

(4) Geben Sie für das Rollenspiel 15 Minuten Zeit. Gehen Sie abwechselnd in die Gruppen, um zu verstärken, zu beobachten und Vorschläge zu machen.

(5) Ist die veranschlagte Zeit um bzw. ist die Gruppe zu einem Abschluß gekommen, beenden Sie die Übung und versammeln sich wieder im Plenum.

Nachbesprechung: Fragen Sie im Plenum zuerst nach den Erfahrungen der „Klienten“, „Berater“ und Beobachter. Wie war der Verlauf aus jeder einzelnen Perspektive? Bitten Sie anschließend um Kommentare zu den einzelnen Gesprächsführungsstrategien. Wie einfach waren diese umzusetzen? Wie wurden sie aufgenommen? Welche Probleme tauchten auf? Wie reagierten die Klienten auf die verschiedenen Strategien? Erwähnen Sie, wo Sie effektive Interventionen im Sinne motivierender Gesprächsführung beobachtet haben. Zeigen Sie Verständnis gegenüber Äußerungen, die sich auf die Schwierigkeiten beim Erlernen dieser Methode oder beim Aufgeben alter Gewohnheiten beziehen.

Übungen für die mittlere Phase des Gesprächs

Ähnlich wie beim Schachspiel begegnen uns in der Mitte des Gesprächs die komplexesten Vorgänge, die auch am schwierigsten zu vermitteln sind. Die Teilnehmer in Kleingruppen zu verteilen, kann bei der Vermittlung der frühen Strategien hilfreich sein, reicht aber nicht aus, sobald die Szenarien komplexer werden. Hier ist es oft erforderlich, daß die Trainer unmittelbar und direkt intervenieren. Wir haben die Erfahrung gemacht, daß Kleingruppenarbeit in dieser Phase dazu führen kann, daß die Rollenspiele sich festfahren und die Gruppen anfangen, Schwierigkeiten zu besprechen oder die Aufgabe vollständig fallen lassen. Anstelle von Kleingruppen empfehlen wir daher (1) problemlösende Diskussionen, (2) Demonstrationen und (3) die „Fishbowl-Technik". Diese Strategien sollten entsprechend der Gruppengröße und der Offenheit der Gruppe für die jeweilige Strategie miteinander kombiniert werden.

Problemlösende Diskussionen

Bei dieser Methode wird eine Gruppe (Kleingruppe oder gesamtes Plenum) mit einer besonderen Problemsituation konfrontiert und gebeten, sich mögliche Antworten auszudenken. Dieses Vorgehen funktioniert insbesondere dann gut, wenn es gilt, alternative Strategien für den Umgang mit Widerstand zu vermitteln. Zu diesem Zweck verteilen wir häufig einen Katalog mit Äußerungen fiktiver Klienten (die z.B. eine Form von Widerstand darstellen) und bitten die Gruppenmitglieder, verschiedene Reaktionen darauf zu finden. Anschließend kann die Gruppe darüber sprechen, welche Intervention vermutlich welchen Effekt hervorgerufen hätte. Hierzu ein Beispiel:

Übung 8: Auf Widerstand reagieren

Ziel: Entwickeln alternativer Reaktionen im Umgang mit Widerstand.
Zeit: 5 Minuten pro szenischer Darstellung plus Diskussion
Form: Plenum, Kleingruppen mit 3 bis 5 Teilnehmern möglich
Vorbereitung: Die Übungen 1 bis 7. Stellen Sie das interpersonelle Modell von Widerstand vor (Kap. 8), beschreiben Sie die vier üblichen Kategorien von Widerstandsverhalten (Tab. 7) sowie mögliche Strategien zum Umgang mit Widerstand: Einfache und überzogene Reflexion, Reflexion der Ambivalenz, Verschieben des Fokus, Zustimmung mit einer Wendung, Betonen der persönlichen Entscheidungsfreiheit, Umformulieren und anders beleuchten, paradoxe Intervention. Benutzen Sie zur Darstellung ein Informationsblatt, ein Flipchart oder eine Overhead-Folie.
Kommentar: Es hat sich nicht bewährt, den Auszubildenden bestimmte Strategien vorzuschlagen, z.B. „Formulieren Sie dazu eine Reflexion der Ambivalenz!". Günstiger ist es, eine Klientenaussage vorzugeben und nach möglichen Antworten zu fragen. Diese können dann mit der Liste der o. g. Strategien verglichen werden.
Einführung:
(1) Halten Sie Fallbeispiele mit hohem Aufforderungscharakter bereit, die aus kurzen Abschnitten eines klinischen Dialogs bestehen, in denen ein Klient eine bestimmte Form von Widerstand zeigt. Diese Sequenzen können mündlich oder schriftlich präsentiert werden. Hierzu einige Beispiele:

Therapeut: Es klingt so, als hätten Sie sich einige Sorgen bezüglich Ihres Trinkens gemacht. Was glauben Sie, wird der nächste Schritt sein?

Klient: Also, ich glaube nicht, daß ich das Trinken sein lassen muß. Schließlich bin ich kein Alkoholiker. (Herunterspielen)

T: Sie haben viel über Ihre Ehe nachgedacht und sind der Meinung, daß etwas getan werden muß.

K: Ich glaube nicht, daß irgend etwas hilft. Ich glaube, es ist sowieso schon zu spät. (Pessimismus)

T: Welche Sorgen machen Sie sich wegen Ihres Drogenkonsums?

K: Ich bin nicht wirklich beunruhigt. Manche Leute werden süchtig, aber so bin ich nicht. Die Drogen bedeuten mir nicht so viel. Ich genieße nur, wie ich mich dabei fühle. (Bagatellisieren)

T: Ich verstehe, daß das für Sie schwierig sein muß.

K: Wie können Sie das wissen? Sie haben doch noch nie das durchgemacht, was ich gerade erlebe. Was wissen Sie schon davon? (Mißtrauen)

Andere Beispiele können bei Bedarf eingefügt werden. Auf jeden Fall sollten verschiedene Widerstandsformen präsentiert werden, um den Erfahrungshorizont der Teilnehmer zu überschreiten und den Umgang mit bisher nicht bekannten Widerstandsformen zu üben. Wenn die problemlösende Diskussion in Kleingruppen durchgeführt wird, ist es sinnvoll, daß ein Teilnehmer jeder Gruppe eine schriftliche Vorgabe erhält, mit der gearbeitet werden kann.

(2) Bitten Sie die Gruppenmitglieder, mögliche Reaktionen des Therapeuten auf die Beispiele zu finden. Sofern Sie mit Kleingruppen arbeiten, sollte ein Teilnehmer die Reaktionen protokollieren. Dabei ist auch zu berücksichtigen, ob der genannte Vorschlag in eine der genannten Strategien zum Umgang mit Widerstand paßt.

(3) Besprechen Sie, welches der wahrscheinlichste Effekt einer jeden Reaktion sein wird. Was würde der Klient wahrscheinlich daraufhin sagen? Welche Strategien erscheinen am effektivsten, um Widerstand gering zu halten oder zu minimieren? Weshalb?

Nachbesprechung: Ist diese Aufgabe in Kleingruppen bearbeitet worden, kommen Sie erneut im Plenum zusammen. Ein Teilnehmer aus jeder Gruppe stellt alle in seiner Gruppe gefundenen Reaktionen auf die Widerstandsäußerungen vor. Diskutieren Sie die möglichen Effekte jeder Äußerung im Plenum (s.o. Punkt 3).

Die Ausbildungskandidaten sollten sich in dieser Übung mit der Entstehung alternativer Strategien im Umgang mit Widerstand auseinandersetzen. Sie sollen dabei erfahren, wie sich diese Strategien in den größeren Kontext motivierender Gesprächsführung einfügen lassen. Die Aufteilung in kleine Gruppen bringt den Vorteil, daß jeder Teilnehmer stärker persönlich beteiligt ist. Die Großgruppe erlaubt zu vielen Teilnehmern eine passive Rolle, besonders, wenn die Gruppengröße 10 bis 15 Personen übersteigt.

Demonstration

Eine weitere gute Möglichkeit zum Erlernen der motivierenden Gesprächsführung stellt die Demonstration dar. Am besten ist es, wenn Sie mit einem Teilnehmer ein Rollenspiel machen und dieser den Klienten darstellt. Meistens funktioniert das gut, manchmal kann diese Übung aber auch entgleisen. Mitunter bereitet es nämlich Ausbildungskandidaten ein Vergnügen zu zeigen, daß nichts von dem, was Sie unternehmen, funktioniert, so daß die Zuhörer anstatt der Darstellung einer gelungenen Anwendung klinischer Strategien ein „Drama des Scheiterns" geboten bekommen.
Sie können grundsätzlich zwischen drei Alternativen wählen: Zum einen könnte ein Gruppenmitglied eine reale, persönliche Erfahrung besprechen. So meldete sich in einem Workshop z.B. ein Gruppenmitglied freiwillig, um im Rahmen einer Demonstration von Strategien für die Anfangsphase über sein Rauchen zu sprechen. Daraus ergab sich nicht nur eine aufschlußreiche Demonstration, sondern der Ausbildungskandidat stellte unmittelbar nach dem Workshop auch sein Rauchen ein. Sollte ein Ausbildungskandidat bereit sein, sich für ein persönliches Thema zur Verfügung zu stellen, wird die Demonstration realistisch und lebendig. Eine zweite Möglichkeit besteht in der Wahl eines Assistenten, der im Rollenspiel den Trainer unterstützt und die Rollen fortlaufend kommentiert. So können Sie Teilaspekte hervorheben, z.B. die Schwere des Problems oder bestimmte Widerstandsformen. Die dritte und sehr verläßliche Methode ist die Videodemonstration. Jede dieser drei Alternativen kann zu detaillierten Diskussionen führen, wie Sie konkret vorgegangen sind, welche Fehler gemacht wurden, was man hätte anders machen können usw..

Die „Fishbowl"-Technik

Eine dritte interessante Möglichkeit zur Darstellung komplexer klinischer Prozesse besteht in der sogenannten „Fishbowl"-Technik, die Elemente der problemlösenden Diskussion und der Demonstration in der Gruppe miteinander verbindet. Diese Methode ist sehr lebendig, fordert allerdings ein höheres Maß an Kontrolle über den Verlauf.

Dabei geben Sie ein anregendes Thema für einen Dialog zwischen einem Klienten und einem Berater vor. Beide Rollenspieler sind Ausbildungskandidaten, Sie sind Dirigent der Interaktion, indem Sie die Handlung gegebenenfalls unterbrechen, um Diskussion oder Vorschläge bitten, sie wiederholen lassen, um neue Methoden auszuprobieren usw. Die anderen Gruppenmitglieder versammeln sich um die Protagonisten herum (daher die Bezeichnung „Fishbowl"), sind aber auch aktiv am Prozeß beteiligt. Zur Einführung dieser Übung könnten Sie folgendes sagen: „Wir werden jetzt zusammen einige Strategien ausprobieren, machen Fehler, gehen zurück und versuchen es mit Alternativen. Wir wollen keine perfekte Darstellung demonstrieren, sondern zur Auseinandersetzung mit der Anwendung der verschiedenen Strategien anregen."
Bezeichnenderweise übernehmen die Ausbildungskandidaten lieber die Klientenrolle als die Rolle des Therapeuten. Die Betonung „Wir wollen, daß Sie Fehler machen!" kann dabei helfen, die Übernahme der Therapeutenrolle zu erleichtern. Außerdem kann es sinnvoll sein, die Therapeuten ein- oder mehrmals während der Darstellung auszutauschen und vorab darauf hinzuweisen, daß dies geschehen wird. Um besonders effektiv zu sein, benutzen wir die „Team-Technik", in der drei Berater einem Klienten gegenüber sitzen. Ein Berater beginnt und fährt solange fort, bis er stecken bleibt und den nächsten Berater bestimmt, der die Beratung fortführt. Diese Methode lockert auf, hilft jedem Berater weiter und hält alle drei wachsam. Sie sollten keinen Berater kritisieren, da sich dieser ohnehin in einer angreifbaren Position befindet. Sie sollten vielmehr auf sinnvolle Interventionen des Beraters hinweisen und sie positiv verstärken. Der Klient sowie das Auditorium sollten das gleiche tun.
Wenn Sie Karteikarten mit verschiedenen Strategien im Umgang mit Widerstand vorbereitet haben, können Sie sich damit jederzeit ins Rollenspiel einmischen, indem Sie die passende Karte so hochhalten, daß der Berater sie sehen kann. Bedenken Sie immer wieder, daß es für Ausbildungskandidaten schwer ist, eine von Ihnen vorgegebene Strategie sofort umzusetzen. Hilfreich ist hier, die Handlung zu unterbrechen, die gewünschten Interventionen zu besprechen und dann das Rollenspiel fortzusetzen.
Lassen Sie „Fishbowl"-Übungen nicht zu lange ohne Unterbrechung und Diskussion ablaufen. Es geht nicht darum, Rollenspiele bis zum Ende durchlaufen zu lassen, sondern sie zum rechten Zeitpunkt zu unterbrechen, Interventionen und ihre Effekte zu überprüfen und neue Strategien auszuprobieren. Wenn nötig, können auch Sie sich in die Rolle des Beraters begeben, doch sollten Sie vor allem die Rolle des Leiters einnehmen, der den Überblick über das Geschehen behält. Bestätigen Sie, wie schwierig es ist, die Rolle des Beraters zu übernehmen,

und wieviel einfacher es ist, geeignete Interventionen zu finden, wenn man sich außerhalb des „Fishbowls" befindet. Tritt eine problematische Situation auf oder tappt der Berater in eine Falle, sollten Sie die Handlung unterbrechen und die Beobachter bitten, Alternativen für das weitere Procedere vorzuschlagen. Diese Übung kann kaum ohne einen kompetenten Leiter durchgeführt werden.

Übungen für die Schlussphase

In der zweiten Phase motivierender Gesprächsführung (Kapitel 9) steht der Übergang zur Entscheidung im Mittelpunkt. Das erfordert zusätzliche Strategien, welche die Selbstverpflichtung zur Veränderung stärken. Diese Strategien sind meist einfacher als diejenigen, die man in der mittleren Phase benötigt. Eine Aufteilung in kleine Gruppen für praktische Übungen ist jetzt wieder von Vorteil.

Übung 9: Selbstverpflichtung zur Veränderung stärken

Ziel: Den Ausbildungskandidaten die Gelegenheit geben, Strategien für die Phase II zu praktizieren: Abschließende Zusammenfassung mit Schlüsselfragen in Richtung einer Veränderung formulieren und einen Plan mit realistischen Zielen vereinbaren, die zu einem späteren Zeitpunkt besprochen bzw. überprüft werden können.
Zeit: 20 Minuten plus Diskussion
Form: Dreiergruppen
Vorbereitung: Kenntnis der früheren Phasen motivierender Gesprächsführung vertiefen (Kapitel 5 – 8) und einführen in die Strategien zur Stärkung der Selbstverpflichtung.
Kommentar: In der Schachsprache geht es jetzt um die Züge der Endphase, in der sich die Dinge zuspitzen und sich die Aktivitäten auf einen begrenzten Radius reduzieren. Während die Gruppen üben, suchen Sie diese wiederholt auf, um zu ermutigen, Vorschläge zu machen und Probleme zu lösen. Wenn die Zeit es zuläßt, kann diese Übung dreimal wiederholt werden, so daß alle Mitglieder einer Dreiergruppe die Gelegenheit erhalten, die Beraterrolle einzunehmen.
Einführung:
(1) Geben Sie den Ausbildungskandidaten eine Übersicht darüber, wie die Verbindlichkeit einer Veränderung erhöht werden kann, z.B. in Form eines Informationsblattes, das die verschiedenen Stufen der Vereinbarung von Veränderungszielen (vgl. Kapitel 9) beschreibt. Ausbildungskandidaten sollten auch an zwei weitere Aspekte erinnert werden:

- Andere Strategien motivierender Gesprächsführung sollten auch in dieser Phase eingesetzt werden, besonders, wenn es darum geht, Ambivalenzen bewußt zu machen.
- Die Vereinbarung eines Veränderungsplans läßt sich nicht in einer kurzen Zeitspanne (etwa am Ende eines Gesprächs) bewerkstelligen; dies kann sich über eine Reihe von Gesprächen hinziehen.

(2) Verteilen Sie an jedes Gruppenmitglied ein schriftliches Fallbeispiel, das auf das Auditorium zugeschnitten ist und einige grundlegende Informationen über den Hintergrund des Klienten sowie seinen bisherigen Behandlungsverlauf beinhaltet. Die Darstellung sollte an dem Punkt beendet werden, an dem es um die Konsequenzen und künftigen Entwicklungen geht. Hierzu ein Beispiel:

Frau S. ist 60 Jahre alt und verwitwet. Sie war zu Hause von der Leiter gefallen und wurde deshalb ins Krankenhaus eingeliefert. Dort hatte sie zum ersten Mal Kontakt mit einem Suchtberater. Nach ihrer Entlassung suchte sie ihn wiederholt auf, wobei sie zu Beginn Angst hatte, er würde von ihr verlangen, daß sie auf Alkohol vollständig verzichte. Auf die Frage, wie sie ihre Situation einschätze, antwortete sie offen. Es stellte sich heraus, daß sie manchmal wegen ihres Trinkverhaltens beunruhigt war. Da ihre Kinder weit entfernt lebten, würde sie nur widerwillig ihre regelmäßigen Treffen mit Clubkameradinnen aufgeben, bei denen sie am meisten Alkohol trinkt. Sie hat gelegentlich Erinnerungslücken. Sie hat es sich zur Regel gemacht, nicht vor 15.00 Uhr zu trinken, wobei sie täglich sechs Gläser Wein zu trinken pflegt. Auf die Frage des Beraters, ob sie noch etwas besprechen möchte, schüttelt sie den Kopf und wirkt merklich ruhiger als sonst. Sie scheint eine Entscheidung treffen zu wollen, weiß aber nicht, was sie tun soll.

(3) Bitten Sie die Teilnehmer, das vorbereitete Fallbeispiel zu lesen und geben Sie ihnen dann Anweisungen für das Rollenspiel:

- Bestimmen Sie Rollen für „Berater“, „Klient“ und Beobachter.
- Beginnen Sie mit der abschließenden Zusammenfassung des „Beraters“ und stellen Sie eine oder mehrere Schlüsselfragen.
- Lenken Sie, wenn möglich, das Gespräch in Richtung der Erstellung eines Veränderungsplans.
- Der „Berater“ sollte dabei nicht zu schnell vorangehen; erinnern Sie sich daran, daß der Klient derjenige sein soll, der bestimmt, wie der nächste Schritt aussehen soll.
- Der „Klient“ sollte spontan und auf der Basis einer gewissen Unschlüssigkeit darüber reagieren, was er tun sollte.
- Der Beobachter sollte die einzelnen Schritte des Gesprächs sorgfältig protokollieren und sinnvolle Schlüsselfragen und andere Strategien notieren.

(4) Bitten Sie die Ausbildungskandidaten, in ihrer Rolle zu bleiben, bis Sie ein Signal geben (nach ca. 20 Minuten) oder bis sie einen Punkt erreicht haben, an dem Phase II abgeschlossen ist. Im letzteren Fall können Sie schon zur Nachbesprechung übergehen und, falls erwünscht, eine andere Methode ausprobieren (z.B. mehr vorschreiben oder konfrontieren).
Nachbesprechung: Besprechen Sie den Verlauf im Plenum, indem Sie die Beobachter jeder Kleingruppe bitten zu berichten und die Berater und Klienten nach ihren Eindrücken fragen. Deuten Sie an, daß nicht jedes Rollenspiel notwendigerweise den Punkt der Entscheidung erreichen muß. Heben Sie die eingesetzten Schlüsselfragen hervor, möglicherweise sogar, indem Sie diese per Bandaufzeichnung wiederholen. Betonen Sie gelungene Sequenzen, in denen die Berater Entscheidungsprozesse des Klienten erfolgreich unterstützt haben.

Selbstverständlich gibt es viele andere Möglichkeiten, um motivierende Gesprächsführung zu unterrichten. Wir haben in diesem Kapitel diejenigen zusammengestellt, die wir in unseren Kursen als sinnvoll erlebt haben und die gut aufeinander abgestimmt sind. Wir wünschen Ihnen viel Erfolg, Kreativität und Freude bei der Entwicklung eigener Trainingsmethoden.

Teil III
Klinische Anwendungen

13. Kurze motivierende Interventionen für Nichtspezialisten

Stephen Rollnick, Alison Bell

Menschen mit Suchtproblemen suchen im allgemeinen zunächst nicht einen Suchttherapeuten auf, sondern wenden sich an den Hausarzt, einen Sozialarbeiter, einen Bewährungshelfer, einen Seelsorger oder einen anderen sozialen Dienst. Die Bedeutung von ambulanten Diensten im Umgang mit Suchtproblemen, insbesondere bei Alkohol- und Nikotinabhängigkeit, wird durch zahlreiche Veröffentlichungen der letzten Jahre eindrucksvoll unterstrichen (Heather 1989; Stockwell & Clement 1987).[1] Das Grundprinzip der sogenannten Kurzinterventionen (vgl. Kap. 3) besteht darin, daß – wenn man die Tatsache berücksichtigt, daß die meisten Suchtmittelkonsumenten ihr Problemverhalten auch ohne fremde Hilfe verändern – ein kleiner motivierender Anstoß in vielen Fällen genügt. Nichtspezialisten sind dabei oft in einer guten Position: sie bleiben mit den Klienten über einen längeren Zeitraum in Kontakt, der Kontakt ist nicht auf die Dauer einer Sitzung beschränkt, und ihre Klienten sehen sich nicht der Stigmatisierung ausgesetzt, was in vielen Fällen die Kontaktaufnahme zu Fachdiensten verhindert.
Kurzinterventionen können sehr direkt und geradeheraus sein – man gibt den Menschen Informationen und unterstreicht die Notwendigkeit, das Verhalten zu ändern. Dies ist in manchen Fällen vollkommen ausreichend. Allerdings besteht dabei die Gefahr, daß ein gutgemeinter Rat als Konfrontation verstanden wird, was dann wiederum zu Widerstand führen kann. Dies betrifft insbesondere diejenigen Menschen, die nicht sicher wissen, ob sie ihr Verhalten verändern wollen (Rollnick & Mac Ewan 1991). Das vorliegende Kapitel soll jenen helfen, die keine „Suchtexperten" sind, kurze Interventionen und motivierende Gesprächsführung miteinander zu verbinden. Zwei grundlegende Prinzipien motivierender Gesprächsführung sollten dabei vor allem berücksichtigt werden: das der Nichtkonfrontation sowie das Herausarbeiten von Besorgnis und Bedenken auf seiten des Klienten.
Motivierende Gesprächsführung ist besonders gut für diejenigen unter Ihnen geeignet, die schon über eine lange Zeit vergeblich versucht ha-

[1] Deutschsprachige Veröffentlichungen z.B.: Wienberg 1992, John/Hapke/Rumpf u.a. 1996; Aktion Psychisch Kranke (Hrsg.) 1997; Kremer/Dormann/Wienberg u.a. 1998 (Anm. d. Hrsg.).

ben, Menschen davon zu überzeugen, sich zu verändern. Ironisch ausgedrückt bedeutet dies: Es kann viel einfacher sein, als Sie es sich oft machen, wenn sie aufhören, gute Argumente für eine Veränderung des Klienten anzuführen, die doch nur dessen Widerspruch provozieren. Sie müssen nicht auf alles eine Antwort haben. Ihre Aufgabe besteht eher darin, dem Klienten zu helfen, diese Antworten für sich selbst zu finden. Dabei ist der nachfolgend beschriebene Gesprächsrahmen erfahrungsgemäß sehr hilfreich.
Ein weiterer Vorteil kurzer motivierender Interventionen ist ihre universelle Anwendbarkeit in allen psychosozialen und medizinischen Basisdiensten.[2] Es geht hier in der Regel um Menschen, die von sich aus keine Hilfe bezüglich ihres Suchtverhaltens nachgefragt haben; sie sind entweder für eine Veränderung noch nicht bereit („Stadium der Absichtslosigkeit") oder ihr gegenüber unentschlossen („Stadium der Absichtsbildung"). Die motivierende Gesprächsführung ist bestens geeignet, gerade diese Menschen auf eine Veränderung vorzubereiten, indem sie die notwendige Basis herstellt, um Informationen und Ratschläge in einer individuell angemessenen und einfühlsamen Art und Weise zu vermitteln.

Die Gestaltung einer Sitzung

Wenn Sie es bewußt vermeiden, den Betroffenen Sorgen einzureden oder ihnen zu sagen, was sie tun sollen, besteht die Gefahr, daß die Sitzung ihre Zielorientierung verliert. Wir ziehen es deshalb vor, die Sitzung mit Hilfe einer Reihe spezifischer Strategien zu strukturieren. Ihre Aufgabe ist es, die rechte Balance zu finden zwischen aktiver Intervention auf der einen, Zuhören und Loslassen auf der anderen Seite. Dieser Prozeß ist der Interaktion zwischen einem Fahrlehrer und seinem Schüler ähnlich: Der Schüler fährt zwar die meiste Zeit über, der Lehrer übernimmt aber die Kontrolle an schwierigen Punkten oder in Augenblicken, in denen der Schüler eine andere Richtung einschlagen muß. Wenn man bei diesem Bild bleibt, kann man die Eröffnungsphase einer Sitzung, die dem Aufbau einer Beziehung zum Klienten dient, mit dem Moment des Einsteigens in das Auto vergleichen. Das ist gleichzeitig

---

[2] Engl.: „primary care setting". Mit „primary care" werden im englischen Sprachgebrauch für gewöhnlich niedergelassene Ärzte und Allgemeinkrankenhäuser sowie alle Basisdienste der psychosozial-psychiatrischen Versorgung zusammengefaßt (Anm. d. Hrsg.).

der Augenblick, in dem man sich über das Ziel einig wird, um daraufhin den Motor anzulassen. Besorgnis sollte erst geäußert werden, wenn das Auto bereits fährt und sich der Klient wohl fühlt.

Wir haben es als hilfreich erlebt, zwischen dem Einsatz spezifischer Techniken einerseits (z.B. Offene Fragen stellen, Zusammenfassen, aktiv zuhören) und dem Einsatz allgemeiner Strategien andererseits zu unterscheiden. Die spezifischen Techniken werden bei motivierender Gesprächsführung kontinuierlich und regelmäßig wiederkehrend eingesetzt. Wenn es aber um die Exploration von Sorgen bezüglich des Substanzkonsums geht, dann sind diese Techniken durch übergreifende Strategien zu ergänzen. Bei der Ausbildung von Mitarbeitern im Gesundheitswesen vermitteln wir zunächst diese allgemeinen Strategien, erst im zweiten Schritt die spezifischen Techniken. Wie intensiv diese zu bearbeiten sind, das hängt von der Erfahrung der Kursteilnehmer und der zur Verfügung stehenden Zeit ab.

Sie sollten über eine Auswahl an allgemeinen Strategien verfügen, weil nicht jeder Klient die gleiche Bereitschaft zeigt, über seine Sorgen zu sprechen. Eine Strategie, die für den einen angemessen ist, kann für den andern eine Überforderung darstellen. Wir geben den Beratern eine Liste, die mit den sichersten und vorsichtigsten Strategien beginnt, und stellen ihnen die Aufgabe, die richtige auszuwählen. Dabei gilt als Richtschnur: Kommen Ihnen Zweifel, benutzen Sie immer zuerst eine weniger direkte Strategie! Alle Strategien führen letztendlich zum selben Ziel (s.u. Strategie 8): der Exploration von Sorgen bezüglich des Substanzkonsums. Einige Klienten können Sie unmittelbar nach ihren Sorgen fragen. Bei anderen Patienten (z.B. einige der stark trinkenden „Absichtslosen“, die man häufig im Allgemeinkrankenhaus antrifft) kommen Sie vielleicht niemals an diesen Punkt, und die Sitzung besteht im wesentlichen aus der Vermittlung von Informationen, die möglicherweise das Problembewußtsein schärfen. Wir gehen von einem Kontinuum ansteigender Veränderungsbereitschaft aus, und kurze motivierende Sitzungen dienen dazu, Menschen zu helfen, auf diesem Kontinuum voranzuschreiten und eine Entscheidung in Richtung Veränderung zu treffen.

Eine gute Sitzung hat gewöhnlich folgenden Verlauf: Der Berater führt mit einer offenen Frage eine neue Strategie ein, was den Klienten im günstigsten Fall zur Selbstexploration anregt, die dann durch aktives Zuhören und weitere offene Fragen unterstützt wird. An Halte- oder Wendepunkten des Gesprächs, an denen es notwendig ist, die Richtung zu ändern oder eine andere Strategie zu wählen, wird der Berater das Gesagte zusammenfassen und mit einer entsprechenden offenen Frage fortfahren. Die Sitzung wird dann in gleicher Weise fortgeführt, wobei für jede Strategie zwischen 5 und 15 Minuten Zeit veranschlagt werden.

Eröffnung: Den Suchtmittelkonsum ansprechen

Suchtprobleme stellen sich dem Laien nicht notwendigerweise als handliches Paket dar. Der Klient erwartet kaum ein Gespräch über den eigenen Substanzgebrauch und möchte oft gar nicht darüber sprechen. Von Anfang an ist es deshalb wichtig, Etikettierungen, Konfrontationen und Ratschläge zu vermeiden. Es geht vielmehr darum, die Klienten zur Exploration ihres Suchtmittelkonsums und der damit verbundenen Sorgen zu ermutigen. Das Tempo bestimmt dabei der Klient. Die Frage nach Verhaltensänderungen entsteht dann von selbst, vorausgesetzt, der Klient gelangt bis zu diesem Punkt.

Einige Klienten werden eher zurückhaltend und eher unwillig sein. Hier ist es von besonderer Bedeutung, wie man das Thema Suchtmittelkonsum anspricht. Eine direkte Frage wie z.B. „Glauben Sie nicht auch, daß Sie ein bißchen zuviel trinken?" kann noch so gut gemeint sein, sie wird in der Regel Widerstand provozieren. Überflüssig ist es auch, auf die Notwendigkeit einer Verhaltensänderung hinzuweisen mit einer Frage wie „Nun zu Ihrem Konsum von Beruhigungsmitteln: Finden Sie nicht, daß Sie da etwas unternehmen sollten?".

Es gibt zwei einfache Strategien, mit denen man dem Gespräch von Anfang an eine konstruktive Richtung geben kann: Die eine besteht im Aufbau einer Beziehung zum Klienten, was 5 bis 10 Minuten in Anspruch nehmen kann, die andere in offenen Fragen. Der Beziehungsaufbau schafft Vertrauen zwischen Berater und Klient und bereitet das Gespräch über den Suchtmittelkonsum vor. Dazu wählt der Berater ein Thema, das für den Klienten von Interesse und zugleich mit dem Suchtmittelkonsum verknüpft ist: Gesundheitsprobleme, Fitneß, Streß am Arbeitsplatz oder zu Hause, Kinderbetreuung, Erholungsbedürfnis o. ä.. Ein solcher Einstieg erlaubt dem Berater, in einem nächsten Schritt eine nicht-bedrohliche, offene Frage etwa folgender Art zu stellen: „Sagen Sie mir, wie paßt nun der Konsum von Tranquilizern zu all dem, was Sie mir gesagt haben?" oder „Darf ich Sie nun fragen, unter welchen Umständen Sie Alkohol trinken?".

Den Prozess in Gang setzen: Exploration von Sorgen und Veränderungsalternativen

Ist der Substanzgebrauch einmal angesprochen, sollten Sie dem Klienten helfen auszudrücken, wie es ihm damit geht und ob er sich irgendwelche Sorgen macht. Dieses Bilanzieren muß nicht lange dauern. Nachfolgend finden Sie eine Zusammenstellung von Strategien, die Ihnen als Berater zur Verfügung stehen. Da Sie die Veränderungsbereitschaft Ihres Gegenübers oft nicht einschätzen können, sollten Sie mit nicht-bedrohlichen Strategien beginnen (also mit denen, die am Anfang der Liste stehen).

(1) Fragen Sie detailliert nach dem Substanzgebrauch.
Fangen Sie etwa an mit: „Was trinken Sie bevorzugt?" oder „Berichten Sie mir über Ihren Gebrauch von ..., welche Wirkung hat es auf Sie?". Sie bekunden nicht nur Ihr Interesse am Konsumverhalten, sondern auch an den Auswirkungen des Substanzgebrauchs auf die Stimmung. Bei dieser Art des Vorgehens beginnt der Klient oft von allein, Besorgnis über sein Verhalten zu äußern.

(2) Fragen Sie nach einem typischen Tag bzw. einer typischen Trinksituation.
Der Unterschied zur ersten Strategie liegt darin, daß Sie damit das Augenmerk auf bestimmte Ereignisse und Erfahrungen lenken, die mit dem Substanzgebrauch zusammenhängen. „Sie sagen, daß Sie in die Kneipe gingen und Ihr erstes Bier bestellten. Welche Wirkung hatte das?"

(3) Fragen Sie nach dem Lebensstil und Belastungen.
Über tägliche Routineabläufe und Streß zu sprechen, kann als Basis für Diskussionen über Trinken, Rauchen oder Tabletteneinnahme dienen. Wird der Suchtmittelkonsum dann angesprochen, äußern sich die Klienten oftmals im Sinne von „Es ist schön, sich einen zu genehmigen, zu rauchen und zu entspannen!". Wenn der rechte Zeitpunkt gekommen ist, können Sie einer solchen Äußerung mit Hilfe einer Frage eine neue Richtung verleihen: „Sie sagen, daß Rauchen Ihnen einfach hilft, zu entspannen und loszulassen. Können Sie mir etwas mehr über solche Situationen erzählen? Welche Anspannung, welcher Druck lastet auf Ihnen?" Häufig kommt dann das Bedürfnis zur Sprache, mit Hilfe des Suchtmittels schwierige Situationen besser meistern zu können – ein Thema, das unweigerlich zu einer Diskussion über Sorgen führt.

(4) Fragen Sie zunächst nach dem allgemeinen Gesundheitszustand und dann nach dem Substanzgebrauch.
Arbeiten Sie in einer Einrichtung des Gesundheitswesens, ist diese Strategie besonders nützlich, da der Substanzgebrauch häufig körperliche Probleme verursacht. Fragen zum Gesundheitszustand bzw. zu gesundheitlichen Problemen leiten über zu offenen Fragen wie „Ich frage mich, wie paßt Ihr Konsum von ... da hinein?" Das ermöglicht Ihrem Gegenüber – möglicherweise zum ersten Mal – Bedenken hinsichtlich des Substanzgebrauchs zu artikulieren.

(5) Fragen Sie zuerst nach den guten Dingen und dann nach den weniger guten.
Diese Strategie wurde in den Kapiteln 4, 6 und 7 ausführlich beschrieben. Für den Berater besteht die Herausforderung darin, über die Diskussion der „weniger guten Dinge" zu einer Exploration der Sorgen zu kommen. Dies ist nicht unbedingt dasselbe Thema. Wenn ein Klient sagt: „Eins der weniger guten Dinge ist die Tatsache, daß ich pro Woche 250 DM für Alkohol ausgebe.", muß das nicht heißen, daß er sich deswegen Sorgen macht. Als Berater müssen Sie in diesem Fall herausfinden, ob der Klient darin einen ernsthaften Grund zur Sorge sieht. Stellen Sie dazu eine Frage: „Es würde mich interessieren, wie sehr Sie das stört." Bei der Diskussion der guten und weniger guten Aspekte ist es günstiger, wenn man sich auf konkrete Trinksituationen bezieht als auf das Trinken im allgemeinen.

(6) Fragen Sie nach dem Substanzkonsum in der Vergangenheit und der Gegenwart.
Fragen wie „Gibt es einen Unterschied zwischen Ihrem derzeitigen Konsum von ... und dem von vor zehn Jahren?" oder „In welcher Weise hat sich Ihr Trinkverhalten über die Jahre verändert?" führen oft zu einer Schilderung von Sorgen. Oft beschreiben die Klienten dann einen Prozeß ansteigender Toleranz, z.B.: „Also, ich bin nicht mehr so schnell betrunken wie früher ... Ich kann es jetzt besser bei mir behalten, ich trinke zwar mehr als damals, aber ich komme damit gut zurecht ... Ich werde nicht betrunken oder so etwas." Das eröffnet dem Berater die Gelegenheit, mit dem Klienten am Thema Toleranzentwicklung weiter zu arbeiten (vgl. dazu die Strategien zum Umgang mit Widerstand in Kap. 8: „Umformulieren und anders beleuchten").

(7) Bieten Sie Informationen an und fragen Sie: „Was denken Sie dazu?"
Zeitpunkt und Form, in der Sie die Information geben, sind mindestens genauso wichtig wie diese selbst. Sobald Sie den Augenblick für gün-

stig halten, ist es am besten, in einem etwas zurückgenommenen, dennoch aber interessierten Tonfall etwa folgende Frage zu stellen: „Wäre es hilfreich, wenn wir uns einen kurzen Moment der Frage zuwendeten, wo genau die Grenze der gesundheitlich unbedenklichen Trinkmengen liegt?“ Falls gewünscht, geben Sie die Information im selben nicht bewertenden Ton und schließen Sie mit „Was halten Sie davon?“ oder „Ich wüßte gern, ob Sie damit etwas anfangen können.“

(8) Fragen Sie direkt nach Sorgen.
Diese Strategie funktioniert nur, wenn der Patient für ein solches Thema bereit erscheint. Stellen Sie offene Fragen („Welche Bedenken haben Sie im Hinblick auf Ihr ...?“), keine geschlossenen Fragen („Sind Sie wegen Ihres Konsums von ... besorgt?“). Während der Selbstexploration sollten Sie den Klienten unterstützen und ermutigen. Nehmen Sie sich genügend Zeit für einzelne Sorgen, fassen Sie jeweils zusammen, was Sie verstanden haben, und fragen Sie anschließend „Machen Sie sich außerdem noch über irgend etwas Sorgen?“. Schreiten Sie nicht zu schnell voran. Entwerfen Sie schließlich ein Gesamtbild aller Sorgen und betrachten Sie es gemeinsam mit dem Klienten. Vergessen Sie dabei nicht, auch die „andere Seite“, die guten Dinge des Konsums zu benennen.

(9) Fragen Sie nach dem nächsten Schritt.
Die Frage nach einer Veränderung kann nur dann gestellt werden, wenn der Klient ein gewisses Maß an Veränderungsbereitschaft aufweist. Diese Strategie wird am besten erst dann eingesetzt, wenn sich die Sorgen herauskristallisiert haben. Nun genügen offene Fragen wie z.B.: „Ich frage mich, wo Sie sich innerlich befinden (bzw. wie Sie dazu stehen). Wie soll es nun für Sie weitergehen?“ oder „Es klingt so, als machten Sie sich Sorgen wegen Ihres Konsums von ... Was werden Sie als nächstes tun?“ Häufig entsteht an dieser Stelle zunächst Schweigen, und die betreffende Person fühlt sich unwohl. Möglicherweise ist sie noch nicht bereit, eine Entscheidung zu treffen. Hier empfiehlt es sich, die derzeitigen Alternativen vom Klienten selbst erarbeiten zu lassen. Sie könnten zwar dazu eine Reihe von Veränderungsmöglichkeiten oder Strategien zur Bewältigung schwieriger Lebenssituationen vorschlagen, die Entscheidung über das, was am besten zu tun ist, trifft aber letztendlich immer der Klient (vgl. Kap. 9). Vielen Menschen hilft es weiter, wenn sie die konkreten Konsequenzen einer Veränderung „durchspielen“. Dies können Sie durch Fragen etwa folgender Art anregen: „Sie sagten, daß Sie vollständig auf Beruhigungsmittel verzichten wollen. Was wird das für Folgen haben? Welche Bedenken haben Sie,

wenn Sie sich vorstellen, ganz ohne Tabletten auszukommen?“ Häufig kommen Klienten an diesem Punkt Zweifel, ob sie mit einer solchen Veränderung klarkommen, und nehmen den Entschluß zurück. Dies unterstreicht die Bedeutung des richtigen Tempos beim Übergang zu konkreten Veränderungsschritten.

Die Sitzung beenden

Eine kurze Sitzung muß nicht unbedingt mit einer Entscheidung des Klienten enden, jetzt etwas zu tun. Dieses Ziel nicht erreicht zu haben, heißt nicht, versagt zu haben. Der Erfolg einer Sitzung kann auch daran gemessen werden, wie weit sich der Klient in Richtung Veränderungsbereitschaft bewegt hat. Jeder Augenblick, an dem Ihr Gegenüber Besorgnis geäußert hat, ist Ausdruck gelungener Arbeit, unabhängig davon, ob eine Entscheidung getroffen worden ist oder nicht. Eine konstruktive Form, das Gespräch abzuschließen, besteht darin, den bis dahin erreichten Fortschritt zu resümieren, indem Sie alle Sorgen und Veränderungsabsichten, die der Klient geäußert hat, zusammenfassen. Betonen Sie seine Entscheidungsfreiheit und Ihre Bereitschaft, weitere Unterstützung zu geben. Stellt sich die Frage einer Überweisung in eine andere Einrichtung, sollten Sie den Klienten über die verschiedenen Angebote informieren und ihn ermutigen, sich das für ihn passende herauszusuchen. Falls erforderlich, sollten Sie bei der Organisation behilflich sein.

Fallbeispiel

Das folgende Fallbeispiel soll den selektiven Gebrauch motivierender Strategien in einem kurzen Gespräch mit einer nikotinabhängigen Frau illustrieren.

Es handelt sich um eine 42jährige Mutter von zwei Kindern, die wegen einer Angina ihren Arzt konsultiert. Die Interventionen des Arztes basieren auf der Erfahrung, daß es nur Widerstand provoziert, wenn man dieser Patientin einreden wollte, daß sie sich ernsthafte Gedanken über das Aufhören machen müsse. Statt dessen ist es zunächst sinnvoll, subjektive Gründe zur Besorgnis herauszuarbeiten.

Kommentar: Die ersten Aufgaben des Arztes bestehen darin, eine Beziehung aufzubauen, das Thema „Rauchen“ anzusprechen und anschließend eine geeignete allgemeine Strategie auszuwählen. Zu Beginn der Konsultation hatte die Patientin 10 bis 15 Minuten Zeit, um über ihre Gesundheit zu sprechen.

Arzt: Ich habe einen Rachenabstrich bei Ihnen gemacht und möchte Sie bitten, sich in einigen Tagen erneut vorzustellen, so daß wir uns das Ergebnis gemeinsam anschauen und besprechen können. In der Zwischenzeit sollten Sie sich so viel wie möglich schonen. Ich weiß allerdings, daß Sie mit ihrem Haushalt viel zu tun haben.

Patientin: Das ist wahr, zu entspannen ist zu Hause nahezu unmöglich.

A: Wie läuft es denn zu Hause?

P: Ganz gut eigentlich. Wie Sie wissen, habe ich drei Kinder, und meine Arbeit habe ich auch noch. Ich arbeite zwar nur drei Stunden am Tag im Geschäft, aber ich habe zusätzlich noch eine Menge an Hausarbeit zu erledigen. Es bleibt nie Zeit auszuruhen. Ich kann mich nicht daran erinnern, wann mein Mann und ich das letzte Mal Zeit für uns hatten. Es geht immer weiter und weiter, und am Ende des Tages falle ich todmüde ins Bett. Diese Geschichte mit dem Hals hat mir gerade noch gefehlt.

A: Jetzt haben Sie noch weniger Energie, um mit all dem fertig zu werden.

P: Da haben Sie recht. Ich brauche nur einen Tag im Bett zu bleiben, und das ganze System bricht zusammen, obwohl mein Mann sein Bestes tut. Er hat selber einen anstrengenden Beruf.

A : Wie werden Sie mit all dem fertig?

P: Also, schwierig ist es erst, seit ich die ganze Zeit huste und mich krank fühle. Ich habe es so eingerichtet, daß die Kinder mir zu Hause helfen, und ich habe zwei Tage frei genommen. Hoffentlich geht es meinem Hals bald besser.

A: Gibt es noch etwas anderes, das Sie tun könnten, damit es für Sie leichter wird?

P: Ich habe überlegt, ob ich meine Mutter bitte, zu uns herüber zu kommen und mir beim Abendessen zu helfen. Das wäre eine große Hilfe.

A: Das ist eine gute Idee. In den nächsten Tagen sollten Sie gut auf sich aufpassen.

P: Ich werde mit meiner Mutter sprechen, sobald ich zurück bin.

Kommentar: Der Arzt wählt diesen Moment, um das Thema „Rauchen" anzusprechen, und stellt eine neutrale offene Frage.

A: Sie haben davon gesprochen, daß Sie ständig husten müssen. Was meinen Sie, hat Ihr Rauchen damit zu tun?

P: Ich habe mein Rauchen reduziert, seitdem ich diese Halsschmerzen habe, weil sie dadurch nur noch schlimmer wurden.

A: Die Halsschmerzen wurden durch das Rauchen schlimmer.

P: Ja, im Moment muß ich den Zigarettenkonsum reduzieren. Das Problem ist, daß ich gerne rauche, weil es eines der wenigen Dinge ist, bei denen ich entspanne, genauso wie mit meiner Tasse Tee oder Kaffee.

Kommentar: Hier kann der Arzt das Augenmerk auf die negativen Konsequenzen richten (z.B. das Husten) oder die angedeuteten positiven Aspekte des Rauchens in den Vordergrund rücken. Letzteres ist im Moment der sicherere Weg.

A: Rauchen kann eine angenehme Unterbrechung des Alltagstrotts sein.

P: Allerdings. Es gehört zur Entspannung.

Kommentar: Der Arzt wählt jetzt die Strategie 2 und fragt im Detail nach dem Zigarettenkonsum. Eine andere naheliegende Alternative, die ebenfalls eine gute Basis für ein Gespräch über mögliche Sorgen bilden würde, wäre Strategie 5 (die guten und die weniger guten Dinge).

A: Erzählen Sie mir über Ihren Alltag und welche Rolle das Zigarettenrauchen dort einnimmt. Schildern Sie mir doch einmal einen typischen Tag und sagen Sie mir, wo und wann Sie rauchen.

P: Also, ich rauche erst, wenn meine Kinder aus dem Haus sind. Sie würden sich sonst beschweren. Aber danach gehe ich ins Wohnzimmer mit meiner Tasse Kaffee und einer Zigarette. Das ist einer der besten Momente am ganzen Tag.

A: Das entspannt, und die Zigarette ist ein Teil davon.

P: Genau.

A: Was ist mit der nächsten?

P: Oh, die kommt kurz danach ...

Kommentar: Im weiteren Gesprächsverlauf beschreibt die Patientin die meisten Situationen, in denen sie eine Zigarette raucht. Der Arzt braucht ihr nur zu folgen und sie zu fragen, wie sie sich jeweils kurz danach fühlt. Das nimmt drei bis vier Minuten in Anspruch. Dann bedarf es einer anderen Strategie. Eine Möglichkeit wäre es, wieder auf die Alltagsbelastungen zu sprechen zu kommen (Strategie 3). In diesem Beispiel entscheidet der Arzt sich dafür, den Husten noch einmal aufzugreifen und zu sehen, ob die Patientin einige Informationen zum Thema Rauchen hören möchte (Strategie 7). Eine Zusammenfassung und eine offene Frage signalisieren den Übergang zu dieser neuen Strategie.

A: Es klingt so, als hätten die einzelnen Zigaretten unterschiedliche Bedeutung für Sie. Die Morgenzigarette und diejenigen, die Sie nach den Mahlzeiten rauchen, wirken am intensivsten, vor allem entspannend. Diejenigen Zigaretten, die Sie zwischendurch rauchen, sind für

Sie weniger wichtig, und Sie sagten ja bereits, daß Sie die aus Gewohnheit rauchen.

P: Ja, das stimmt.

A: Wie kam es zu dem Husten?

P: Also, das ist mein Raucherhusten. Den habe ich schon seit Jahren.

A: Wissen Sie, was das für Ihre Lungen bedeuten kann?

P: Ja, ich weiß, daß Rauchen nicht gut für mich ist. Es kommt mir so vor, als würden meine Lungen sagen: „Hör auf damit!".

A: Gibt es noch andere durch das Rauchen verursachte körperliche Reaktionen?

P: Es wird gesagt, daß Rauchen nicht gut fürs Herz ist und auch Krebs verursachen kann. Ich fühle mich richtig schuldig wegen meines Rauchens; die Kinder sprechen mich auch schon immer darauf an.

Kommentar: Es ist offensichtlich, daß die Patientin nicht über das Rauchen und seine Folgen informiert werden muß. Sie ist sich der wichtigsten Risiken bewußt, erwähnt außerdem von sich aus Schuldgefühle. Der Arzt entscheidet sich dafür, dieser Richtung zu folgen und weitere Sorgen hinsichtlich des Rauchens herauszuarbeiten (Strategie 8). Erneut signalisiert eine kurze Zusammenfassung den Wechsel der Strategie. Der Arzt bemüht sich an dieser Stelle, sowohl die positiven als auch die negativen Seiten des Rauchens zu benennen.

A: Sie haben mir heute morgen eine Menge über Ihr Rauchen erzählt. Daß es manchmal entspannend ist und Ihnen andererseits auch Schuldgefühle macht.

P: Ja, ich weiß, daß es schlecht für mich ist. Es kostet viel Geld, und die Kinder beklagen sich regelmäßig.

A: Darf ich Sie fragen, was Ihnen an Ihrem Rauchen am meisten Sorgen macht?

P: Ich nehme an, daß ich mit dem Husten schon klar komme. Selbst das Geld ist nicht das Schlimmste. Am schlimmsten ist, daß ich mich diesen verdammten Dingern ausgeliefert fühle, so daß ich nicht weiß, wo das Ganze hinführt.

A: Sie fühlen sich den Zigaretten ausgeliefert.

P: Ja, ich sagte Ihnen ja bereits, daß ich einige genieße, aber die meisten bedeuten mir nichts.

A: Es ist, als wüßten Sie bei einigen nicht so recht, warum sie die überhaupt rauchen.

P: Ganz genau.

A: Haben Sie noch andere Befürchtungen hinsichtlich Ihres Rauchens?

P: Mein Gesundheitszustand beunruhigt mich. Ich werde nicht jünger.

A: Was beunruhigt Sie daran?

P: Wissen Sie, ich fühle mich in der letzten Zeit nicht gesund. Ich habe das Gefühl, daß ich im Rauchen versumpfe. Sie sollten mal sehen, wie ich Treppen steige, wie eine alte Frau. Früher habe ich Sport betrieben, aber jetzt könnte ich das gar nicht mehr. Ich würde zusammenbrechen. Und dann die Sachen mit meinem Hals; ich weiß, daß es durchs Rauchen nur schlimmer wird.

A: Haben Sie noch andere Befürchtungen?

P: Nein, das ist jetzt wirklich alles.

Kommentar: Erneut verändert der Arzt nun die Strategie: er faßt zunächst sowohl die Befürchtungen als auch die positiven Seiten des Rauchens zusammen und wirft die Frage der Verhaltensänderung auf, ohne allerdings Entscheidungsdruck auf die Patientin auszuüben.

A: Wenn ich Sie richtig verstanden habe, fühlen Sie sich manchmal durchs Rauchen entspannt, aber Sie sind auch beunruhigt, daß Sie dem Tabak derart ausgeliefert sind und daß er Ihre Gesundheit und Ihre Fitneß beeinträchtigt. Sie haben außerdem erwähnt, daß Sie sich um Ihren Hals sorgen. Was bedeutet das alles nun für Sie?

P: Ich weiß nicht. Ich fühle mich wie in einer Falle.

A: Wie in einer Falle.

P: Also, es ist so: Ich würde gerne aufhören, aber ich glaube, im Moment schaffe ich das noch nicht.

Kommentar: Hier beschließt der Arzt, die Dinge nicht zu weit voranzutreiben, sondern ihr Zögern ernst zu nehmen und das Thema Veränderung bis zur nächsten Sitzung ruhen zu lassen. Diese Sitzung wird mit einer Zusammenfassung beendet, wobei das bisher bereits Erreichte besonders betont wird.

A: Daß Sie sich im Moment nicht sehr wohl fühlen, kann ich verstehen. Es ist einzig und allein Ihre Angelegenheit zu entscheiden, was weiterhin geschehen soll. Ich kann und werde Sie zu keiner Verhaltensänderung zwingen, aber sicherlich könnte ich Ihnen dabei helfen. Sie haben über einige Ihrer Befürchtungen hinsichtlich des Rauchens gesprochen, und ich glaube, daß dies ein guter Einstieg ist. Vielleicht können Sie in den nächsten Tagen das Ganze einmal überdenken und gegen Ende der Woche wiederkommen. Dann kann ich auch Ihren Hals noch einmal untersuchen und das Abstrichergebnis mit Ihnen besprechen.

P: Okay, das werde ich tun. Soll ich jetzt einen neuen Termin vereinbaren?

SCHLUSSFOLGERUNG

Verhaltensänderungen auszuhandeln, ist Teil der alltäglichen Arbeit vieler Nichtspezialisten. Menschen mit Suchtmittelmißbrauch, sei es Alkohol, Tabak, Tranquilizer, Kokain oder andere Drogen, stehen ihrem Verhalten oft ambivalent gegenüber. Vielleicht ist dies der Grund, warum viele von ihnen mit Abwehr reagieren, wenn man ihnen sagt, daß sie sich eigentlich Sorgen machen und ihr Verhalten ändern müßten. Unter diesem Druck antworten sie häufig mit „Ja, aber sehen Sie ...". Anders ausgedrückt: Wenn Menschen nicht bereit sind, ihr Verhalten zu verändern, ist es nicht die beste Methode, sie dazu zu ermahnen oder ihnen Ratschläge zu erteilen.
Viele Techniken und Strategien motivierender Gesprächsführung sind auch von Nichtspezialisten anzuwenden. Im Rahmen einer Trainingseinheit von 6 bis 12 Stunden Dauer können die für kurze Interventionen wichtigsten Inhalte motivierender Gesprächsführung vermittelt werden. Manche Klienten brauchen mehr als nur eine kurze Sitzung, insbesondere, wenn andere persönliche Probleme das Suchtverhalten beeinflussen. Hier ist oft eine Weitervermittlung erforderlich. Andere Klienten sind froh, wenn man ihnen genau sagt, was sie tun sollen. Manch ein Praktiker kann sich vielleicht mit dem in diesem Kapitel vorgestellten Rahmenkonzept nicht anfreunden. Ein großer Teil der Klienten wird jedoch auf einen konfrontierenden Beratungsstil abweisend reagieren. Die Anwendung motivierender Strategien verbessert hingegen die Erfolgsrate von Kurzinterventionen deutlich (nach aktuellen Untersuchungen bei Rauchern zwischen 5 und 20 Prozent [Heather 1987]).[3]

---

[3] Neuere Veröffentlichungen z.B.: Babor/Grant 1992, Bien/Miller/Tonigan 1993, Richmond/Heather/Wodak 1995, Project MATCH 1997a/1997b. (Anm. d. Hrsg.)

14. Motivierende Beratung unter Einbezug von Angehörigen

Allen Zweben

Mein Interesse an der Frage, wie man Patienten zur Annahme einer Behandlung motiviert, ist in erster Linie auf meine Beteiligung an Studien zum Behandlungserfolg bei Suchterkrankungen zurückzuführen. Im Rahmen dieser Studien machte ich die Erfahrung, daß alkoholabhängige Patienten häufig abrupt die Behandlung abbrachen, Termine ohne Absage versäumten oder zu spät kamen. Außerdem konnte ich beobachten, daß ein Behandlungsabbruch häufig mit einem Rückfall einher ging.

Damals wurden Therapieeinrichtungen häufig überbelegt, weil man wußte, daß viele angemeldete Patienten entweder gar nicht kommen oder frühzeitig abbrechen würden. Man nahm an, daß man die Motivation oder Verbindlichkeit widerständiger Alkoholiker gar nicht oder nur unwesentlich beeinflussen könne. Diese Patienten galten darüber hinaus als resistent gegenüber einer Veränderung, als therapieunfähig. Bei dieser Einstellung mußte die hohe Abbrecherquote nicht verwundern.

Im Laufe meiner Forschungstätigkeit zeigte sich, daß von den Patienten mit Alkoholproblemen, die in einer Partnerschaft lebten, diejenigen eine (ambulante) Therapie am ehesten regulär beendeten, bei denen auch die Partner an den Sitzungen teilnahmen (Zweben & Pearlman 1983; Zweben, Pearlman & Li 1983). Diese positiven Ergebnisse veranlaßten mich, nach weiteren Studien zu forschen, in denen den Partnern von Alkoholabhängigen eine aktive Rolle im Behandlungsverlauf zugeschrieben wurde. Dabei bestätigte sich, daß die Beteiligung der Partner grundsätzlich mit besseren Behandlungsergebnissen einher ging, insbesondere wenn die Partnerschaft zu Behandlungsbeginn von beiden Seiten positiv besetzt war (Sisson & Azrin 1986; Zweben, Pearlman & Li 1988).

Diese Ergebnisse sind ein Beleg dafür, daß die Bedeutung der Partner für die Unterstützung der Veränderungsmotivation der Betroffenen zunehmend deutlicher wahrgenommen wird. Wenn ein Partner an den Beratungssitzungen teilnimmt, wird er die Alkoholproblematik besser verstehen. Dies verringert mögliche Differenzen während der Behandlung. Der Partner kann konstruktive Informationen und Rückmeldungen in bezug auf die Planung und Umsetzung von Behandlungszielen einbringen. Am wichtigsten ist aber, daß der Partner dem Patienten die erforderliche Unterstützung geben kann, wenn dieser mit seiner Ambivalenz gegenüber einer Veränderung des Trinkverhaltens ringt.

Gründe für die Einbeziehung des Partners

Der Partner kann den Motivierungsprozeß des Alkoholkranken in zweierlei Hinsicht positiv beeinflussen:

(1) Er hat die Möglichkeit, den Patienten im Willen zur Abstinenz zu unterstützen und seine Verbindlichkeit und Verantwortung gegenüber der Behandlung zu stärken. Der Partner sollte sich positiv über die Ziele und Fortschritte im Umgang mit der Alkoholproblematik äußern. Patienten, die auf diese Weise unterstützt werden, profitieren erfahrungsgemäß in einem höheren Ausmaß von Behandlungsprogrammen.

(2) Der Partner kann außerdem konstruktive Rückmeldungen über die Vor- und Nachteile des Trinkens geben. Indem er Anliegen und Sorgen hinsichtlich des Trinkverhaltens mitteilt, kann der Partner zum Motor der Veränderung werden. Alkoholabhängige Patienten lassen sich eher auf eine Veränderung ihres Trinkverhaltens ein, wenn für sie wichtige Beziehungen bedroht sind (Longabaugh & Beattie 1985).

Das im folgenden dargestellte Beratungskonzept soll nicht als systematische Paartherapie mißverstanden werden. Ebenso wenig ist es unsere Absicht, besondere Fertigkeiten im Sinne eines verhaltenstherapeutischen Trainingsprogramms zu vermitteln. Die motivationsfördernden Strategien sollen den Partner ermutigen, den Patienten auch ohne besonderes Training auf der verbalen und der Handlungsebene zu unterstützen. Gleichzeitig verlangt dies vom Patienten, den Partner als eine Informationsquelle neben anderen (z.B. Arbeitgeber, Arzt, Freunde) anzusehen, wenn es darum geht, den künftigen Umgang mit Alkohol zu bestimmen.

Die Rolle des Partners bei der motivierenden Beratung: „Zeuge“ oder aktiver Teilnehmer

Wie der Partner in die Behandlung einzubeziehen ist, hängt von der Qualität der Beziehung und insbesondere davon ab, inwiefern das Alkoholproblem als gemeinsames Anliegen betrachtet wird. Zeigt der Partner wenig oder kein Interesse, den Patienten zu unterstützen, hat seine Einbeziehung in den Behandlungsprozeß keine positive Auswirkung auf das Behandlungsergebnis. In diesen Fällen sollte der Partner während der Sitzungen allenfalls die Rolle eines „Zeugen“ einnehmen, d.h. er wird weder zu konkreten Behandlungszielen befragt, noch wird er dazu aufgefordert, den Patienten in der Erreichung seiner Ziele zu unterstützen. Er soll lediglich dazu beitragen, das Ausmaß der alkoholbezogenen Probleme zu ermitteln.

Handelt es sich aber um eine verbindliche und stabile Partnerschaft, könnte es sich lohnen, den Partner stärker in die Beratungssitzungen einzubeziehen. Er sollte sich zu Veränderungsplänen und Behandlungszielen äußern, er sollte gemeinsam mit dem Patienten Überlegungen anstellen, wie die Ziele erreicht werden können, und er sollte schließlich generell dazu beitragen, die Selbstverpflichtung zur Veränderung zu stärken.

Ob ein Partner in die Behandlung einbezogen wird, hängt nicht zuletzt auch von den negativen Erfahrungen mit den Folgen des Trinkens ab (finanzielle und rechtliche Probleme, Probleme mit den Kindern, soziale Isolation etc.). Streß und psychische Beeinträchtigungen (Depression, Ängste, Schlaflosigkeit etc.) auf seiten des Partners als Reaktion auf die Suchterkrankung des Patienten können sich negativ auf einen gemeinsamen Beratungsprozeß auswirken (Moos, Finney & Cronkike 1990). In diesen Fällen ist es notwendig, daß der Partner oder andere betroffene Familienmitglieder sich zunächst um eine angemessene Unterstützung für sich selbst kümmern, bevor sie dem Patienten helfen können, sein Trinkverhalten nachhaltig zu verändern. In einer solchen Situation können Einzelkontakte mit dem Partner am Anfang sinnvoll sein, um Unterstützung und konkrete Hilfemaßnahmen anzubieten (Zweben 1986).

Den Partner zur Teilnahme an der Behandlung einladen

Für gewöhnlich wird der Patient im Erstkontakt darum gebeten, den Partner in die Behandlung einzubeziehen. Er wird ausführlich darüber informiert, wie der Partner aktiv bei der Planung der Ziele und des konkreten Vorgehens beteiligt werden kann. Er erfährt, daß eine Veränderung seines Trinkens und der damit verbundenen Verhaltensweisen Auswirkungen auf alle anderen Familienmitglieder hat und umgekehrt. Reagiert der Patient im Hinblick auf eine Beteiligung des Partners zögernd, drängen Sie nicht. Zunächst ist es wichtig, die Hintergründe seiner Zurückhaltung sowie die potentiellen Vor- und Nachteile einer Einbeziehung des Partners zu explorieren. Dies ist notwendig, um mittel-

fristig eine konstruktive Zusammenarbeit der Partner zu ermöglichen. Wenn als Ergebnis dieser Klärung der Partner nicht einbezogen werden soll, dann sollten die Einzelkontakte fortgesetzt werden. Die Frage der Beteiligung des Partners kann zu einem späteren Zeitpunkt erneut aufgeworfen werden, da sich erfahrungsgemäß eine solche Haltung bei fortschreitender Behandlung oft ändert.
Kommt es allerdings zu einer aktiven Beteiligung des Partners an der Behandlung, dann sollten Sie in der ersten gemeinsamen Sitzung zunächst die Bereitschaft des Partners würdigen. Sie sollten erneut die guten Gründe dieser Einbeziehung benennen. Sie sollten den Partner zu Fragen und Kommentaren ermuntern, um so seine Bedeutung für den Auseinandersetzungs- und Veränderungsprozeß zu unterstreichen.

Das System partnerschaftlicher Unterstützung beurteilen

Bei der Planung Ihrer Interventionen sollten Sie die Qualität der Beziehung berücksichtigen. Entscheiden Sie, ob der Partner in bezug auf eine Veränderung des Trinkverhaltens eine unterstützende Rolle einnehmen kann. Klären Sie außerdem, ob der Partner regelmäßig an den gemeinsamen Sitzungen teilnehmen kann. Mit Hilfe standardisierter Fragebögen (z.B. Revised Marital Relationship Scale, Zweben & Pearlman 1983; Spouse Hardship Scale, Orford & Edwards 1977) können Sie die Qualität und das Unterstützungspotential der Partnerschaft sowie die gegenwärtigen alkoholbedingten Belastungen des Partners einschätzen. Außerdem sollten Sie im Rahmen der gemeinsamen Beratungssitzungen beurteilen, inwiefern bestimmte Kommunikationsmuster in der Partnerschaft entweder das Problemverhalten verstärken oder eine Veränderung unterstützen. Die nachfolgenden Fragen können Ihnen dabei behilflich sein:

(1) Unterstützt der Partner Äußerungen des Patienten in Richtung einer Veränderung des Trinkverhaltens?

(2) Sind die Kommentare des Partners hinsichtlich der vom Patienten geplanten oder erfolgten Problemlösungen kontraproduktiv ?

(3) Ist der Partner bereit, seine Lebensführung teilweise umzustellen, wenn dies zur Veränderung des Trinkverhaltens förderlich wäre?

Beratung von Partnern, die sich gegenseitig unterstützen

Das Paar begleiten

Achten Sie zu Behandlungsbeginn darauf, eine angenehme Atmosphäre zu schaffen, die es dem Paar ermöglicht, sich offen zu äußern und Fragen nach der Notwendigkeit einer Behandlung zu stellen. Bereits erfolgte Unterstützungsleistungen des Partners sollten Sie ebenso positiv kommentieren wie – was häufig der Fall ist – seine Bemühungen, die Behandlung einzuleiten. Drücken Sie Ihre Anerkennung darüber aus, daß der Partner bereit ist, an den Sitzungen teilzunehmen. In dem Bemühen, das Paar zu begleiten, können Sie folgende Fragen stellen:

(1) Haben Sie an Ihrem Mann/Ihrer Frau irgendwelche Veränderungen bemerkt, die Sie ermutigend finden?
(2) Können Sie sich an Zeiten erinnern, in denen es Ihrem Mann/Ihrer Frau gelungen ist, weniger oder gar nichts zu trinken?
(3) Was meinen Sie, könnte Ihrem Mann/Ihrer Frau am meisten helfen, sein/ihr Trinkverhalten zu verändern?

Wenn Sie in dieser Weise vorgehen und den Glauben von Patient und Partner an die eigenen Fähigkeiten verstärken, wird es Ihnen vielleicht gelingen, beiden zu einer optimistischen Grundhaltung gegenüber einer Veränderung zu verhelfen.

Gemeinsame Behandlungsziele formulieren

Wenn Sie den Partner in die Behandlung einbeziehen, ist es wichtig, eine Übereinstimmung zwischen den Partnern hinsichtlich der Behandlungsziele herzustellen. Eine Rückmeldung über Ergebnisse der Diagnostik kann dazu dienlich sein. Diese Informationen helfen dem Paar dabei, die Ernsthaftigkeit der Problematik zu erkennen und das spezifische Behandlungsangebot nachzuvollziehen (z.B. ein abstinenzorientiertes Vorgehen). Ein solches Verständnis ist die Basis eines gemeinsam getragenen Behandlungsziels.
Achten Sie darauf, daß Ihre Sprache auf Ihre Klienten zugeschnitten ist, und vergewissern Sie sich durch Fragen wie z.B.:
(1) Sind meine Ausführungen verständlich genug?
(2) Kommt irgend etwas für Sie unerwartet?

(3) Stimmen Sie dem zu?
(4) Wo sind Sie anderer Meinung?
Grundprinzipien motivierender Gesprächsführung wie aktives Zuhören, Zusammenfassen und Vermeiden von Beweisführungen helfen bei der gemeinsamen Zielformulierung. Wenn dies nicht sofort gelingt, kann es nötig sein, in weiteren Sitzungen ungelöste Fragen zu klären. Anschließend kann das Paar erste Schritte zur Problemlösung einleiten. So entschied sich beispielsweise eine Partnerin, die Wochenenden gemeinsam mit ihrem Mann in einem Ferienhaus zu verbringen, wo sie schon in der Vergangenheit ohne Alkohol entspannen konnten. Eine andere Partnerin schlug vor, daß sie und ihr Mann ihre sozialen Kontakte auf diejenigen Menschen konzentrierten, die wenig oder gar keinen Alkohol tranken.

Den partnerschaftlichen Zusammenhalt fördern

Helfen Sie dem Patienten, die bestehenden Ressourcen der Partnerschaft zur Bewältigung seines Mißbrauchs zu nutzen. Insbesondere bei Paaren, die in einer stabilen und befriedigenden Partnerschaft leben, sollten Sie die tragenden und verbindenden Elemente verstärken, um darüber die Selbstverpflichtung zur Veränderung zu stärken. Bieten Sie den Paaren ausreichend Gelegenheit, sich ihrer befriedigenden Partnerschaft zu versichern und Überlegungen anzustellen, wie dieser Zusammenhalt während und nach der Behandlung aufrechterhalten werden kann. Ergebnisse der Ausgangsdiagnostik können hier rückgemeldet werden, soweit sie sich auf positive Aspekte der Partnerschaft und entsprechende Veränderungsziele beziehen (z.B. Verbesserung der Häufigkeit und Qualität gemeinsamer Aktivitäten).

Mit „schwierigen“ Fällen umgehen

Wenn der Patient Veränderungen ablehnt

Partner können eine wichtige Rolle übernehmen, wenn der Patient gegenüber Veränderungen ablehnend eingestellt ist, insbesondere wenn die Beziehung von beiden als zufriedenstellend erlebt wird. Die Angst vor dem Verlust der Partnerschaft kann die Veränderungsbereitschaft fördern. Wenn der Partner eine Veränderung befürwortet, der Patient sich aber zögernd oder ablehnend verhält, können die folgenden Strategien sinnvoll sein:

Feedback des Partners einholen: Eine Rückmeldung des Partners bedeutet dem Patienten oft mehr als die des Beraters. Die folgenden Fragen können dabei hilfreich sein:

(1) Inwiefern hat der Alkoholkonsum die häusliche Situation in Mitleidenschaft gezogen?
(2) Hat sich irgend etwas verändert, so daß Sie sich wegen des Trinkverhaltens Ihres Partners mehr Sorgen machen?

Dabei sollten Sie besonders sensibel für die psychische Grundstimmung des Patienten sein. Es besteht die Gefahr, daß der Patient sich durch ein negatives Feedback des Partners erdrückt fühlt (d.h. „emotional überladen") und seinen Widerstand eher noch erhöht. Stellen Sie deshalb auch Fragen, die auf positive und unterstützende Erfahrungen abzielen (Anregungen dazu s.o. im Abschnitt „Das Paar begleiten"). Wenn der Partner über entsprechende Erfahrungen berichtet, kann das den Widerstand des Patienten verringern. So erzählte eine Partnerin ihrem Mann, daß ihre gemeinsamen Kinder sich zunehmend von ihm entfremden würden, nachdem er wegen seiner Alkoholprobleme nicht mehr an Familienfeiern teilnimmt. Sie äußerte sich außerdem besorgt im Hinblick auf ihre Partnerschaft, wenn sich an dem Trinkverhalten nichts ändern würde.

Mit dem Partner nach Alternativen suchen: Der Partner sollte die Gelegenheit erhalten, alternative Umgangsweisen mit dem Alkoholproblem vorzuschlagen, wenn der Patient trotz Ihrer Interventionen zögerlich oder abwehrend reagiert. An einem solchen Punkt kann es auch sinnvoll sein, daß der Partner sich aus der Beratung zurückzieht und dem Patienten erlaubt, in Einzelsitzungen weiter an seinem Alkoholproblem zu arbeiten. Dies sollte dem Partner helfen, die Verantwortung für die Veränderung des Trinkverhaltens beim Patienten zu belassen. In solchen Situationen könnten Sie z.B. sagen:

> Berater: Es kann ziemlich frustrierend sein, wenn Ihr Ehemann (Ihre Ehefrau) eine andere Vorstellung davon hat, was bezüglich des Trinkens das Beste für ihn (sie) sei, als es im Therapieprogramm empfohlen wird. Sie haben jetzt einige Möglichkeiten: Sie können z.B. weiterhin an den Gesprächen teilnehmen und über das Trinkverhalten sprechen – was allerdings bisher nicht den gewünschten Erfolg gebracht hat. Stimmen Sie mir in diesem Punkt zu? Oder Sie können Ihre Kräfte mehr auf sich und andere Familienmitglieder konzentrieren, während Ihr Mann (Ihre Frau) sich die Zeit nimmt zu entscheiden, ob er an seinem (sie an ihrem) Trinkverhalten etwas verändern möchte oder nicht. Sind Sie bereit, etwas Neues auszuprobieren?

Stimmt der Partner zu (indem er z.B. einwilligt, vorerst keine gemeinsamen Beratungssitzungen mehr durchzuführen), sollten Sie ihm bei der Planung konkreter Alternativen helfen (z.B. eine Selbsthilfegruppe für Angehörige besuchen, selbst eine Therapie beginnen o.ä.).

Wenn der Partner sich abwehrend verhält

Wenn der Partner an einer Veränderung wenig oder gar nicht interessiert zu sein scheint, sollten Sie prüfen, ob seine Beteiligung an der Beratung nicht kontraproduktiv ist und den Motivationsprozeß ernsthaft behindern könnte. Um eine Demotivierung durch den Partner zu verhindern, können Sie sich an den folgenden Grundsätzen orientieren:

Die Rolle des Partners insofern begrenzen, als er lediglich Informationen gibt und erhält: Der Partner sollte aus seiner Sicht Informationen geben zu den alkoholbezogenen Problemen. Er sollte Informationen erhalten über den Schweregrad der Alkoholproblematik, den vorläufigen Behandlungsplan und die zu erwartenden Veränderungen, wenn der Patient am Behandlungsprogramm teilnimmt.

Der Patient steht im Mittelpunkt der Sitzungen: Inhaltlich sollte es zunächst um die Frage gehen, wie Nüchternheit erlangt und aufrecht erhalten werden kann. Erst wenn der Patient diesbezüglich stabilisiert ist, sollten Partnerschaftsprobleme angesprochen werden. Neuformulierungen (vgl. Kap. 8) können sinnvoll sein, um die Aufmerksamkeit des Paares auf das Trinkverhalten des Patienten zu lenken. Hier ein Beispiel:

> Berater: Ich weiß, daß Sie um die Gesundheit Ihrer Frau (Ihres Mannes) sehr besorgt sind. Ich frage mich allerdings, ob Ihr Wunsch, weiterhin über Eheprobleme zu sprechen, für Sie eine Möglichkeit darstellt, sie (ihn) davor zu bewahren, sich mit dem unangenehmen Thema einer Veränderung des Trinkverhaltens auseinandersetzen zu müssen.

Wenn das Paar trotz Ihrer Interventionsversuche daran festhält, Beziehungsprobleme zu besprechen, sollten Sie die übrigen Sitzungen mit dem Patienten allein abhalten.

Den Einfluß des Partners auf die Planung von Behandlungszielen und Veränderungsstrategien begrenzen: Wenn Sie befürchten müssen, daß die Einbeziehung des Partners einen negativen Einfluß auf die Behandlung haben könnte (vgl. in diesem Kapitel „Das System partnerschaftlicher Unterstützung beurteilen“), sollten Sie vom Partner nur wenig Unterstützung bei der Veränderung verlangen. Der Partner fungiert in den Sitzungen vorrangig als „Zuschauer“. Der Partner wird nicht zu den Bewältigungsstrategien des Patienten gehört. Ebenso wenig sollten Sie ihn darum bitten, die Ernsthaftigkeit und Verbindlichkeit des Patienten in Richtung einer Änderung des Trinkverhaltens zu bestätigen.

Wenn Patient und Partner sich abwehrend verhalten

Paare, die scheinbar nicht auf motivierende Interventionen ansprechen, haben zumeist destruktive Interaktionsmuster, die durch Schuldvorwürfe, Kritik und Beleidigungen gekennzeichnet sind. Derartige Interaktionsmuster tragen mit dazu bei, daß der Widerstand des Patienten gegenüber einer Veränderung verstärkt wird, und führen häufig zu vorzeitigen Behandlungsabbrüchen. Vorrangiges Ziel der Behandlung ist deshalb die Verringerung dieser negativen Interaktionen, so daß der Patient nicht durch ungelöste Konflikte von einer Selbstverpflichtung zur Veränderung abgehalten wird. Dazu können die folgenden Strategien genutzt werden:

Umformulieren und anders beleuchten: Differenzen zwischen den Partnern können auch als zwei unterschiedliche Sichtweisen auf das gleiche Problem verstanden und entsprechend gedeutet werden. Wenn beide Partner verärgert sind, so kann dies bedeuten, (1) daß sie jeweils eigene Vorstellungen über die Lösung der Probleme entwickelt haben, und (2) daß beide sich Sorgen um die Zukunft ihrer Beziehung machen, wenn das Alkoholproblem nicht gelöst wird. Durch die positive Umformulierung negativer Kommunikationsmuster können sie ein optimistischeres Bild der Beziehung entwerfen, was das Paar im günstigen Fall für eine gemeinsame Problemlösung zugänglicher werden läßt.

Normalisieren: Sie teilen den Partnern mit, daß ihre Schwierigkeiten Folge einer belastenden Gesamtsituation sind. Sie klären die beiden darüber auf, daß das Familienleben durch chronische Erkrankungen (wie z.B. körperliche Behinderungen, Schlaganfall, Schizophrenie, Alkoholmißbrauch) stets erheblich belastet wird. Wenn Sie dem Paar helfen, negative Verhaltensweisen wie z.B. schwere Vorwürfe durch einen Hinweis auf den „normalen" Charakter zu verringern, helfen Sie, Ängste und Schuldgefühle zu lindern, und schaffen damit Entlastung für den erforderlichen Veränderungsprozeß.

„Keine Veränderung" verordnen: Legen Sie dem Paar nahe, eine eventuelle Veränderung der Beziehung nur langsam anzugehen. Erklären Sie das damit, daß der erste Schritt im Umgang mit der Alkoholproblematik darin zu sehen ist, daß die Partner lernen, ihre Unterschiedlichkeit auszu-

drücken und zu tolerieren, ohne im Alkohol Zuflucht zu nehmen. In der Vergangenheit hatte der Alkohol vielleicht die Funktion, Konflikte zwischen den Partnern zu reduzieren und somit die Partnerschaft zu stabilisieren. Heben Sie die Bereitschaft des Paares hervor, die Probleme nun offen anzusprechen, und deuten Sie dies als Ausdruck des starken Wunsches nach einem abstinenten Leben – beide wollen jetzt eher *kämpfen* als *trinken*. Konsequenterweise ist es deshalb notwendig, daß sie sich streiten und uneins sind. Hier ist ein Beispiel einer solchen „Verordnung“:

Berater: Nachdem Sie über Ihre Schwierigkeiten gesprochen haben, glaube ich nicht, daß jetzt der richtige Zeitpunkt ist, um große Veränderungen in Ihrer Beziehung vorzunehmen. Besser wäre es vielleicht, weiterhin das zu tun, was Sie mit Rücksicht auf Ihre Partnerschaft ohnehin getan haben. (Das Paar war sich allerdings in vielen Fragen überhaupt nicht einig.) Manchmal überwiegen die negativen Konsequenzen einer Veränderung gegenüber den Vorteilen. Was meinen Sie, würde geschehen, wenn Sie sich trennen würden? (Das Paar zeigt keine Reaktion.) In der Vergangenheit haben Sie Gefühle vorwiegend dann ausgetauscht, wenn Gerd trank. So betrachtet können Ihre gegenwärtigen Streitigkeiten einen Neuanfang darstellen, sie stehen für Ihre Bereitschaft, unangenehme Gefühle zu offenbaren anstatt sich mit Hilfe von Alkohol zurückzuziehen. Denken Sie bitte darüber nach, und lassen Sie uns in der nächsten Woche weiter darüber sprechen. Okay?

Die positive Umformulierung der problematischen Interaktionsmuster kann paradox wirken (Haley 1987). In diesem Beispiel wurde das Widerstandsverhalten als Ausdruck einer Veränderungsbereitschaft betrachtet. Destruktive Kommunikationsmuster wurden als positive Schritte in Richtung einer Problemlösung umdefiniert. Der Berater wies daraufhin, daß es für das Paar notwendig sein könnte, weiterhin zu streiten, um einen positiven Veränderungsprozeß in Gang zu halten.

Zusammenfassend ist festzuhalten, daß die hier dargestellten Strategien auf dem in Teil I und II dieses Buches beschriebenen Konzept der motivierenden Gesprächsführung aufbauen. Auch wenn es um eine Beratung unter Einbezug von Partnern bzw. Angehörigen geht, liegt die letzte Verantwortung für eine Veränderung beim Patienten. In den Sitzungen sollte deshalb sehr viel Wert auf die Fähigkeiten des Patienten gelegt werden, seine eigenen Entscheidungen zu treffen und sich nicht auf externe „Motivierer“ wie Partner, Freunde, Arbeitgeber oder eine gerichtliche Instanz zu verlassen. Die vorrangige Rolle des Partners besteht darin, den Patienten dabei konstruktiv zu unterstützen, seine eigenen Lösungen für eine Veränderung zu entwickeln, und ihm so zu helfen, den größtmöglichen Nutzen aus einer Behandlung zu ziehen.

Literatur

Originaltext

Addiction Research Foundation. (1985). A Structured Addictions Assessment Interview for Selecting Treatment (ASIST). Toronto: Author

Alcoholics Anonymous. (1976). Alcoholics Anonymous: The story of how many thousands of men and women have recovered from alcoholism (3rd ed.). New York: Alcoholics Anonymous World Services

American Psychiatric Association. (1987). Diagnostic and statistical manual of mental disorders (3rd ed., rev.). Washington, DC: Author

Anderson, P. & Scott, E. (1990, February). Randomised controlled trial of general practitioners' advice to heavy drinkers to cut down on their drinking. In G. Elvy (Chair), Brief intervention. Symposium presented at the Fifth International Conference on Treatment of Addictive Behaviours, Sydney, Australia

Annis,H. M. & Chan, D. (1983). The differential treatment model - Empirical evidence from a personality typology of adult offenders. Criminal Justice and Behavior, 10, 159-173

Annis, H. M. & Davis, C. S. (1989). Relapse prevention. In R. K. Hester & W. R. Miller (Eds.), Handbook of alcoholism treatment approaches: Effective alternatives (pp. 170-182). Elmsford, NY: Pergamon Press

Appel,C.-P. (1986). From contemplation to determination: Contributions from cognitive psychology. In W. R. Miller & N. Heather (Eds.), Treating addictive behaviors: Processes of change (pp. 59-89). New York. Plenum Press

Babor, T. F., Korner, P., Wilber, C. & Good, S. P. (1987). Screening and early intervention strategies for harmful drinkers: Initial lessons from the Amethyst Project. Australian Drug and Alcohol Review, 6, 325-339

Bandura, A. (1977). Self-efficacy: Toward a unifying theory of behavioral change. Psychological Review, 84, 191-215

Bandura, A. (1982). Self-efficacy mechanism in human agency. American Psychologist, 37, 122-147

Bateson, G. (1971). The cybernetics of self: A theory of alcoholism. Psychiatry, 34, 1-18

Baugh, J. R. (1988). Gaining control by giving up control: Strategies for coping with powerlessness. In W. R. Miller & J. E. Martin (Eds.), Behavior therapy and religion: Integrating spiritual and behavioral approaches to change (pp. 125138). Newbury Park, CA: Sage

Brehm, J. W. (1966). A theory of psychological reactance. New York: Academic Press

Brehm, S. S. & Brehm, J. W. (1981). Psychological reactance: A theory of freedom and control. New York: Academic Press

Brown, S. A. (1985). Reinforcement expectancies and alcoholism treatment outcome after a one-year follow-up. Journal of Studies on Alcohol, 46, 304-308

Brown, S. A., Christiansen, B. A. & Goldman, M. S. (1987). The Alcohol Expectancy Questionnaire: An instrument for the assessment of adolescent and adult alcohol expectancies. Journal of Studies on Alcohol, 48, 483-491

Brown, S. A., Goldman, M. S. & Christiansen, B. A. (1985). Do alcohol expectancies mediate drinking patterns of adults? Journal of Consulting and Clinical Psychology, 53, 512-519

Brown, S. A., Goldman, M. S., Inn, A. & Anderson, L. R. (1980). Expectations of reinforcement from alcohol: Their domain and relation to drinking patterns. Journal of Consulting and Clinical Psychology, 48, 419-426

Brownell, K. D., Marlatt, G. A., Lichtenstein, E. & Wilson, G. T. (1986). Understanding and preventing relapse. American Psychologist, 41, 765-782

Burnum, J. F. (1974). Outlook for treating patients with self-destructive habits. Annals of Internal Medicine, 81, 387-393

Cahoon, D. D. (1968). Symptom substitution and the behavior therapies: A reappraisal. Psychological Bulletin, 69, 149-156

Cartwright, A. K. J. (1981). Are different therapeutic perspectives important in the treatment of alcoholism? British Journal of Addiction, 76, 347-361

Cavaiola, A. A. (1984). Resistance issues in the treatment of the DWI offender. Alcoholism treatment Quarterly, 1, 87-100

Chafetz, M. E. (1959). Practical and theoretical considerations in the psychotherapy of alcoholisrn. Quarterly Journal of Studies on Alcohol, 20, 281-291

Chafetz, M. E. (1961). A procedure for establishing therapeutic contact with the alcoholic. Quarterly Journal of Studies on Alcohol, 22, 325-328

Chafetz, M. E. (1968). Research in the alcohol clinic of an around-the-clock psychiatric service of the Massachusetts General Hospital. American Journal of Psychiatry, 124, 1674-1679

Chafetz, M. E., Blane, H. T., Abram, H. S., Clark, E., Golner, J. H., Hastie, E. L. & McCourt, W. F. (1964). Establishing treatment relations with alcoholics: A supplementary report. Journal of Nervous and Mental Disease, 138, 390-393

Chafetz, M. E., Blane, H, T., Abram, H. S., Golner, J., Lacy, E., McCourt, W. F., Clark, E. & Meyers, W. (1962). Establishing treatment relations with alcoholics. Journal of Nervous and Mental Disease, 134, 395-409

Chamberlain, P., Patterson, G., Reid, J., Kavanagh, K. & Forgateh, M. (1984). Observation of client resistance. Behavior Therapy, 15, 144-155

Chapman, L. J. & Chapman, J. P. (1967). Genesis of popular but erroneous psychodiagnostic observations. Journal of Abnormal Psychology, 72, 193-204

Chapman, P. L. J. & Huygens, 1. (1988). An evaluation of three treatment programmes for alcoholism. An experimental study with 6- and 18-month follow-ups. British Journal of Addiction, 83, 67-81

Chess, S. B., Neuringer, C. & Goldstein, G. (1971). Arousal and field dependence in alcoholics. Journal of General Psychiatry, 85, 93-102

Chick, J., Lloyd, G. & Crombie, E. (1985). Counselling problern drinkers in medical wards: A controlled study. British Medical Journal, 290, 965-967

Christiansen, B. A., Goldman, M. S. & Inn, A. (1982). The development of alcohol related expectancies in adolescents: Separating pharmacological from social learning influences. Journal of Consulting and Clinical Psychology, 50, 336-344

Christiansen, B. A., Smith, G. T., Roehling, P. V. & Goldman, M. S. (1989). Using alcohol expectancies to predict adolescent drinking behavior after one year. Journal of Consulting and Clinical Psychology, 57, 93-99

Clancy, J. (1961). Procrastination - A defense against sobriety. Quarterly Journal of Studies on Alcohol, 22, 269-276

Clancy, J. (1964). Motivation conflicts of the alcohol addict. Quarterly Journal of Studies on Alcohol, 25, 511-520

Condiotte, M. M. & Lichtenstein, E. (1981). Self-efficacy and relapse in smoking cessation programs. Journal of Consulting and Clinical Psychology, 49, 647-658

Costello, R. M. (1975). Alcoholism treatment and evaluation: In search of methods. International Journal of the Addictions, 10, 251-275

Council for Philosophical Studies. (1981). Psychology and the philosophy of mind in the philosophy curriculum. San Francisco: San Francisco State University.

Cox, W. M. (Ed.). (1987). Treatment and prevention of alcohol problems: A resource manual. New York: Academic Press

Cronkite, R. C. & Moos, R. H. (1980). Determinants of the posttreatment functioning of alcoholic patients: A conceptual framework. Journal of Consulting and Clinical Psychology, 48, 305-316

Cummings, C., Gordon, J. R. & Marlatt, G. A. (1980). Relapse: Prevention and prediction. In W. R. Miller (Ed.), The addictive behaviors: Treatment of alcoholism, drug abuse, smoking, and obesity (pp. 291-321). New York: Pergamon Press

Davidson, R., Rollnick, S. & MacEwan, 1. (Eds.; 1991). Counselling problem drinkers. London: Tavistock/Routledge

Davies, P. (1979). Motivation, responsibility and sickness in the psychiatric treatment of alcoholism. British Journal of Psychiatry, 134, 449-458

Davies, P. (1981). Expectations and therapeutic practices in outpatient clinics for alcohol problems. British Journal of Addiction, 76, 159-173

Deci, E. L. (1975). Intrinsic motivation. New York: Plenum Press

Deci, E. L. (1980). Self-determination. Lexington, MA: Lexington Books

DiCicco, L., Unterberger, H. & Mack, J. E. (1978). Confronting denial: An alcoholism intervention strategy. Psychiatric Annals, 8, 596-606

DiClemente, C. C. (1981). Self-efficacy and smoking cessation maintenance: A preliminary report. Cognitive Therapy and Research, 5, 175-187

DiClemente, C. C. & Hughes, S. 0. (1990). Stages of change profiles in outpatient alcoholism treatment. Journal of Substance Abuse, 2, 217-235

DiClemente, C. C., Prochaska, J. 0. & Gilbertini, M. (1985). Self-efficacy and the stages of self-change in smoking. Cognitive Therapy and Research, 9, 181-200

Donovan, D. M. & Marlatt, G. A. (Eds.; 1988). Assessment of addictive behaviors. New York: Guilford Press
Donovan, D. M., Rohsenow, D. J., Schau, E. J. & O'Leary, M. R. (1977). Defensive style in alcoholics and nonalcoholics. Journal of Studies on Alcohol, 38, 465-470
Edwards, G. & Gross, M. (1976). Alcohol dependence - Provisional description of a clinical syndrome. British Medical Journal, i, 1058-1061
Edwards, G. & Orford, J. (1977). A plain treatment for alcoholism. Proceedings of the Royal Society of Medicine, 70, 344-348
Edwards, G., Orford, J., Egert, S., Guthrie, S., Hawker, A., Hensman, C., Mitcheson, M., Oppenheimer, E. & Taylor, C. (1977). Alcoholism: A controlled trial of "treatment" and "advice". Journal of Studies on Alcohol, 38, 1004-1031
Egan, G. (1982). The skilled helper: A model for systematic helping and interpersonal relating (2nd ed.). Monterey, Ca: Brooks/ Cole
Elkins, R. L. (1980). Covert sensitization and alcoholism: Contributions of successfül conditioning to abstinence maintenance. Addictive Behaviors, 5, 67-89
Elvy, G. A., Wells, J. E. & Baird, K. A. (1988). Attempted referral as intervention for problem drinking in the general hospital. British Journal of Addiction, 83, 83-89
Ewing, J. A. (1977). Matching therapy and patients: The cafeteria plan. British Journal of Addiction, 72, 13-18
Festinger, L. (1957). A theory of cognitive dissonance. Stanford, CA: Stanford University Press
Fillmore, K. M. (1975). Relationships between specific drinking problems in early adulthood and middle age: An exploratory 20 year follow-up study. Journal of Studies on Alcohol, 36, 882-907
Finney, J. W. & Moos, R. H. (1979). Treatment and outcome for empirical subtypes of alcoholic patients. Journal of Consulting and Clinical Psychology, 47, 25-38
Fox, R. (1967). A multidisciplinary approach to the treatment of alcoholism. American Journal of Psychotherapy, 123, 769-778
Frank, J. D. (1973). Persuasion and healing (2nd ed.). Baltimore: Johns Hopkins University Press
Freedberg, E. J. & Johnson, W. E. (1978). Effects of various sources of coercion on outcome of treatment of alcoholism. Psychological Reports, 43, 1271-1278
Freud, A. (1948). The ego and the mechanisms of defence. London: Hogarth Press
Fuller, R. K. (1989). Antidipsotropic medications. In R. K. Hester & W. R. Miller (Eds.), Handbook of alcoholism treatment approaches: Effective alternatives (pp. 117-127). Elmsford, NY - Pergamon Press
Fuller, R. K., Branchey, L., Brightwell, D. R., Derman, R. M., Ernrick, C. D., Iber, F. L., James, K. E., Lacoursiere, R. B., Lee, K. K., Lowenstam, I., Maany, I., Neiderheiser, D., Nocks, J. J. & Shaw, S. (1986). Disulfiram treatment of alcoholism: A Veterans Administration cooperative study. Journal of Nervous and Mental Disease, 256, 1449-1455

Gallant, D. M., Bishop, M. P., Mouledoux, A., Faulkner, M. A., Brisolara, A. & Swaanson, W. A. (1973). The revolving door alcoholic. Archives of General Psychiatry, 28, 633-635

Garfield, S. L. & Bergin, A. E. (Eds.; 1986). Handbook of psychotherapy and behavior change (3rd ed.). New York: Wiley

Glaser, F. B., Annis, H. M., Skinner, H. A., Pearlman, S., Segal, R. L., Sisson, B., Ogborne, A. C., Bohnen, E., Gaxda, P. & Zimmerman, T. (1984). A system of health care delivery (3 vols.). Toronto: Addiction Research Foundation

Godding, P. R. & Glasgow, R. E. (1985). Self-efficacy and outcome expectations as predictors of controlled smoking status. Cognitive Therapy and Research, 9, 583-590

Gordon, T. (1970). Parent effectiveness training. New York: Wyden

Gottheil, E., McLellan, A. T. & Druley, K. A. (Eds.; 1981). Matching patient needs and treatment methods in alcoholism and drug abuse. Springfield, IL: Charles C Thomas

Greenwald, A. F. & Bartmeier, L. H. (1963). Psychiatric discharges against medical advice. Archives of General Psychiatry, 8, 117-119

Griffith, R. M. (1961). Rorschach water percepts: A study in conflicting results. American Psychologist, 16, 307-311

Haley, J. (1963). Strategies of psychotherapy. New York: Grune & Stratton

Haley, J. (1987). Problem-solving therapy. San Francisco: Jossey-Bass

Hall, S. M., (1979). The abstinence phobia. In N. A. Krasnegor (Ed.). Behavioral analysis and treatment of substance abuse (pp. 55-67). Rockville, MD: National Institute on Drug Abuse

Harris, K. B. & Miller, W. R. (1990). Behavioral self-control training for problem drinkers: Mechanisms of efficacy. Psychology of Addictive Behaviors, 4, 82-90

Hazelden Foundation. (1985). You don't have to team 'em down to build 'em up. Hazelden Professional Update, 4(2), 2

Heather, N. (1987). Psychology and brief interventions. British Journal of Addiction, 84, 357-370

Heather, N. (1989). Brief intervention strategies. In R. K. Hester & W. R. Miller (Eds.), Handbook of alcoholism treatment approaches: Effective alternatives (pp. 93-116). Elmsford, NY: Pergamon Press

Heather, N., Campion, P. D., Neville, R. G. & Maccabe, D. (1987). Evaluation of a controlled drinking minimal intervention for problem drinkers in general practice (the DRAMS scheme). Journal of the Royal College of General Practitioners, 37, 358-363

Heather, N., Whitton, B. & Robertson, 1. (1986). Evaluation of a self-help manual for media-recruited problem drinkers: Six month follow-up results. British Journal of Clinical Psychology, 25, 19-34

Hester, R. K., & Miller, W. R. (Eds.; 1989). Handbook of alcoholism treatment approaches: Effective alternatives. Elmsford, NY: Pergamon Press

Holder, H. D., Longabaugh, R., Miller, W. R. & Rubonis, A. V. (1991). The cost effectiveness of treatment for alcohol problems: A first approximation. Journal of Studies on Acohol, 52, 517-539

Horn, J. L., Wanberg, K. W. & Foster, F. M. (1987). Guide to the Alcohol Use Inventory. Minneapolis: National Computer Systems

Intagliata, J. (1976). A telephone follow-up procedure for increasing the effectiveness of a treatment program for alcoholics. Journal of Studies on Acohol, 37, 1330-1335

Ivey, A. (1980). Counseling and psychotherapy: Skills, theories and practice. Englewood Cliffs, NJ: Prentice-Hall

Ivey, A. (1982). Intentional interviewing and counseling. Monterey, CA: Brooks/Cole

Jacobson, G. R. (1989a). A comprehensive approach to pretreatment evaluation: I. Detection, assessment, and diagnosis of alcoholism. In R. K. Hester & W. R. Miller (Eds.), Handbook of alcoholism treatment approaches: Effective alternatives (pp. 17-53). Elmsford, NY: Pergamon Press

Jacobson, G. R. (1989b). A comprehensive approach to pretreatment evaluation: II. Other clinical considerations. In R. K. Hester & W. R. Miller (Eds.), Handbook of alcoholism treatment approaches: Effective alternatives (pp. 54-66). Elmsford, NY: Pergamon Press

Janis, I. L., & Mann, L. (1977). Decision-making: A psychological analysis of conflict, choice, and commitment. New York: Free Press

Jellinek, E. M. (1960). The disease concept of alcoholism. New Haven, CT: Hillhouse Press

Johnson Institute. (1987). How to use intervention in your professional practice. Minneapolis: Johnson Institute Books

Johnson, V. E. (1973). I'll quit tomorrow. New York: Harper & Row

Jones, R. A. (1977). Self-fulfilling prophecies: Social, psychological and physiological effects of expectancies. Hillsdale, NJ: Erlbaum

Kanfer, F. H. (1987). Self-regulation and behavior. In H. Heckhausen, P. M. Gollwitzer & F. E Weinert (Eds.). Jenseits des Rubikon (pp. 286-299). Heidelberg: Springer-Verlag

Karoly, P. (1980). Person variables in therapeutic change and development. In P. Karoly & J. J. Steffen (Eds.). Improving the long-term effects of psychotherapy (pp. 195-261). New York: Gardner Press

Kissin, B., Platz, A. & Su, W. H. (1971). Selective factors in treatment choice and outcome in alcoholics. In N. K. Mello & J. H. Mendelson (Eds.). Recent advances in studies of alcoholism (pp. 781-802). Washington, DC: U.S. Government Printing Office

Knupfer, G. (1972). Ex-problem drinkers. In M. A. Rodd, L. N. Robins & M. Pollack (Eds.), Life history research in psychopathology (Vol. 2, pp. 256-280). Minneapolis: University of Minnesota Press

Kogan, L. S. (1957). The short-term case in a family agency: Part II. Results of study. Social Casework, 38, 296-302

Kopel, S. & Arkowitz, H. (1975). The role of attribution and self-perception in behavior change: Implications for behavior therapy. Genetic Psychology Monographs, 92, 175-212

Koumans, A. J. R. & Muller, J. J. (1965). Use of letters to increase motivation for treatment in alcoholics. Psychological Reports, 16, 11-52

Koumans, A. J. R., Muller, J. J. & Miller, C. F. (1967). Use of telephone calls to increase motivation for treatment in alcoholics. Psychological Reports, 21, 327-328

Kristenson, H., Ohlin, H., Hulten-Nosslin, M. B., Trell, E. & Hood, B. (1983). Identification and intervention of heavy drinking in middle-aged men: Results and follow-up of 24-60 months of long-term study with randomized controls. Alcoholism: Clinical and Experimental Research, 7, 203-209

Leake, G. J. & King, A. S. (1977). Effect of counselor expectations on alcoholic recovery. Alcohol Health and Research World, 11 (3), 16-22

Lemere, F., O'Hollaren, P. & Maxwell, M. A. (1958). Motivation in the treatment of alcoholism. Quarterly Journal of Studies on Alcohol, 19, 428-431

Lettieri, D. J., Nelson, J. E. & Sayers, M. A. (Eds.; 1985). Alcoholism treatment assessment research instruments (NIAAA Treatment Handbook Series, Vol. 2). Rockville, MD: National Institute on Alcohol Abuse and Alcoholism

Lettieri, D. J., Sayers, M. A., & Nelson, J. E. (Eds.; 1985). Summaries of alcoholism treatment assessment research (NIAAA Treatment Handbook Series, Vol. 1). Rockville, MD: National Institute on Alcohol Abuse and Alcoholism

Leventhal, H. (1971). Fear appeals and persuasion: The differentiation of a motivational construct. American Journal of Public Health, 61, 1208-1224

Lieberman, M. A., Yalom, I. D. & Miles, M. B. (1973). Encounter groups: First facts. New York: Basic Books

Locke, E. A., Shaw, K. N., Saari, L. M. & Latham, G. P. (1981). Goal setting and task performance: 1969-1980. Psychological Bulletin, 90, 125-152

Longabaugh, R., & Beattie, M. (1985). Optimizing the cost-effectiveness of alcoholism treatment. In Future directions in alcohol abuse treatment (ADAMHA Research Monograph, No. 15, DIIIIS Publication No. ADM 85-1322, pp. 104-136). Washington, DC: U.S. Government Printing Office

Luborsky, L., McLellan, A. T., Woody, G. E., O'Brien, C. P. & Auerbach, A. (1985). Therapist success and its determinants. Archives of General Psychiatry, 42, 602-611

Malcolm, A. I. (1968). On the psychotherapy of alcoholism. Addictions, 15 (1), 25-40

Mann, M. (1950). Primer on alcoholism. New York: Rinehart

Manohar, V. (1973). Training volunteers as alcoholism treatment counselors. Quarterly Journal of Studies on Alcohol, 34, 869-877

Marlatt, G. A. & Gordon, J. R. (Eds.; 1985). Relapse prevention: Maintenance strategies in the treatment of addictive behaviors. New York: Guilford Press

Marlatt, G. A. & Rohsenow, D. J. (1980). Cognitive processes in alcohol use: Expectancy and the balanced placebo design. In N. K. Mello (Ed.). Advances in substance abuse: Behavioral and biological research (Vol. 1, pp. 159-199). Greenwich, CT: JAI Press

Mayfield, D., McLeod, G. & Hall, P. (1974). The CAGE questionnaire: Validation of a new alcoholism screening instrument. American Journal of Psychiatry, 131, 1121-1123

McLellan, A. T., Woody, G. E., Luborsky, L., O'Brien, C. P. & Druley, K. A. (1983). Increased effectiveness of substance abuse treatment: A prospective study of patient-treatment matching. Journal of Nervous and Mental Disease, 171, 597-605

Miller, W. R. (1976). Alcoholism scales and objective assessment methods: A review. Psychological Bulletin, 83, 649-674

Miller, W. R. (1978). Behavioral treatment of problem drinkers: A comparative outcome study of three controlled drinking therapies. Journal of Consulting and Clinical Psychology, 46, 74-86

Miller, W. R. (Eds.; 1980). The addictive behaviors: Teatment of alcoholism, drug abuse, smoking, and obesity. New York: Pergamon Press

Miller, W. R. (1983). Motivational interviewing with problem drinkers. Behavioural Psychotherapy, 1, 147-172

Miller, W. R. (1985a). Living as if. Philadelphia: Westminster Press

Miller, W. R. (1985b). Motivation for treatment: A review with special emphasis on alcoholism. Psychological Bulletin, 98, 84-107

Miller, W. R. (1986). Client-Therapist Behavior Code. Unpublished manuscript, University of New Mexico

Miller, W. R. (1987). Motivation and treatment goals. Drugs and Society, 1, 133-151

Miller, W. R. (1989a). Increasing motivation for change. In R. K. Hester & W. R. Miller (Eds.). Handbook of aloholism treatment approaches: Effective alternatives (pp. 67-80). Elmsford, NY: Pergamon Press

Miller, W. R. (1989b). Matching individuals with interventions. In R. K. Hester & W. R. Miller (Eds.). Handbook of alcoholism treatment approaches: Effective alternatives (pp. 261-271). Elmsford, NY: Pergamon Press

Miller W. R. & Baca, L. M. (1983). Two-year follow-up of bibliotherapy and therapist-directed controlled drinking training for problem drinkers. Behavior Therapy, 14, 441-48

Miller, W. R. & Brown, J. M. (1991). Self-regulation as a conceptual basis for the prevention and treatment of addictive behaviours. In N. Heather, W. R. Miller & J. Greeley (Eds.). Self-control and the addictive behaviours. Sydney: Pergamon Press

Miller, W. R., Gribskov, C. J. & Mortell, R. L. (1981). Effectiveness of a self-control manual for problem drinkers with and without therapist contact. International Journal of the Addictions, 16, 1247-1254

Miller, W. R. & Hester, R. K. (1986a). The effectiveness of alcoholism treatment methods: What research reveals. In W. R. Miller & N. Heather (Eds.). Treating addictive behaviors: Processes of change (pp. 121-174). New York: Plenum Press

Miller, W. R., & Hester, R. K. (1986b). Matching problem drinkers with optimal treatments. In W. R. Miller & N. Heather (Eds.). Treating addictive behaviors: Processes of change (pp. 175-203). New York: Plenum Press

Miller, W. R. & Jackson, K. A. (1985). Practical psychology for pastors: Toward more effective counseling. Englewood Cliffs, NJ: Prentice-Hall

Miller, W. R. & Marlatt, G. A. (1984). Manual for the Comprehensive Drinker Profile. Odessa, FL: Psychological Assessment Resources

Miller, W. R. & Munoz, R. F. (1976). How to control your drinking. Englewood Cliffs, NJ: Prentice-Hall

Miller, W. R. & Munoz, R. F. (1982). How to control your drinking (rev. ed.) Albuquerque: University of New Mexico Press

Miller, W. R. & Page, A. (1991). Warm turkey: Other routes to abstinence. Journal of Substance Abuse Treatment 8 (4), 227-232

Miller, W. R. & Pechacek, T. F. (1987). New roads: Assessing and treating psychological dependence. Journal of Substance Abuse Treatment, 4, 73-77

Miller, W. R., & Sanchez, V. C. (1991). Motivating young adults for treatment and lifestyle change. In G. Howard (Ed.). Issues in alcohol use and misuse by young adults. Notre Dame, IN- University of Notre Dame Press

Miller, W. R., & Saucedo, C. F. (1983). Assessment of neuropsychological impairment and brain damage in problem drinkers. In C. J. Golden, J. A. Moses, Jr., J. A. Coffman, W. R. Miller & F. D. Strider (Eds.). Clinical neuropsychology: Interface with neurologic and psychiatric disorders (pp. 141-195). New York: Grune & Stratton

Miller,W. R., & Sovereign, R. G. (1989). The Check-up. A model for early intervention in addictive behaviors. In T. Loberg, W. R. Miller, P. E. Nathan & G. A. Marlatt (Eds.). Addictive behaviors: Prevention and early intervention (pp. 219-231). Amsterdam: Swets & Zeitlinger

Miller, W. R., Sovereign, R. G. & Krege, B. (1988). Motivational interviewing with problem drinkers: 11. The Drinker's Check-up as a preventive intervention. Behavioural Psychotherapy, 16, 251-268

Miller,W. R. & Taylor, C. A. (1980). Relative effectiveness of bibliotherapy, individual and group self-control training in the treatment of problem drinkers. Addictive Behaviors, 5, 13-24

Miller, W. R., Taylor, C. A. & West, J. C. (1980). Focused versus broad-spectrum behavior therapy for problem drinkers. Journal of Consulting and Clinical Psychology, 48, 590-601

Milmoe, S., Rosenthal, R., Blane, H. T., Chafetz, M. E. & Wolf, 1. (1967). The doctor's voice: Postdictor of successful referral of alcoholic patients. Journal of Abnormal Psychology, 72, 78-84

Montgomery, H. A., Miller, W. R., Tonigan, J. S., Meyers, R. J., Hester, R. K., Abbott, P. J. & Delancy, H. D. (1990). SOCRATES as presage: Validation of a new instrument for assessing motivation for behavior change in problem drinkers. Paper presented at the annual meeting of the Association for Advancement of Behavior Therapy, San Francisco

Moore, R. C. & Murphy, T. C. (1961). Denial of alcoholism as an obstaele to recovery. Quarterly Journal of Studies on Alcohol, 22, 597-609

Moos, R. H., Finney, R. C. & Cronkite, R. C. (1990). Alcoholism treatment: Context, process and outcome. New York: Oxford University Press

Moskowitz, J. M. (1989). The primary prevention of alcohol problems: A critical review of the research literature. Journal of Studies on Akohol, 50, 54-88

Nirenberg, T. D., Sobell, L. C. & Sobell, M. B. (1980). Effective and inexpensive procedures for deereasing client attrition in an outpatient alcohol treatment program. American Journal of Drug and Alcohol Abuse, 7, 73-82

O'Farrell, T. J. & Cowles, K. S. (1989). Marital and family therapy. In R. K. Hester & W. R. Miller (Eds.). Handbook of alcoholism treatment approaches: Effective alternatives (pp. 183-205). Elmsford, NY- Pergamon Press

O'Leary, M. R., Rohsenow, D. J., Schau, E. J. & Donovan, D. M. (1977). Defensive style and treatment outcome among men alcoholics. Journal of Studies on Alcohol, 38, 1036-1040

Orford, J. (1973). A comparison of alcoholics whose drinking is totally uncontrolled and those whose drinking is mainly controlled. Behaviour Research and Therapy, 11, 565-576

Orford, J. (1985). Excessive appetites: A psychological view of addictions. New York - Wiley

Orford, J. & Edwards, G. (1977). Alcoholism: A comparison of treatment and adivce, with a study of the influence of marriage (Institute of Psychiatry, Maudsley Monograph No. 26). New York: Oxford University Press

Orford, J. & Hawker, A. (1974). An investigation of an alcoholism rehabilitation halfway house: II. The complex question of client motivation. British Journal of Addiction, 69, 315-323

Panepinto, W. C. & Higgins, M. J. (1969). Keeping alcoholics in treatment: Effeetive follow-through procedures. Quarterly Journal of Studies on Alcohol, 30, 414-419

Parker, M. W., Winstead, D. K. & Willi, F. J. P. (1979). Patient autonomy in alcohol rehabilitation: 1. Literature review. International Journal of the Addictions, 14, 1015-1022

Parsons, 0. A., Butters, N. & Nathan, P. E. (Eds.; 1987). Neuropsychology of alcoholism: Implications for diagnosis and treatment. New York: Guilford Press

Patterson, G. R. & Forgatch, M. S. (1985). Therapist behavior as a determinant for client noncompliance: A paradox for the behavior modifier. Journal of Consulting and Clinical Psychology, 53, 846-851

Peele, S. (1985). The meaning of addiction: Compulsive experience and its interpretation. Lexington, MA: Lexington Books

Peele, S., & Brodsky, A. (1975). Love and addiction. New York - Taplinger

Polich, J. M., Armor, D. J. & Braiker, H. B. (1981). The course of alcoholism: Four years after treatment. New York: Wiley

Premack, D. (1970). Mechanisms of self-control. In W. A. Hunt (Ed.). Learning mechanisms in smoking (pp. 107-123). Chicago: Aldine

Prochaska, J. 0. & DiClemente, C. C. (1982). Transtheoretical therapy: Toward a more integrative model of change. Psychotherapy: Theory, Research, and Practice, 19, 276-288

Prochaska, J. 0. & DiClemente, C. C. (1984). The transtheoretical approach: Crossing traditional boundaries of therapy. Homewood, IL: Dow Jones/ Irwin

Prochaska, J. 0. & DiClemente, C. C. (1986). Toward a comprehensive model of change. In W.R. Miller & N. Heather (Eds.), Treating addictive behaviors: Processes of change (pp. 3-27). New York: Plenum Press

Prue, D. M., Keane, T. M., Cornell, J. E. & Foy, D. W. (1979). An analysis of distance variables that affect aftercare attendance. Community Mental Health Journal, 15, 149-154

Raynes, A. E. & Patch, V. D. (1971). Distinguishing features of patients who discharge themselves from psychiatric ward. Comprehensive Psychiatry, 12, 473-479

Rimmele, C. T., Miller, W. R. & Dougher, M. J. (1989). Aversion therapies. In R. K. Hester & W. R. Miller (Eds.), Handbook of alcoholism treatment approaches: Effective alternatives (pp. 128-140). Elmsford, NY: Pergamon Press

Ritson, B. (1986). Merits of simple intervention. In W. R. Miller & N. Heather (Eds.). Treating addictive behaviors: Processes of change (pp. 375-387). New York: Plenum Press

Robins, L. N., Helzer, J. E. & Davis, D. H. (1975). Narcotic use in Southeast Asia and afterward: An interview study of 898 Vietnam veterans. Archives of General Psychiatry, 32, 955-961

Rogers, C. R. (1957). The necessary and sufficient conditions for therapeutic personality change. Journal of Consulting Psychology, 21, 95-103

Rogers, C. R. (1959). A theory of therapy, personality, and interpersonal relationships as developed in the client-centered framework. In S. Koch (Ed.). Psychology: The study of a science. Vol. 3. Formulations of the person and the social context (pp. 184-256). New York. McGraw-Hill

Rogers, R. W. & Mewborn, C. R. (1976). Fear appeals and attitude change: Effects of a threat's noxiousness, probability of occurrence, and the efficacy of coping responses. Journal of Personality and Social Psychology, 34, 54-61

Rokeach, M. (1973). The nature of human values. New York: Free Press

Rollnick, S. (1985). The value of a cognitive-behavioral approach in the treatment of problem drinkers. In N. Heather, I. Robertson & P. Davies (Eds.). The misuse of alcohol. Clinical issues in dependence treatment and prevention (pp. 135-147). New York: New York University Press

Rollnick, S., & MacEwan, I. (1991). Alcohol counselling in context. In R. Davidson, S. Rollnick, & I. MacEwan (Eds.). Counselling problem drinkers (pp. 97-114). London: Tavistock/Routledge

Rosenberg, C. M., Gerrein, J. R., Manohar, V. & Liftik, J. (1976). Evaluation of training of alcoholism counselors. Journal of Studies on Alcohol, 37, 1236-1246

Rosenberg, C. M. & Liftik, J. (1976). Use of coercion in the outpatient treatment of alcoholism. Journal of Studies on Alcohol, 37, 58-65

Rosenberg, C. M., & Raynes, A. E. (1973). Dropouts from treatment. Canadian Psychiatric Association Journal, 187, 229-233

Ruben, D. (1989). Jailhouse dramas. New Age Journal, p. 16

Russell, M. A. H., Wilson, C., Taylor, C. & Baker, C. D. (1979). Effect of general practitioners' advice against smoking. British Medical Journal, ii, 231-235

Sanchez-Craig, M. (1990). Brief didactic treatment for alcohol and drug-related problems. An approach based on client choice. British Journal of Addiction, 85, 169-177

Sanchez-Craig, M. & Lei, H. (1986). Disadvantages of imposing the goal of abstinence on problem drinkers. An empirical study. British Journal of Addiction, 81, 505-512

Sanchez-Craig, M. & Wilkinson, D. A. (1989). Brief treatments for alcohol and drug problems: Practical and methodological issues. In T. Loberg, W. R. Miller, P. E. Nathan & G. A. Marlatt (Eds.). Addictive behavior: Prevention and early intervention (pp. 233-252). Amsterdam: Swets & Zeitlinger

Saunders, J. B. (1987). The WHO project on early detection and treatment of harmful alcohol consumption. Australian Drug and Aleohol Review, 6, 303-308

Saunders, W. M. & Kershaw, P. W. (1979). Spontaneous remission from alcoholism: A community study. British Journal of Addiction, 74, 251-266

Schmidt, M. M. & Miller, W. R. (1983). Amount of therapist contact and outcome in a multidimensional depression treatment program. Acta Psychiatrica Scandinavica, 67, 319-332

Schorer, C. G. (1965). Defiance and healing. Comprehensive Psychiatry, 6, 184-190

Schuckit, M. A. (1984). Drug and alcohol abuse: A clinical guide to diagnosis and treatment (2nd ed.). New York: Plenum Press

Selzer, M. L. (1971). The Michigan Alcoholism Screening Test: The quest for a new diagnostic instrument. American Journal of Psychiatry, 127, 89-94

Shapiro, A. K. (1971). Placebo effects in medicine, psychotherapy, and psychoanalysis. In A. E. Bergin & S. L. Garfield (Eds.). Handbook of psychotherapy and behavior change: An empirical analysis (pp. 439-473). New York: Wiley

Sisson, R. W. & Azrin, N. H. (1986). Family-member involvement to initiate and promote treatment of problem drinkers. Journal of Behavior Therapy and Experimental Psychiatry, 17, 15-21

Sisson, R. W. & Azrin, N. H. (1989). The community reinforcement approach. In R. K. Hester & W. R. Miller (Eds.). Handbook of alcoholism treatment approaches: Effective alternatives (pp. 242-258). Elmsford, NY: Pergamon Press

Sisson, R. W. & Mallams, J. H. (1981). The use of systematic encouragement and community access procedures to increase attendance at Alcoholics Anonymous and AI-Anon meetings. American Journal of Drug and Alcohol Abuse, 8, 371-376

Skinner, H. A. & Allen, B. A. (1983). Differential assessment of alcoholism. Journal of Studies on Alcohol, 44, 852-862

Skutle, A. & Berg, G. (1987). Training in controlled drinking for early-stage problem drinkers. British Journal of Addiction, 82, 493-502

Sobell, L. C. (1991). Natural recovery from alcohol problems. In N. Heather, W. R. Miller & J. Greeley (Eds.). Self-control and the addictive behaviours. Sydney: Pergamon Press

Sobell, L. C., Sobell, M. B. & Ward, E. (Eds.; 1980). Evaluating alcohol and drug abuse treatment effectiveness. Elmsford, NY: Pergamon Press
Solomon, K. E. & Annis, H. M. (1990). Outcome and efficacy expectancy in the prediction of post-treatment drinking behavior. British Journal of Addiction, 85, 659-665
Stockwell, T., & Clement, S. (Eds.; 1987). Heiping the problem drinker: New initiatives in community care. London: Croom Helm.
Sun Tzu (1963). The art of war (S. B. Griffith, Trans.). London: Oxford University Press
Swenson, C. H. (1971). Commitment and the personality of the successful therapist. Psychotherapy: Theory, Research, and Practice, 8, 31-36
Syme, S. L. (1988). Changing difficult behaviors: How to succeed without really trying. Paper presented at the Advancing Health Education Symposium, Mills College, Oakland, CA
Tarter, R. E., McBride, H., Buonpane, N. & Schneider, D. U. (1977). Differentiation of alcoholics: Childhood history of minimal brain dysfunction, family history, and drinking pattern. Archives of General Psychiatry, 34, 761-768
Thornton, C. C., Gottheil, E., Gellens, H. K. & Alterman, A. 1. (1977). Voluntary versus involuntary abstinence in the treatment of alcoholics. Journal of Studies on Alcohol, 38, 1740-1748
Tiebout, H. M. (1953). Surrender vs. compliance in therapy: With special reference to alcoholism. Quarterly Journal of Studies on Aicohol, 14, 58-68
Tiebout, H. M. (1954). The ego factors in surrender in alcoholism. Quarterly Journal of Studies on Alcohol, 15, 610-621
Tomlinson, T. M. (1967). The therapeutic process as related to outcome. In C. R. Rogers (Ed.). The therapeutic relationship and its impact (pp. 315-335). Madison: University of Wisconsin Press
Trice, H. M. (1957). A study of the process of affiliation with Alcoholics Anonymous. Quarterly Journal of Studies on Alcohol, 18, 39-54
Truax, C. B. & Carkhuff, R. R. (1967). Toward effective counseling and psychotherapy. Chicago: Aldine
Truax, C. B. & Mitchell, K. M. (1971). Research on certain therapist interpersonal skills in relation to process and outcome. In A. E. Bergin & S. L. Garfield (Eds.). Handbook of psychotherapy and behavior change: An empirical analysis (pp. 299-344). New York: Wiley
Vaillant, G. E. (1983). The natural history of alcoholism: Causes, patterns, and paths to recovery. Cambridge, MA: Harvard University Press
Valle, S. K. (1981). Interpersonal functioning of alcoholism counselors and treatment outcome. Journal of Studies on Alcohol, 42, 783-790
Van Bilsen, H. P. J. G. & van Emst, A. J. (1986). Heroin addiction and motivational milieu therapy. International Journal of the Addictions 21 (6), 707-714
Wallace, P., Cutler, S. & Haines, A. (1988). Randomised controlled trial of general practitioner intervention in patients with excessive alcohol consumption. British Medical Journal, 297, 663-668

Wedel, H. L. (1965). Involving alcoholics in treatment. Quarterly Journal of Studies on Alcohol, 26, 468-479

Wilkinson, D. A. (Ed.; 1979). Cerebral deficits in alcoholism. Toronto: Addiction Research Foundation

Wilkinson, D. A. (1991). The neuropsychology of self-control in addictive behaviours. In N. Heather, W. R. Miller, & J. Greeley (Eds.). Self-control and the addictive behaviours. Sydney: Pergamon Press

Wilkinson, D. A. & LeBreton, S. (1986). Early indications of treatment outcome in multiple drug users. In W. R. Miller & N. Heather (Eds.). Treating addictive behaviors: Processes of change (pp. 239-261). New York: Plenum Press

Wilkinson, D. A. & Sanchez-Craig, M. (1981). Relevance of brain dysfunction to treatment objectives: Should alcohol related cognitive deficits influence the way we think about treatment? Addictive Behaviors, 6, 253-260

Wilson, W. H. (1977). Sobriety: Conversion and beyond. Maryland State Medical Journal, 26 (4), 85-91

Winokur, G., Reich, T., Rimmer, J. & Pitts, F. N., Jr. (1970). Alcoholism: III. Diagnosis and familial psychiatric illness in 259 alcoholic probands. Archives of General Psychiatry, 23, 104-111

World Health Organization. (1982). Shortened memorandum: Nomenclature and classification of drug- and alcohol-related problems. British Journal of Addiction, 77, 3-20

Yablonsky, L. (1965). Synanon: The tunnel back. New York: Macmillan

Yablonsky, L. (1989). The therapeutic community: A successful approach for treating substance abusers. New York: Gardner Press

Zweben, A. (1986). Problem drinking and marital adjustment. Journal of Studies on Alcohol, 47, 167-172

Zweben, A. & Li, S. (1981). The efficacy of role induction in preventing early dropout from outpatient treatment of drug dependence. American Journal of Drug and Alcohol Abuse, 8, 171-183

Zweben, A. & Pearlman, S. (1983). Evaluating the effectiveness of conjoint treatment of alcohol complicated marriages: Clinical and methodologieal issues. Journal of Marital and Family Therapy, 9, 61-72

Zweben, A., Pearlman, S. & Li, S. (1983). Reducing attrition from conjoint therapy with alcoholic couples. Drug and Alcohol Dependence, 11, 321-331

Zweben, A., Pearlman, S., & Li, S. (1988). A comparison of brief advice and conjoint therapy in the treatment of alcohol abuse: The results of the marital systems study. British Journal of Addiction, 83, 899-916

Anmerkungen der Herausgeber

Aktion Psychisch Kranke (Hrsg.; 1997). Innovative Behandlungsstrategien bei Alkoholproblemen. Frühe Interventionen in der medizinischen Basisversorgung und Ambulante Entgiftung. Freiburg i. Br.

Babor, T. F./Grant, M. (Eds.; 1992). Project on Identification and management of alcohol-related problems. Report on Phase II: A randomized clinical trial of brief interventions in primary health care.World Health Organization. Geneva

Bien, T./Miller, W.R. & Tonigan, S.(1993). Brief interventions for alcohol problems: a review. Addiction 88, 315-336

Bundesärztekammer (1999). Curriculum „Fachkunde Suchtmedizinische Grundversorgung". Köln

Edwards, G. (1986). Arbeit mit Alkoholkranken. Ein praktischer Leitfaden für die helfenden Berufe. Weinheim und München

Finney, J./Monahan, S. (1996). The Cost-Effectiveness of Treatment for Alcoholism: A Second Approximation. Journal of Studies on Alcohol, 57, 229-243

Gordon, T. (1972). Familienkonferenz. Hamburg

Hodgson, R. (1994). Die Antwort der Gemeinde auf Alkoholprobleme und ihre Folgen. In: Jagoda, B./Kunze, H./Aktion Psychisch Kranke (Hrsg.). Gemeindepsychiatrische Suchtkrankenversorgung – Regionale Vernetzung medizinischer und psychosozialer Versorgungsstrukturen. Köln

John, U./Veltrup, C./Schnofl, A./Bunge, S./Wetterling, T./Dilling, H. (1992). Entwicklung eines Verfahrens zur Erfassung von Ausprägungen der Alkoholabhängigkeit aufgrund von Selbstaussagen: die Lübecker Alkoholabhängigkeitsskala (LAS). SUCHT 38, 291-303

John, U./Hapke, U./Rumpf, H. J./Hill, A./Dilling, H. (1996). Prävalenz und Sekundärprävention von Alkoholmißbrauch und -abhängigkeit in der medizinischen Versorgung. Schriftenreihe des Bundesministerium für Gesundheit, Band 71, Baden-Baden

Kremer, G./Dormann, S./Wienberg, G./Pörksen, N./Wessel, T./Rüter, E. unter Mitarbeit von Engler, U./Schlanstedt, G. (1998). Erkennung und Behandlung von PatientInnen mit Alkoholproblemen in der medizinischen Basisversorgung und Vernetzung mit dem Versorgungssystem für Abhängigkeitskranke. In: Bundesministerium für Gesundheit (Hrsg.): Weiterentwicklung von Hilfen für Alkoholkranke und Menschen mit Alkoholproblemen. Band 106, Schriftenreihe des Bundesministeriums für Gesundheit, Baden-Baden

Kremer, G./Wienberg, G./Dormann, S./Wessel, T./Pörksen, N. (1999). Evaluation von Kurzinterventionen bei PatientInnen mit Alkoholproblemen im Allgemeinkrankenhaus. SUCHT, 45, 2, 80-88

Körkel, J./Kruse, G. (1997). Mit dem Rückfall leben. Aktualisierte Auflage. Bonn

National Institute on Alcohol Abuse and Alcoholism (1995). Motivational Enhancement Therapy Manual. A Clinical Research Guide for Therapists Treating Individuals with Alcohol Abuse and Dependence. Projekt MATCH Monograph Series, Vol. 2., Rockville, Maryland, USA

Petry, A. (1997). Erste Erfahrungen mit Kurzinterventionen in einer Allgemeinarztpraxis. In: Aktion Psychisch Kranke (Hrsg.). Innovative Behand-

lungsstrategien bei Alkoholproblemen. Frühe Interventionen in der medizinischen Basisversorgung und Ambulante Entgiftung. Freiburg i. Br.
Petry, J. (1998). Suchtentwicklung und Motivationsdynamik. In: Bundesverband für stationäre Suchtkrankenhilfe/Beutel, M. (Hrsg.). Motivation in der Suchttherapie. Intrapsychischer Prozeß und versorgungspolitische Aufgabe. Geesthacht
Prochaska, J./Norcross, J./DiClemente, C. (1997). Jetzt fange ich neu an. Das revolutionäre Sechs-Schritte-Programm für ein dauerhaft suchtfreies Leben. München
Project MATCH research group (1997a). Matching Alcoholism Treatments to Client Heterogenity: Project MATCH Posttreatment Drinking Outcomes. Journal of Studies on Alcohol, 58, 7-29
Project MATCH research group (1997b). Project MATCH secondary a priori hypothesis. Addiction 92, 1671-1698
Richmond, R./Heather, N./Wodak, A. u. a. (1995). Controlled evaluation fo a general practice-based brief intervention for excessive drinking. Addiction 90, 119-132
Rumpf, H.-J./Hapke, U./Hill, A./John, U. (1997). Development of a screening questionnaire for the general hospital and general practices. Alcoholism: Clinical and Experimental Research, Vol. 21, No. 5, 894-898
Schwoon, D. R. (1998). Motivierende Interventionen bei Suchtkranken. In: Gölz, J. (Hrsg.): Moderne Suchtmedizin. Stuttgart
Veltrup, C. (1996). Motivationale Interventionen bei Menschen mit Alkoholproblemen. In: Deutsche Hauptstelle gegen die Suchtgefahren (Hrsg.). Alkoholabhängigkeit – Motivation und Diagnose. Freiburg i. Br.
Wetterling, T./Veltrup, C./Junghanns, K. (1997). Diagnostik und Therapie von Alkoholproblemen. Ein Leitfaden. Berlin, Heidelberg
Wienberg, G. (Hrsg.; 1992). Die vergessene Mehrheit. Bonn

Autoren

Alison Bell, RGN, RPN, Clinical Nurse Specialist, National Drug and Alcohol Research Centre, University of New South Wales, Sydney, New South Wales, Australia

Georg Kremer, Dipl.-Psych., Psychotherapeut, Psychiatrische Klinik Gilead, Abteilung für Abhängigkeitserkrankungen, von Bodelschwinghsche Anstalten Bethel, Bielefeld

William R. Miller, PhD, Professor, Departments of Psychology and Psychiatry, and Director, Research Division, Center on Alcoholism, Substance Abuse and Addictions, University of New Mexico, Albuquerque, New Mexico

Stephen Rollnick, MSc, Dipl.Psych., Principal Clinical Psychologist, Whitchurch Hospital, Cardiff, Wales

Bernhard Schroer, Dipl.-Psych., Psychotherapeut, Niedergelassene Praxis, Münster

Allen Zweben, DSW, Associate Professor, School of Social Welfare, University of Wisconsin – Milwaukee, Milwaukee, Wisconsin, USA